児童家庭福祉

子どもと家庭を支援する

[第3版]

大津泰子 著

ミネルヴァ書房

は じ め に

　我が国の「児童福祉」は，戦後の孤児の保護や浮浪児・非行児童の保護対策から，子どもと子どもが生まれ育つ家庭と地域を含めた支援「子ども家庭福祉」へと変化してきました。

　「子ども家庭福祉」の理念とは，子どもの基本的人権を尊重し，子どもが適切な環境のもと健やかに生れ，生き生きと子どもらしく成長，発達することです。言い換えれば，人として生活していくための衣・食・住など基本的生活が保障され（welfare），さらに自己実現が図られ，自らが満足と感じられる状態（well-being）といえます。

　子ども家庭福祉が実践されるためには，成人，親（保護者）など環境の側の配慮とケアが必要となります。親の権利を守り，子どもを育てやすい環境を整備していかなければ，子どもを健やかに育てることはできません。子ども家庭福祉とは，次世代を担う子どもの健全な育成を，国や地方自治体，社会全体で協力し支援していくことでもあります。そのためには，子ども家庭福祉に携わるものとして，子ども家庭福祉に関する総合的な理解を深める必要があります。

　本書は，2010年に「児童福祉」のテキストとして発刊された『児童福祉──子どもと家庭を支援する』をもとに，新しい子ども家庭福祉施策の展開や関連法の改正に伴い，大幅に加筆修正しました。また，できるだけ最新のデータを加え，子ども家庭福祉の現状を理解できるようにしました。さらに，2010年の保育士養成カリキュラムの改正を受けて，タイトルを「児童家庭福祉──子どもと家庭を支援する」としました。

　本書は，子ども家庭福祉に関する基礎的な内容とともに，最新の子ども家庭福祉に関する施策の動向を取り入れ，初めて「児童家庭福祉」を学ぶ方にも無理なく内容を理解できるよう配慮したつもりです。保育士資格取得を目指す学生の方々に加え，子ども家庭福祉・保育現場に携わる方々にも広くお読みいただき，活用していただければ幸いです。

最後になりましたが，本書を発刊するにあたり，ご協力いただきましたミネルヴァ書房編集部西吉誠さんに心からお礼申し上げます。

　2013年2月

大津泰子

第2版改訂にあたって

　今回の改訂では，「子ども・子育て関連3法」の成立による法改正や新たな制度の創設に対応するために，児童福祉法など子ども家庭福祉に関連した法律の改正について加筆修正しました。また，2015年度施行された「子ども・子育て支援新制度」の内容についても必要に応じて記述しました。さらに，統計数値を新しいものに更新し，近年の子どもの現状について理解を深められるようにしました。

　2016年2月

大津泰子

第3版改訂にあたって

　これまで多くの子ども家庭福祉施策が展開されてきましたが，増加する子ども虐待や子どもの育ちの問題など多くの課題が残され，それらに対応するために「新たな子ども家庭福祉」のあり方が求められています。第3版では，この新たな子ども家庭福祉の方向性と，2016年に改正された「児童福祉法」と関連法の改正内容を中心に改訂しました。

　保育者をめざす方々，あるいは子どもと家庭の福祉に携わる方々に，本書を役立てていただければ幸いです。

　2018年2月

大津泰子

も く じ

はじめに

第1章 現代社会と子ども家庭福祉……1

1 少子高齢社会と子どもの健全育成……1
（1）少子化の現状…1
（2）少子化の要因…3
（3）少子化による影響…4

2 変化する家族形態……6
（1）家族形態の多様化，世帯人員の減少…6
（2）増える共働き家庭の増加と雇用問題…6
（3）生活困窮世帯の増加と子どもの貧困…11

3 家族機能の変化……14
（1）家族に対する意識の変化…14
（2）子どもの生活習慣の変化…15
（3）男性の低い家事・育児参加…21
（4）育児不安の増加と子ども虐待…22

4 子どもの遊びの変化……24
5 情報メディアと子どもの健全育成……26
6 食生活の変化と食育の推進……28
（1）食育の必要性…28
（2）食をめぐる子どもの変化…28

7 地域社会の変化……31

8　学校に関する子どもの問題……………………………………………32

第2章　子ども家庭福祉の歴史……………………………………38
1　イギリスにおける子ども家庭福祉の歴史……………………………38
（1）中世時代の児童保護…38
（2）「救貧法」と児童保護…39
（3）産業革命と児童保護…39
（4）「新救貧法」と児童保護…40
（5）児童福祉制度の基盤整備…41
（6）第二次世界大戦後の児童福祉制度の確立…42
（7）「新児童法」と子ども家庭福祉への転換…43

2　アメリカにおける子ども家庭福祉の歴史……………………………44
（1）植民地時代の児童保護…44
（2）独立後の児童保護…45
　　公的救済による児童保護事業…45　　民間慈善団体・セツルメント
　　運動による児童福祉事業…45
（3）国家による子ども家庭福祉の成立…46
（4）第二次世界大戦後の子ども家庭福祉…47
（5）近年の子ども家庭福祉の動向…49

3　日本における子ども家庭福祉の歴史……………………………………50
（1）明治期以前の児童保護…50
（2）明治期以後の児童保護…50
（3）第二次世界大戦後の児童福祉の整備…53
　　戦災孤児救済を目的とした児童福祉…53　　児童福祉の発展…54
　　国際的な児童福祉の動き──人権・子どもの権利保障…55
（4）児童福祉から子ども家庭福祉へ…56
（5）新たな子ども家庭福祉の構築…58

第3章 子ども家庭福祉の理念と法律 ……………………………… 62

1 子ども家庭福祉の理念 …………………………………………… 62

（1）児童福祉法…63

（2）児童憲章…64

（3）児童権利宣言…66

（4）児童の権利に関する条約（子どもの権利条約）…66

2 児童福祉六法 ……………………………………………………… 67

（1）児童福祉法…67

児童福祉の原理…68　　国及び地方公共団体の責務…69　　児童福祉の対象…70　　児童福祉の機関等…70　　福祉の保障…71　　事業，養育里親及び養子縁組里親並びに施設…71　　費用…71　　「児童福祉法」の改正…71

（2）児童扶養手当法…81

（3）特別児童扶養手当等の支給に関する法律…82

（4）母子及び父子並びに寡婦福祉法…83

（5）母子保健法…84

（6）児童手当法…85

3 その他の児童福祉に関する法律 ………………………………… 86

（1）児童買春，児童ポルノに係る行為等の規制及び処罰並びに児童の保護等に関する法律（児童ポルノ禁止法）…86

（2）児童虐待の防止等に関する法律（児童虐待防止法）…87

（3）配偶者からの暴力の防止及び被害者の保護等に関する法律（DV防止法）…88

（4）次世代育成支援対策推進法…89

（5）障害者総合支援法（旧・障害者自立支援法）…90

（6）子ども・子育て関連3法…91

第4章 子ども家庭福祉の機関と専門職 …94

1 行政および審議機関 …94
（1）国の役割…94
（2）地方公共団体…95
（3）審議機関…95

2 実施機関 …96
（1）児童相談所…96
　　相談…96　　調査・診断・判定…97　　援助（指導・措置）…97
　　一時保護…98　　その他の事業…98
（2）福祉事務所…99
（3）保健所・市町村保健センター…99
（4）児童家庭支援センター…100
（5）子育て世代包括支援センター…100
（6）その他（家庭裁判所, 民間児童福祉関係団体）…101
　　家庭裁判所…101　　民間児童福祉関係団体…102

3 子ども家庭福祉の財政と費用 …103

4 子ども家庭福祉に関わる専門職 …104
（1）児童福祉司…104
（2）児童福祉施設における専門職員…104
　　児童指導員…105　　母子支援員…105　　児童自立支援専門員…105
　　児童の遊びを指導する者…106　　保育士…106　　児童生活支援員
　　…106　　家庭支援専門相談員（ファミリーソーシャルワーカー）…106
　　心理療法担当職員…107　　個別対応職員…107　　里親支援専門相
　　談員（里親支援ソーシャルワーカー）…107
（3）児童委員…108
（4）家庭相談員…108
（5）保健師…108

第5章 児童福祉施設 …………………………………………………… 110

1 児童福祉施設とは ……………………………………………………… 110

2 児童福祉施設の運営 …………………………………………………… 112
  （1）児童福祉施設の設置…112
  （2）児童福祉施設の設備及び運営に関する基準…112
  （3）児童福祉施設の費用…113

3 児童福祉施設の種類 …………………………………………………… 114
  （1）助産施設…114
  （2）乳児院…114
  （3）母子生活支援施設…117
  （4）保育所…118
  （5）幼保連携型認定こども園…118
  （6）児童厚生施設…119
      児童館…119　　児童遊園…120
  （7）児童養護施設…121
  （8）障害児入所施設…121
  （9）児童発達支援センター…122
  （10）児童心理治療施設…122
  （11）児童自立支援施設…123
  （12）児童家庭支援センター…124

第6章 子ども家庭福祉サービス ………………………………… 126

1 虐待の防止と支援 ……………………………………………………… 126
  （1）子ども虐待とは…126
  （2）子ども虐待の現状…128
  （3）子ども虐待に関する法的整備…131

（4）児童相談所における虐待対応の流れ…133

　　　　　　相談・通告…135　　調査…135　　一時保護…135　　判定・援助方
　　　　　　針の決定…136　　援助…136

　　　（5）子ども虐待防止対策の取り組み…137
　　　（6）課　題…139

　　　　　　児童相談所，施設の人的・質的体制の整備…139　　周産期からの
　　　　　　養育支援…140　　家族再統合に向けた援助体制の強化…141

　２　養護を必要とする子どもへの施策 …………………………………… 142
　　　（1）養護を必要とする子どもの現状…142
　　　（2）養護を必要とする子どものための児童福祉施設…146
　　　　　1）乳児院…146
　　　　　2）児童養護施設…147
　　　　　3）母子生活支援施設…152
　　　　　4）児童自立支援施設…153
　　　　　5）児童心理治療施設…155
　　　（3）児童自立生活援助事業（自立援助ホーム）…155
　　　（4）里親制度…156
　　　（5）小規模住居型児童養育事業（ファミリーホーム）…159
　　　（6）社会的養護に関する課題…159
　　　　　1）人材確保と専門性をもつ養育者の養成…159
　　　　　2）家庭的養護の充実…160
　　　　　3）子どもの自立支援…161

　３　ひとり親世帯の施策 …………………………………………………… 161
　　　（1）ひとり親世帯の現状…162
　　　（2）ひとり親世帯施策…164
　　　　　1）子育て・生活支援…164
　　　　　2）就業支援…165
　　　　　　マザーズハローワーク事業…165　　母子家庭等就業・自立支援セ
　　　　　　ンター事業…165　　母子・父子自立支援プログラム策定事業…165

　　　　自立支援教育訓練給付金…165　　高等職業訓練促進給付金…166
　　　　高等学校卒業程度認定試験合格支援事業…166
　　3）養育費確保支援…166
　　4）経済的支援…167
　　　　遺族基礎年金・遺族厚生年金…167　　児童扶養手当…167　　母
　　　　子・父子福祉資金，寡婦福祉資金の貸付…167
（3）施設等に関する支援…168
（4）ひとり親家庭・多子世帯等自立応援プロジェクト
　　（すくすくサポート・プロジェクト）…168
（5）課　題…169

4　障害のある子どもへの施策　…170

（1）障害児福祉施策…170
　　1）障害の予防・早期発見・早期療育…175
　　2）施設サービス…176
　　3）相談・支援等…178
　　4）自立支援医療（育成医療）…179
　　5）居宅サービス…179
　　　　居宅介護…180　　重度訪問介護…180　　行動援護…180　　短期入
　　　　所（ショートステイ）…180　　重度障害者等包括支援…180　　移
　　　　動支援事業…180　　日中一時支援事業…180
　　6）補装具等を提供するサービス…181
　　7）経済的支援…181
　　　　特別児童扶養手当…181　　障害児福祉手当…181　　特別障害者手
　　　　当…181　　心身障害者扶養共済（保険）制度…182
（2）課　題…182

5　母子保健施策　…183

（1）母子保健とは…183
（2）母子保健に関する法律・施策…184
（3）母子保健対策の現状…186

　　　　1）健康診査等…186

　　　　　健康診査…186　　先天性代謝異常等検査…188　　感染対策・防止事業…188

　　　　2）保健指導等…188

　　　　　妊娠届および母子健康手帳の交付…189　　訪問指導…189　　生涯を通じた女性の健康支援事業…189　　不妊専門相談センター事業…190　　妊娠・出産包括支援事業…190　　子どもの事故予防強化事業，食育の推進…191

　　　　3）医療対策等…191

　　　　　入院助産…191　　小児慢性特定疾病医療費…191　　未熟児養育医療…192　　代謝異常児等特殊ミルク供給事業…192　　結核児童に対する療育の給付…192　　不妊に悩む方への特定治療支援事業…192　　子どもの心の診療ネットワーク事業…192　　児童虐待防止医療ネットワーク事業…193

　　　　4）その他…193

　　　　　健やか親子21（第2次）…193　　マタニティマークの周知・活用…194　　健やか次世代育成基盤研究事業（厚生労働科学研究）…194

　　（4）課　題…195

　　　　1）「健やか親子21（第2次）」の取り組みの推進…195
　　　　2）長期療養，医療的ケアを要する子どもと家族への支援…195
　　　　3）児童虐待の発生予防と子どもの心の健康支援…196

6　健全育成　　　　　　　　　　　　　　　　　　　　　　　197

　　（1）健全育成の理念…197

　　（2）子どもの健全育成支援施策…198

　　　　1）児童厚生施設…198
　　　　2）放課後児童健全育成事業（学童保育・放課後児童クラブ）…199
　　　　3）地域組織活動…200
　　　　4）児童手当…201

　　（3）課　題…201

もくじ

第7章 保育サービス ……………………………………………… 204
1 保育サービスの多様化 ………………………………………… 204
2 待機児童問題への取り組み …………………………………… 205
3 保育所における保育サービス ………………………………… 208
　（1）保育の目的と入所の仕組み…208
　（2）保育所の設備・運営…210
　（3）保育所保育指針…210
　（4）子育て支援事業…210
　　　特定保育事業…211　　休日・夜間保育事業…211　　病児保育事業
　　　…211　　延長保育事業…211　　地域子育て支援拠点事業…211
　　　一時預かり事業…212　　障害児保育…212
4 認定こども園 …………………………………………………… 212
　（1）認定こども園創設の背景…212
　（2）認定こども園の利用…213
5 子ども・子育て支援新制度による保育サービス …………… 215
6 認可外保育サービス …………………………………………… 218
7 保育に関する課題 ……………………………………………… 219

第8章 少子化対策と子育て支援 ……………………………… 221
1 これまでの少子化対策の流れ ………………………………… 221
　（1）子育て支援，保育サービスの展開…221
　　　「エンゼルプラン」・「新エンゼルプラン」策定…221
　（2）新たな子育て支援施策の視点――次世代育成支援…224
　　　「少子化社会対策大綱」と「子ども・子育て応援プラン」…224
　　　「次世代育成支援対策推進法」…225　　子育て支援事業の法定化…
　　　225

2 仕事と生活の調和（ワーク・ライフ・バランス）
のための就労支援 …………………………………………………… 227
　（1）「仕事と生活の調和（ワーク・ライフ・バランス）憲章」等に
　　　基づく取り組み…227
　（2）育児休業制度等…228
　（3）男性の子育て参加を促進する取り組み…230
　（4）再就職を支援する取り組み…231
　（5）企業の取り組み…231

3 新たな少子化対策と子育てを応援する新しいシステム ………… 232
　（1）「子どもと家族を応援する日本」重点戦略…232
　（2）子ども・子育てビジョン…233
　（3）子ども・子育て支援新制度…233
　（4）待機児童解消加速化プラン…236
　（5）新たな少子化社会対策大綱…237
　（6）放課後子ども総合プラン…239
　（7）ニッポン一億総活躍プラン…239

資料　子ども家庭福祉に関するホームページ…244

第1章　現代社会と子ども家庭福祉

　近年，子どもを養育する家庭を取り巻く環境はますますきびしくなっており，特に子どもや子育て家庭をめぐる様々な問題が深刻化しています。子どもへの虐待，ドメスティック・バイオレンス（DV），いじめや不登校，社会的ひきこもりなどが社会問題化し，子ども同士の殺人など凶悪な事件も後が絶ちません。この背景には，産業構造の変化，都市化，核家族化，価値観の多様化といった様々な社会経済・文化的な要因と，それに伴う家庭や地域の子育て機能の低下等が考えられます。
　そこで，この章では，現代の家族や地域社会の状況や，そのなかで育つ子どもたちの状況について学習します。

1　少子高齢社会と子どもの健全育成

（1）少子化の現状

　厚生労働省の「人口動態統計月報年計（概数）」によると2016年の合計特殊出生率▷1は1.44で，前年の1.45を下回りました。出生数は97万6,979人で，前年より2万8,698人減少し，過去最低の数値となりました。出生率（人口対千）は7.8で，前年より0.2ポイント低下しました。また，年齢別では，母親の年齢が39歳以下で産む人は減少しています。一方40歳以上の出生は増加傾向にあり，40歳以上の出生に占める第1子の割合は38.5％となりました。
　わが国の年間出生数は，第1次ベビーブーム期（1947～1949年）に生まれた

▷1　合計特殊出生率
　　その年次の15～49歳までの女性の年齢別出生率を合計したもので，1人の女性が，仮にその年次の年齢別出生率で一生の間に子どもを産むと仮定したときの子ども数に相当する。

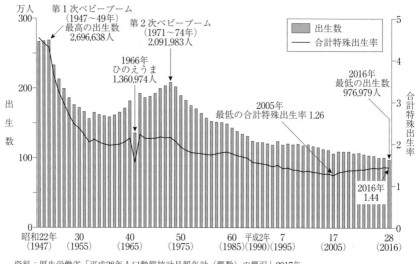

図表1-1 出生数および合計特殊出生率の年次推移

資料：厚生労働省「平成28年人口動態統計月報年計（概数）の概況」2017年。

　女性が出産した第2次ベビーブーム期（1971～1974年）には，年間200～210万の出生数がありました。しかし，1974年を境に，それ以降毎年減少し続け，1991年以降低水準のまま増減を繰り返しています。

　合計特殊出生率においては，戦後のベビーブームの1947年の4.32をピークに，1960年代はほぼ2.1台で推移していました。1973年の第2次ベビーブームでは2.0を保っていましたが，1975年に2.0を下回ってから低下傾向となり，1989年には，それまでの最低であった1966年の1.58を下回る1.57となり，その衝撃から「1.57ショック」といわれました。2003年には，「超少子化国」[2]と呼ばれる1.3を下回り，さらに2005年に過去最低の1.26まで落ち込みました（図表1-1）。

　出生数の減少は，年少人口割合の低下をもたらし，2012年に発表された「日本の将来推計人口」（国立社会保障・人口問題研究所）によると，2060年には，わが国の人口は8,674万人となり，1年間に生まれる子どもの数は50万人を割り

▷2　人口学では，合計特殊出生率が1.3を割った国を「超少子化国」と呼ぶことがある。

現在の半分以下になり、高齢化率は約40％に達するといわれています。

これらの状況を踏まえ、未婚率の増加や共働き世帯の増加などのライフスタイルの変化に対応できる社会、さらに、結婚したい、子どもを生み育てたい、子どもを持って働きたいと思う人が、希望する結婚・出産・子育てを実現できる社会づくりが必要となります。

図表1－2　平均初婚年齢の年次推移

	夫（歳）	妻（歳）
1994年	28.5	26.2
2004	29.6	27.8
2010	30.5	28.8
2012	30.8	29.2
2014	31.1	29.4
2015	31.1	29.4
2016	31.1	29.4

注：各届出年に結婚生活に入ったもの。
資料：図表1－1に同じ。

（2）少子化の要因

これまで少子化の要因として、①婚姻年齢の上昇、②非婚傾向、③夫婦の出生力の低下などが問題としてあげられてきました。厚生労働省「人口動態統計月報年計（概数）の概況（平成28年）」によると、2016年の平均初婚年齢は、男性が31.1歳、女性は29.4歳で2014年以降変化はありません（図表1－2）。2015年の総務省「国勢調査」によると、生涯未婚率は、男性が23.4％（2010年，20.14％），女性は14.1％（2010年，10.61％）で前回の2010年の調査より上昇しています。

「第15回出生動向基本調査（独身者調査）」（2015年）によると、「いずれ結婚するつもり」と考える18〜34歳の未婚者の割合は、男性85.7％，女性89.3％で、男女とも高い割合を示しています。また、25〜34歳の未婚者は結婚しない理由として、「適当な相手にめぐりあわない」（男性45.3％，女性51.2％）が最も高い割合になっています。次に多いのは男性では「まだ必要性を感じない」や「結婚資金が足りない」となっています。女性では「自由さや気楽さを失いたくない」「まだ必要性を感じない」となっています。男女とも結婚の意思はあるが、結婚にいたるまでの相手とめぐりあわない、また特に必要性を感じていないケースが多いといえます。さらに男性の場合は経済面、女性は結婚によって自由さや気楽さが失われることも結婚をためらわせる要因といえるでしょう。

さらに、同調査において、夫婦の出生力については、平均2.2人前後でこれまで一定していましたが、近年ではそれも低下傾向にあります。平均理想の子

ども数は2010年では，2.42人ですが，2015年では，2.32人と過去最低となりました。それに達しない理由として，「子育てや教育費にお金がかかりすぎるから」がトップにあげられ，特に30〜34歳では8割を超えています。ほかに「高年齢で産むのはいやだから」や「欲しいけれどもできないから」などが理由としてあげられています。

　子育てや教育に係る費用が，出生力低下に関連していることは，若い世代の所得の伸び悩みからもうかがえます。20代，30代といった世代の所得をみると（総務省統計局「就業構造基本調査」），20代では，1997年には年収が300万円台の雇用者の割合が最も多く見られました。しかし，2012年には，300万円台の雇用者の割合は減少し，200〜249万円の雇用者とほぼ同じ割合となっています。また，30代では，1997年には年収500〜699万円の雇用者が最も多く見られましたが，2012年には300万円台の雇用者が最も多くなっています。このように，子育て世代の所得は，低所得層に移行しています。子育て世代の所得低下により，結婚・出産・子育てがより厳しい選択となっている状況がうかがえます。

　また，出生力低下の原因として，核家族化やライフスタイルの都市化によって，仕事と家庭の両立が困難になったこともあげられます。子育てに関して祖父母や親族，近隣などの支援やアドバイスが得られない状況などです。そのため，子育てにかかる肉体的・精神的負担も増大していることが考えられます。さらに，育児休業を取得する女性の割合は増加傾向にありますが，出産を機に仕事を辞める女性の割合はほとんど変化していません。また，待機児童の問題も大きく，女性が出産後職場復帰を希望しても，保育施設への入所が難しく就業をあきらめるケースも見られます。さらに，子育てを一段落した女性が再就職を望んでも，パートやアルバイトなど，不安定な雇用を選択せざるを得ない状況が出産をためらわせるケースもあります。

（3）少子化による影響

　少子化による影響として，まず，労働力人口の減少と，それによる，経済成長へのマイナスの影響があげられます。次に，高齢化率の上昇と，それに伴う

年金や医療，介護費の増大の問題が考えらます。さらに社会保障制度を支える現役世代の総人口に占める割合が減少するため，社会保障制度の維持に関する問題も生じてきます。

しかし，少子化が子どもの育ちに与える影響はさらに重要であるといえます。少子化に伴う遊び仲間，とりわけ異年齢児たちによる集団遊びの機会の減少や，テレビゲーム，パソコン等の普及によって，子ども同士の人間関係が築きにくいことや，子どもの孤立化などが生じています。

また，親の関心が数少ない子どもに向けられることから，子どもへの過度の期待による過干渉・過保護の問題が見られます。母と子どもの結びつきが強くなりやすいことから「母子密着」関係を引き起こしやすい状況があり，それにより，子どもへの過干渉，過保護，厳格・抑圧などが強くなり，子どもへの期待が不満足であった場合，子どもに対する不信感，失望感，拒否感など否定感情を募らせることになります。その結果，子どもへの虐待に至ることも珍しくありません。

一方，子どもたちは親の期待にこたえるために，自分の個性や能力を無視し努力し続けることで慢性的なストレスを生じるなど，親の過度の期待が子どもへの抑圧になっていることも考えられます。このように，一方的に子どもに対して過度の期待を寄せる親の養育は，歪んだ人間関係の形成，子どもの自立の妨げ，情緒障害，非行や不登校など，子どもの発達期において様々な影響を及ぼすことになります。

このように，少子化に伴い発生する子どもの生活環境や子育ての問題は，子どもの健全な育成に大きな影響を与えるといえます。

▷3　情緒障害
　　情緒の現れ方が偏っていたり，その現れ方が激しい状態を，自分の意思では抑制することができないことが継続し，学校生活や社会生活に支障となる状態。

2　変化する家族形態

（1）家族形態の多様化，世帯人員の減少

　日本の家族形態はこの50年間に大きく変化してきました。直系多世代世帯から，夫婦と子どもからなる核家族世帯が中心となり，特に近年では単独（ひとり）世帯や夫婦のみの世帯が増加しています。さらに，近年では，晩婚化や非婚化も進み，離婚や再婚の増加も家族の多様化の要因となっています。

　2016年の「国民生活基礎調査」によると，2016年の総世帯数は4,994万5,000世帯で，そのうち核家族世帯（夫婦のみの世帯，夫婦と未婚の子のみの世帯，ひとり親と未婚の子のみの世帯）は3,023万4,000世帯で，総世帯の60.5％を占めています。一方，1986年には，15.3％だった三世代世帯は，2016年には5.9％と大きく減少しています。さらに，夫婦のみの世帯と単独世帯も，1986年と比較すると増加しています（図表1-3）。

　このように総世帯数は増加していますが，平均世帯人員は減少し，2016年には2.47人となっています。

　さらに，2016年，18歳未満の子どものいる世帯は1,166万6,000世帯で全世帯の23.4％，親と子どものみの世帯である核家族世帯が全体の80.5％を占めています。子どもの数を見ると，子どもが1人の世帯数は1986年より11.4ポイント増加し，3人以上は3.5ポイント減少しています。子どもがいる世帯でも平均1.69人となり，減少傾向です（図表1-4）。

（2）増える共働き家庭の増加と雇用問題

　1980年以降，夫婦共に雇用者の共働き世帯は年々増加し，1997年以降は共働き世帯が片働き世帯（夫は有業，妻は無業）を継続して上回っています（図表1-5）。共働き世帯の増加の背景には，女性の社会進出や男女共同参画社会の推進，さらに第3次産業従事者の増加や少子化による労働力の確保など，経済情

図表1-3　世帯構造別，世帯類型別にみた世帯数および平均世帯人員の年次推移

年次	総数	世帯構造						世帯類型				平均世帯人員
		単独世帯	夫婦のみの世帯	夫婦と未婚の子のみの世帯	ひとり親と未婚の子のみの世帯	三世代世帯	その他の世帯	高齢者世帯	母子世帯	父子世帯	その他の世帯	
		推計数（単位：千世帯）						推計数（単位：千世帯）				（人）
1986年	37,544	6,826	5,401	15,525	1,908	5,757	2,127	2,362	600	115	34,468	3.22
1992	41,210	8,974	7,071	15,247	1,998	5,390	2,529	3,688	480	86	36,957	2.99
1998	44,496	10,627	8,781	14,951	2,364	5,125	2,648	5,614	502	78	38,302	2.81
2001	45,664	11,017	9,403	14,872	2,618	4,844	2,909	6,654	587	80	38,343	2.75
2004	46,323	10,817	10,161	15,125	2,774	4,512	2,934	7,874	627	90	37,732	2.72
2007	48,023	11,983	10,636	15,015	3,006	4,045	3,337	9,009	717	100	38,197	2.63
2010	48,638	12,386	10,994	14,922	3,180	3,835	3,320	10,207	708	77	37,646	2.59
2013	50,112	13,285	11,644	14,899	3,621	3,329	3,334	11,614	821	91	37,586	2.51
2014	50,431	13,662	11,748	14,546	3,576	3,464	3,435	12,214	732	101	37,384	2.49
2015	50,361	13,517	11,872	14,820	3,624	3,264	3,265	12,714	793	78	36,777	2.49
2016	49,945	13,434	11,850	14,744	3,640	2,947	3,330	13,271	712	91	35,871	2.47
		構成割合（単位：％）						構成割合（単位：％）				
1986	100.0	18.2	14.4	41.4	5.1	15.3	5.7	6.3	1.6	0.3	91.8	－
1992	100.0	21.8	17.2	37.0	4.8	13.1	6.1	8.9	1.2	0.2	89.7	－
1998	100.0	23.9	19.7	33.6	5.3	11.5	6.0	12.6	1.1	0.2	86.1	－
2001	100.0	24.1	20.6	32.6	5.7	10.6	6.4	14.6	1.3	0.2	84.0	－
2004	100.0	23.4	21.9	32.7	6.0	9.7	6.3	17.0	1.4	0.2	81.5	－
2007	100.0	25.0	22.1	31.3	6.3	8.4	6.9	18.8	1.5	0.2	79.5	－
2010	100.0	25.5	22.6	30.7	6.5	7.9	6.8	21.0	1.5	0.2	77.4	－
2013	100.0	26.5	23.2	29.7	7.2	6.6	6.7	23.2	1.6	0.2	75.0	－
2014	100.0	27.1	23.3	28.8	7.1	6.9	6.8	24.2	1.5	0.2	74.1	－
2015	100.0	26.8	23.6	29.4	7.2	6.5	6.5	25.2	1.6	0.2	73.0	－
2016	100.0	26.9	23.7	29.5	7.3	5.9	6.7	26.6	1.4	0.2	71.8	－

注：2016年の数値は，熊本県を除いたものである。
資料：厚生労働省「国民生活基礎調査の概況（平成28年）」2016年。

勢の変化も見られます。

　2016年の「国民生活基礎調査」によると，子どものいる世帯総数平均として，母親が仕事をしている割合は67.2％，仕事をしていない割合は32.8％です。これを末子の年齢階級別に見ると，0歳では，無業者が60.7％と最も多く，子どもの年齢があがるにつれて，母親の就労率は高くなり，末子の年齢が15～17歳

▷4　第3次産業従事者
　　商業，運輸通産業，金融業，サービス業など。

図表1-4　世帯構造別にみた児童のいる世帯数および平均児童数の年次推移

年次	児童のいる世帯	全世帯に占める割合(%)	児童数			世帯構造					児童のいる世帯の平均児童数
			1人	2人	3人以上	核家族世帯	夫婦と未婚の子のみの世帯	ひとり親と未婚の子のみの世帯	三世代世帯	その他の世帯	
					推計数（単位：千世帯）						（人）
1986年	17,364	(46.2)	6,107	8,381	2,877	12,080	11,359	722	4,688	596	1.83
1992	15,009	(36.4)	5,772	6,697	2,540	10,371	9,800	571	4,087	551	1.80
1998	13,453	(30.2)	5,588	5,679	2,185	9,420	8,820	600	3,548	485	1.77
2001	13,156	(28.8)	5,581	5,594	1,981	9,368	8,701	667	3,255	534	1.75
2004	12,916	(27.9)	5,510	5,667	1,739	9,589	8,851	738	2,902	425	1.73
2007	12,499	(26.0)	5,544	5,284	1,671	9,489	8,645	844	2,498	511	1.71
2010	12,324	(25.3)	5,514	5,181	1,628	9,483	8,669	813	2,320	521	1.70
2013	12,085	(24.1)	5,457	5,048	1,580	9,618	8,707	912	1,965	503	1.70
2014	11,411	(22.6)	5,293	4,621	1,497	9,013	8,165	848	1,992	405	1.69
2015	11,817	(23.5)	5,487	4,779	1,551	9,556	8,691	865	1,893	367	1.69
2016	11,666	(23.4)	5,436	4,702	1,527	9,386	8,576	810	1,717	564	1.69
					構成割合（単位：%）						
1986	100.0	—	35.2	48.3	16.6	69.6	65.4	4.2	27.0	3.4	—
1992	100.0	—	38.5	44.6	16.9	69.1	65.3	3.8	27.2	3.7	—
1998	100.0	—	41.5	42.2	16.2	70.0	65.6	4.5	26.4	3.6	—
2001	100.0	—	42.4	42.5	15.1	71.2	66.1	5.1	24.7	4.1	—
2004	100.0	—	42.7	43.9	13.5	74.2	68.5	5.7	22.5	2.6	—
2007	100.0	—	44.4	42.3	13.4	75.9	69.2	6.8	20.0	4.1	—
2010	100.0	—	44.7	42.0	13.2	76.9	70.3	6.6	18.8	4.2	—
2013	100.0	—	45.2	41.8	13.1	79.6	72.0	7.5	16.3	4.2	—
2014	100.0	—	46.4	40.5	13.1	79.0	71.6	7.4	17.5	3.6	—
2015	100.0	—	46.4	40.4	13.1	80.9	73.6	7.3	16.0	3.1	—
2016	100.0	—	46.6	40.3	13.1	80.5	73.5	6.9	14.7	4.8	—

注1：2016年の数値は，熊本県を除いたものである。
　2：「その他の世帯」には，単独世帯を含む。
資料：図表1-3に同じ。

では，有業者の割合が最も多く，無業者は21.5％と全体の約1/4にも至りません。さらに，有業者の雇用形態を見ると，正規の職員・従業員は22.0％で，非正規の職員・従業員36.3％となっています。就業率が最も高い末子が15～17歳の子どもをもつ女性では，45.3％が非正規の職員・従業員です（図表1-6）。

　非正規雇用による収入は，正規雇用者と比較すると低く，正規雇用者と同様の長時間勤務を求められることも少なくないため，子どもと過ごす時間の確保

図表1-5 共働き等世帯の推移

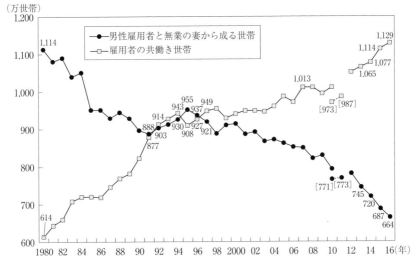

注1:1980年から2001年は総務庁「労働力調査特別調査」(各年2月。ただし,1980年から1982年は各年3月),2002年以降は総務省「労働力調査(詳細集計)」(年平均)より作成。「労働力調査特別調査」と「労働力調査(詳細集計)」とでは,調査方法,調査月等が相違することから,時系列比較には注意を要する。
2:「男性雇用者と無業の妻から成る世帯」とは,夫が非農林業雇用者で,妻が非就業者(非労働力人口および完全失業者)の世帯。
3:「雇用者の共働き世帯」とは,夫婦ともに非農林業雇用者の世帯。
4:2010年および2011年の[ ]内の実数は,岩手県,宮城県および福島県を除く全国の結果。
出所:内閣府『男女共同参画白書(平成29年版)』勝美印刷,2017年,75ページ。

が困難な場合もあります。また,近年では夫婦ともに非正規雇用という家庭も少なくありません。さらに,非正規雇用のひとり親世帯も増加しています。失業者の増加により,仕事のない親をもつ子どもも数多くいると考えられます。

このような母親の就業状況の背景には,女性の仕事と子育ての両立という問題が見られます。女性は,妊娠・出産を機にいったん離職をし,子どもが成長し,子育てが一段落ついた頃に再就職します。しかし,正規雇用の再就職は少なくパート・アルバイトという非正規雇用を選択することになります。あるいは,子育ての時間を確保するために,非正規雇用を選ばざるを得ない状況もあると思われます。

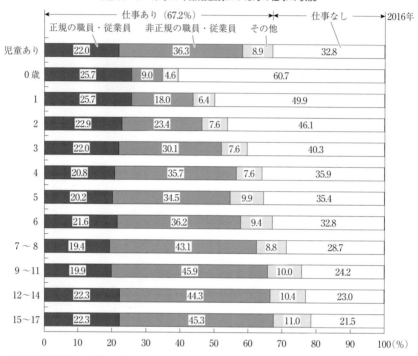

図表1-6 末子の年齢階級別にみた母の仕事の状況

注1:熊本県を除いたものである。
 2:「仕事の有無不詳」を含まない。
 3:「その他」には、会社・団体等の役員、自営業主、家族従業者、内職、その他、勤めか自営か不詳および勤め先での呼称不詳を含む。
資料:図表1-3に同じ。

　仕事と子育ての両立支援策として、国は育児休業などの普及を図っていますが、仕事と育児の両立は依然として厳しい状況です。「雇用均等基本調査(平成28年度)」によると、2016年度の女性の育児休業取得率は81.8%で、2007年、2008年の約9割取得と比較すると減少傾向にあります。一方、男性は3.16%と前年より0.51ポイント増加していますが、育児休業取得率は高いとはいえません(図表1-7)。

　しかし、「平成27年度調査 少子化社会に関する国際意識調査報告書(2015年)」(内閣府)によると、子どものいる男性の30%は育児休業取得を希望して

図表1-7　育児休業取得率の推移
(%)

	1996年度	1999年度	2002年度	2004年度	2007年度	2008年度	2009年度
女　性	49.1	56.4	64.0	70.6	89.7	90.6	85.6
男　性	0.12	0.42	0.33	0.56	1.56	1.23	1.72
	2010年度	2011年度	2012年度	2013年度	2014年度	2015年度	2016年度
女　性	83.7	[87.8]	83.6	83.0	86.6	81.5	81.8
男　性	1.38	[2.63]	1.89	2.03	2.30	2.65	3.16

注：2011年度の［　］内の比率は、岩手県、宮城県および福島県を除く全国の結果。
資料：厚生労働省「雇用均等基本調査（速報）（平成28年度）」2017年。

いるという結果が出ています。取得意向と取得の実態には大きな隔たりがあります。育児休業を取得しなかった理由として、「職場が育児休業制度を取得しづらい雰囲気だったから」「会社で育児休業制度が整備されていなかったから」「残業が多い等、業務が繁忙であったため」など職場環境に関わる理由が上位を占めています。国は、少子化社会対策大綱（2015年）において、2020年までに「男性の育児休業取得率」13％の数値目標を掲げています。目標値達成のためには、育児休暇が取得しやすい職場環境の整備が必要となります。

　前述したように、共働き世帯数は増加し、子育て世代の女性の就業率も7割を超えています。▷5 女性の正規雇用者、非正規雇用者ともに、仕事と家庭（子育て）の両立を行っていくのは困難な状況が見られます。子どもの生活の基本となる安定した家庭生活を保障するため、親の就労環境に関しては、生産性や利益だけにとどまらず、子ども家庭福祉の視点から改善していく必要があるのではないでしょうか。

（3）生活困窮世帯の増加と子どもの貧困

　「国民生活基礎調査（平成25年）」によると、相対的貧困率▷6は2015年には15.6％となり、これらの世帯で暮らす18歳未満の子どもの貧困率は13.9％となり2012年の16.3％より改善しました。

　▷5　子育て世代の女性の就業率
　　　2016年の25歳から44歳の女性の就業率は72.7％（総務省「労働力調査（基本集計）」）。

図表1-8 貧困率の年次推移

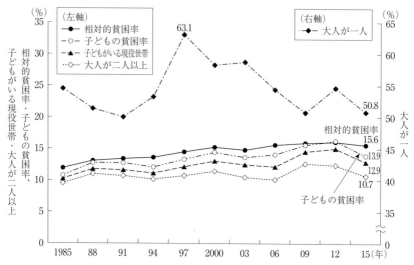

注1：1994年の数値は，兵庫県を除いたものである。2015年の数値は，熊本県を除いたものである。
　2：貧困率は，OECDの作成基準に基づいて算出している。
　3：大人とは18歳以上の者，子どもとは17歳以下の者をいい，現役世帯とは世帯主が18歳以上65歳未満の世帯をいう。
　4：等価可処分所得金額不詳の世帯員は除く。
資料：厚生労働省「国民生活基礎調査（平成28年）」2017年。

　また，子どもがいる貧困世帯のうち，ひとり親家庭の相対的貧困率は50.8％となっており，大人が2人以上の世帯と比較しても高い水準になっています（図表1-8）。

　これらの背景には，長引く不況で子育て世帯の収入が低下したことや，離婚等によって母子世帯が増加し，働く母親が，給与水準の低い非正規雇用に就いていることも影響していると分析されています。さらに母子世帯については，生活保護受給率は14.4％となっており（全世帯では3.22％），生活困窮世帯が多いことがわかります（厚生労働省「ひとり親家庭等の現状について」2015年）。

▷6　相対的貧困率
　　収入から税金・社会保険料等を差し引いた手取りの収入を，世帯人員の平方根で割って，調整した所得の中央値の50％を貧困線（2015年の数値では，年収122万円）とし，これを下回る所得しか得ていない世帯の割合。

貧困が及ぼす子どもへの影響として、幼児期における教育・保育の保障の問題が考えられます。「全国母子世帯等調査（2011年度）」によると、乳幼児のいる母子世帯のうち就労収入が100万円未満の世帯が52.2％で、その就労形態はパート・アルバイトといった非正規雇用となっています。親の経済状況にかかわらず、子どもが安心して質の高い教育・保育を受ける機会が保障されなければなりません。また、子どもを保育所に入所させ就労を希望しても、待機児童問題など保育所への入所が困難な場合は、就労できず自立を妨げることになります。

また、家庭の経済状況が子どもの進学にも影響を与えることも考えられます。高等学校中退率は、全国では1.5％に対し、生活保護世帯では5.3％となっています（「学校基本調査」「保護世帯に属する子供の高等学校等中退率」）。

さらに高等学校卒業後の進路について、大学等・専修学校等へ進学する割合は、2013年全国で70.2％、生活保護受給世帯の子どもで32.9％、となっています。

子どもの貧困対策として、2013年に「子どもの貧困対策の推進に関する法律」が公布され、これに基づき2014年には、子どもの貧困対策会議が設置されました。2015年12月の子どもの貧困対策会議において「ひとり親家庭・多子世帯等自立応援プロジェクト」を策定し、ひとり親家庭・多子世帯等の自立を応援するための方向性が示されました（第2章、図表2-1）。就業による自立を基本にしつつ、現在実施されているひとり親家庭支援について充分活用できるように、自治体窓口のワンストップ化の推進や相談水準の向上、子どもの生活・学習支援、児童扶養手当の充実など経済面での支援など総合的な支援が行われることとなりました。

貧困は、その世帯で育つ子どもの学力、進学機会、退学率などと深く関係しています。さらに、虐待や非行へのリスクとも深く関わっていきます。子どもが生育環境に左右されず、健やかに育成されるような環境整備、教育の機会均等を図るとともに、就労支援や経済的支援など保護者の自立支援への取り組みが期待されます。

3 家族機能の変化

　近年では、子育て家庭の低賃金化や長時間労働、子どもの貧困、子ども虐待などが進行し、子どもの生活の基盤である家庭の生活、労働、地域が変化し、脆弱化しています。これは、子育てを行う上で大きな困難となって、子どもの成長に影響を与えることになります。また、東日本大震災、原発事故による人災を含む被災地では、多くの命が奪われ、さらに生活基盤としての住居、職場、地域社会を失い、避難生活を強いられることになりました。このような状況のなか、家族に対する意識や家族のあり方にも変化が見られます。それでは、子どもが健全に成長し、基本的生活習慣を獲得し社会性を身につけていく基本的な集団としての家族の機能はどのように変化しているのでしょうか。

（1）家族に対する意識の変化

　2000年、2005年の「青少年の生活と意識に関する基本調査」では、家庭のなかにいても、家族と過ごさず一人で学業やテレビ、テレビゲーム、パソコン、インターネットなどに時間を費やす傾向が強く、家族の行動の個別化が指摘されていました。しかし、近年は、家族や身近な人に対する意識が強くなっています。2014年に内閣府が行った「小学生・中学生の意識に関する調査（平成25年度）」では、「ほっとできる場所」として、「家」と回答した割合は88.6％で、前回調査2006年の86.0％よりも増加しています（図表1-9）。また、家庭生活が「楽しい」と答えたのは86.0％（前回70.3％）です（図表1-10）。さらに、「家族でおしゃべりすること」が「よくある」と答えたのは全体の86.8％（前回77.5％）、「家族で買い物や食事に出かけること」が「よくある」と答えたのは53.2％（前回36.7％）と、家族との親密さが増し、家族と一緒にいて安心できる傾向が見られます（図表1-11）。

　このように「家族」に対する意識が高くなってきた要因の一つとして、2011年3月の東日本大震災が考えられます。2012年に博報堂生活総合研究所が行っ

第1章 現代社会と子ども家庭福祉

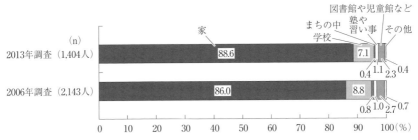

図表1-9 ほっとできる場所

資料：内閣府「小学生・中学生の意識に関する調査（平成25年度）」2014年。

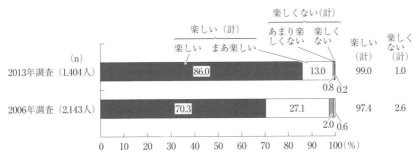

図表1-10 家庭生活の楽しさ

資料：図表1-9に同じ。

た「子供の生活15年変化」調査結果では，東日本大震災以後，自分の考え方や行動が「変わったと感じることがある」と答えた子どもは約半数の47％で，1人が怖い，家族の大切さや普通の大切さを実感している声が見られます。子どもたちの意識が友人，家の外，自分の趣味・興味から，身近な人や場所にシフトし，身の回りとの関係性を深めることで安心感を求める姿が見えてきます。

（2）子どもの生活習慣の変化

家庭は，「子どもを生み育てる」役割をもつと同時に，「基本的な生活習慣などを通して，子どもが社会に適応していくための能力や知恵を身につける」役割も求められています。しかし，近年は家庭における教育力が低下し，基本的

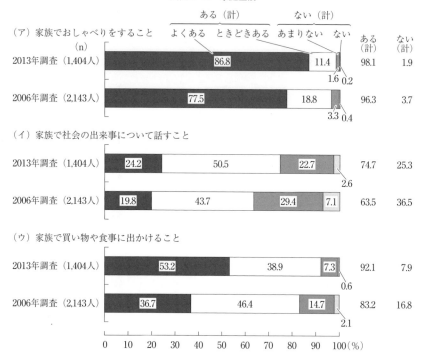

図表1-11 家庭生活

資料:図表1-9に同じ。

な生活習慣の欠如が子どもの育ちの変化の一つとしてあげられています。

　文部科学省は，子どもの基本的生活習慣の確立や生活リズムの向上をめざして，「『早寝・早起き・朝ごはん』国民運動」の推進を展開し，様々な企業がこの運動とタイアップして，生活リズムを整えることの重要性を伝えています。しかし，実際の子どもたちの生活リズムはどのようになっているのでしょうか。

　子どもの生活時間を見ると，睡眠時間が短くなる傾向にあります。睡眠時間の平均値を見ると，1981年から徐々に少なくなっていることがわかります（図表1-12）。

　睡眠時間が短くなる傾向のなか，睡眠不足を感じている子どもの割合を見ると，全体では女子が40.5％，男子34.1％で女子の方が寝不足を感じている割合

第1章 現代社会と子ども家庭福祉

図表1-12 小・中・高校生の睡眠時間の平均値の推移

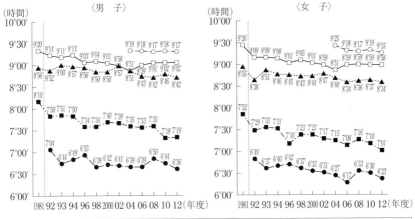

注：調査対象は、全国16都県計79校の小・中・高校生12,270人（小学1・2年生男子792人・女子749人、小学3・4年生男子1,215人・女子1,238人、小学5・6年生男子897人・女子899人、中学生児童生徒1,966人・女子1,882人、高校生男子1,124人・女子1,508人）。1981年度調査の数値は「昭和56年度児童生徒健康状況調査報告書（財団法人日本学校保健会）」より。小学3年生と4年生、小学5年生と6年生の数値を比較可能なものとするために、加重平均によって調整した値を小学3・4年生、小学5・6年生の数値として用いた。

資料：公益財団法人日本学校保健会「児童生徒の健康状態サーベイランス事業報告書（平成24年度）」2014年。
出所：日本子ども家庭総合研究所『日本子ども資料年鑑2015』KTC中央出版, 2015年, 306ページ。

が高くなっています（図表1-13）。年齢別にみると、高校生が最も高く、女子66.0%、男子57.5%で女子は6割以上が不足を感じていることになります。

その理由としては、全体では「なんとなく夜更かししてしまう」「宿題や勉強で寝る時間が遅くなる」が上位を占めていますが、年齢が高くなるにつれ「携帯電話やインターネットやメールをしている」の割合が高くなっています（図表1-14）。年齢別では、小学1、2年生では「家族みんなの寝る時間が遅いので寝るのが遅い」「なんとなく夜更かしをしてしまう」が上位を占め、家族の生活時間の夜型化が睡眠時間に影響を与えていることがわかります。

朝食の摂取状況では、図表1-15を見ると1981年と比較すると微増傾向にあり、小学生では9割以上が朝食を摂取しています。しかし、中学生では男女とも1981年とほぼ変わらない状況です。朝食を食べない理由は、全体では男女と

図表1-13　睡眠不足を感じている児童・生徒の割合（2013年度）

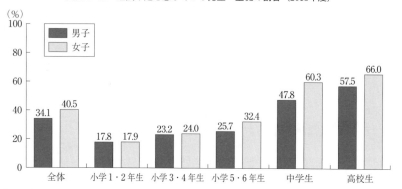

注：調査対象は、全国16都県計79校の小・中・高校生12,270人。小学生は保護者が回答。
資料：公益財団法人日本学校保健会「児童生徒の健康状態サーベイランス事業報告書（平成24年度）」2014年。
出所：図表1-12に同じ、95ページ。

図表1-14　児童・生徒が睡眠不足を感じている理由（2012年度）

(%)

区　分	男子						女子					
	全体	小学1・2年生	小学3・4年生	小学5・6年生	中学生	高校生	全体	小学1・2年生	小学3・4年生	小学5・6年生	中学生	高校生
なんとなく夜更かししてしまう	42.8	28.4	35.4	39.0	48.3	46.1	44.1	29.7	35.4	45.6	46.6	48.0
宿題や勉強で寝る時間が遅くなる	38.6	13.5	27.8	27.4	47.7	47.7	47.6	12.0	27.5	40.1	60.2	52.5
家族みんなの寝る時間が遅いので寝るのが遅い	14.7	36.4	26.4	24.2	6.8	5.7	16.5	39.0	32.8	27.6	9.3	5.4
深夜テレビやビデオやDVDを見ている	15.2	10.0	8.8	10.8	19.6	16.2	14.3	7.8	10.6	13.8	18.2	11.4
ゲームをしている	20.2	12.9	16.6	20.5	25.7	15.3	7.5	4.0	9.6	11.9	8.4	2.8
携帯電話やインターネットやメールをしている	17.6	1.4	1.0	3.9	22.9	35.1	23.6	0.8	0.7	6.0	31.7	41.7
なかなか眠れない	18.4	9.3	9.5	16.5	24.4	18.0	20.3	17.8	12.2	18.1	25.9	16.3
帰宅時間が遅いので寝る時間が遅い	16.1	13.6	18.3	13.9	14.1	21.3	16.4	16.6	15.5	20.0	13.6	19.6
その他	11.3	20.7	14.1	14.1	7.6	10.5	10.1	15.7	13.2	9.8	8.3	9.8
無効回答	5.1	13.0	10.4	10.5	1.7	1.0	3.6	10.4	9.6	7.1	0.8	0.8

注：調査対象は、全国16都県79校の小・中・高校生12,270人。小学生は保護者が回答。睡眠不足を「感じている」と回答した男子2,224人、女子2,830人。複数回答。
資料：公益財団法人日本学校保健会「児童生徒の健康状態サーベイランス事業報告書（平成24年度）」2014年。
出所：図表1-12に同じ、96ページ。

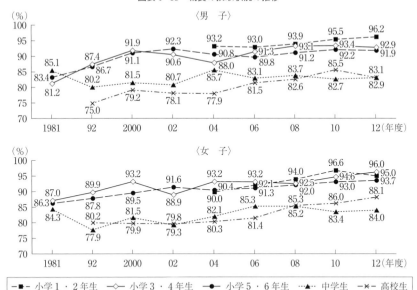

図表1-15 朝食の摂取状況の推移

注：2012年度の調査対象は，全国16都県計79校の小・中・高校生12,270人（小学1・2年生男子792人・女子749人，小学3・4年生男子1,215人・女子1,238人，小学5・6年生男子897人・女子899人，中学生男子1,966人・女子1,882人，高校生男子1,124人・女子1,508人）。調査時期は2013年1～3月，アンケート調査。小学生は保護者が，中学・高校生は生徒が回答。朝食を毎日食べる者の割合。
資料：公益財団法人日本学校保健会「児童生徒の健康状態サーベイランス事業報告書（平成24年度）」2014年。
出所：図表1-12に同じ，167ページ。

も「食欲がない」「食べる時間がない」が高い割合になっています（図表1-16）。

また，朝食の摂取と子どもの学力の関係について，国立教育政策研究所が行った調査（「全国学力・学習状況調査（平成26年度）」）によると，小学校，中学校ともに「朝食を必ず食べる」と答えた学生は，「食べないことが多い」「全く・ほとんど食べない」と答えた学生と比較して，国語・算数の平均回答率が高い結果が出ています。さらに，朝食摂取と運動能力・体力との関係についても，朝食を「毎日食べない」「時々欠かす」子どもは，全国平均を下回っているという結果が出ています（文部科学省スポーツ・青少年省「全国体力・運動能力・運動習慣等調査（平成25年度）」）。

このように朝食の摂取は子どもの成長に欠かせないことがわかりますが，朝

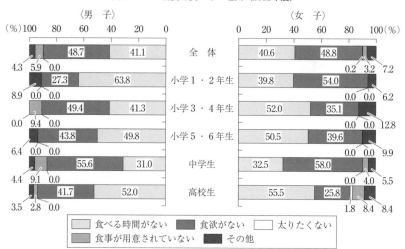

図表1-16　朝食を食べない理由（2012年度）

注：調査対象は，図表1-15に同じ。「食べない日の方が多い」または「ほとんど食べない」と答えた人のみ回答。
資料：公益財団法人日本学校保健会「児童生徒の健康状態サーベイランス事業報告書（平成24年度）」2014年。
出所：図表1-12に同じ，167ページ。

　食を摂らない理由である「食欲がない」原因として，生活の夜型化が大きく影響していると考えられます。夜型の生活になることで，スナック菓子や夜食等の飲食が考えられます。また，睡眠時間が確保されず，起床時間も遅くなることから，起床後すぐに体が目覚めず食欲がわかないということも考えられます。
　さらに，女性の社会進出に伴い，家庭の食卓は変化し，低年齢化する孤食化[7]が指摘されています。また，栄養の偏りによる子どもの肥満や生活習慣病の増加といった子どもの健康にも大きな影響を与えています。
　心身の健康の基礎となる，睡眠，食事といった基本的生活習慣がうまく保たれなくなっている現代の子どもの生活状況がうかがえます。これらの要因として，親の就業形態やライフスタイルの変化により生活が夜型化し，子どもがそ

▷7　孤食化
　　家族が揃って食事をせず，各自バラバラな時間に食事をすること。近年では，一人で食事をとる子どもが増加し，日常化しているケースもある。

の影響を受ける場合や，塾や習い事・学習によって，あるいはテレビ・パソコン等の情報メディアによって就寝時間が遅くなることなど，おとな社会に巻き込まれている結果と考えられます。

（3）男性の低い家事・育児参加

パートタイマーなどの短時間労働者を含む非正規雇用者が増加するなか，正規雇用者の職場での負担も増加し，労働時間も長時間化の傾向にあります。「国民生活基礎調査（平成25年）」によると，男性で週60時間以上の長時間労働者は，2005年以降減少傾向にあります。しかし，子育て期にある30代男性では，17.0％が週60時間以上の就業となり，他の年齢に比べ最も多くなっています。

また，6歳未満の子どもがいる男性と女性の育児，家事関連時間を見ても（図表1-17），日本の男性が家事・育児に費やす時間は1日平均で1時間です。スウェーデン，ノルウェー，ドイツでは3時間に達しており，他の先進諸国と比較しても少ないといえます。一方，女性が家事・育児に費やす時間は，日本は他の先進諸国と比較して最も多くなっています。

子育て世代の男性の長時間労働は，帰宅時間を遅らせ，家事・育児への参加を困難にしています。その結果，家事・育児の負担が女性にかかる状況となっています。共働き世帯が増え，女性の社会進出が進むなか，女性が仕事と子育てを両立するには，夫婦が共に家事・育児に参加し，互いに協力することが必要です。

また，大きな社会問題となっている子ども虐待についても，母親と子どもが孤立した育児環境によって生じる「母子密着」「育児ストレス」「育児不安」なども，子ども虐待が発生する要因と見られています。父親の育児参加は，女性の仕事と家事・育児の両立を支援するだけでなく，母親の育児ストレスの軽減や子どもの健全な成長・発達においても不可欠といえます。そのためには，国・自治体・企業などが，男性の育児参加を支援する環境を整備し，「男性は仕事，女性は家事・育児」といった固定的役割分担意識を変えていく必要があります。さらに，「子どもが豊かに育つ環境」を整備するためには，子どもの

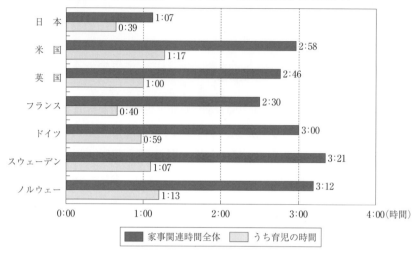

図表1-17　6歳未満児のいる夫の家事・育児関連時間（1日当たり）

注：日本の数値は、「夫婦と子どもの世帯」に限定した夫の1日当たりの「家事」「介護・看護」「育児」および「買い物」の合計時間（週全体平均）である。
資料：Eurostat "How Europeans Spend Their Everyday Life of Women and Men"（2004）、Bureau of Labor Statistics of the U. S. "American Time Use Survey"（2013）および総務省「社会生活基本調査」（平成23年）より内閣府作成。
出所：内閣府『少子化社会対策白書（平成27年版）』日経印刷、2015年、22ページ。

「母親」と「父親」も含めた「親支援」を充実させる必要があるでしょう。

（4）育児不安の増加と子ども虐待

子どもに関する問題において、その一つに深刻化する育児不安と子ども虐待の問題があります。育児不安の背景として、核家族世帯の増加や、近隣関係の希薄化などによる育児の孤立化、子育ての負担による育児ストレスなどが考えられます。

内閣府が行った「結婚・家族形成に関する意識調査（平成26年度）」によると、子育てで不安に思っていることは、全体では「経済的にやっていけるか」が63.9％と最も多く、次いで「仕事をしながら子育てすることが難しそう」（51.1％）、「きちんとした子どもに育てられるか自信がない」（40.7％）、「子育てするのが大変そう」（37.0％）となっています。

結婚状況別では，子育てで不安に思っていることについて，既婚者は「経済的にやっていけるか」62.8％，「仕事をしながら子育てをすることが難しい」(46.0％)，「子育てが大変そう」(27.5％) が上位を占めています。しかし，「仕事をしながら子育てをすることが難しそう」と回答した既婚男性は33.3％，既婚女性は53.7％と男女で大きな意識の差が見られます。また，「きちんとした子どもに育てられるか自信がない」と答えたのは，既婚男性30.6％，既婚女性45.0％です。「配偶者の家事・子育てへの協力が期待できない」でも，既婚男性4.8％，既婚女性17.3％と10ポイント以上男女差が見られます。

　この調査結果から，女性は男性と比較して，仕事と子育ての両立や配偶者の家事・子育てへの協力など，子育て全般に関する不安を強く感じていることがわかります。

　また，内閣府が行った「夫の帰宅時間が少子化に与える影響」の調査結果では，夫の帰宅時間の遅さが家庭生活に影響を与えるという結果が出されました。未就学児の子育てする女性のうち「イライラ」を感じている割合が高いのは，「有期雇用」や「無職」の女性，家事・育児を「自分ひとり」で受けもつ正規雇用の女性，3歳児をもつ女性，子どもの教育に熱心な女性，夫の帰宅が遅い女性などです。

　未就学児の子育てをする女性のイライラ感を高める原因の一つに「(夫の)気が張りつめている」があり，特にそう感じる割合が高いのは，夫の帰宅時間が22時を超える場合です。夫の帰宅時間が21時，あるいは22時を過ぎる状況は，小さな子どもを育てる家庭の生活の質にも影響を及ぼすことが考えられます。

　実際に，子育て世代の父親の長時間勤務，通勤時間の長時間化，単身赴任の増加などによって父親不在が生じ，物理的に子育てに関わることが困難な状況も見られます。また，多様な働き方に対応するための，保育サービス，企業における子育て支援，雇用制度など，仕事と育児を両立させるための支援が充分に整備されているとはいえません。さらに，近隣との付き合いがなく，地域社会とのつながりが希薄な家族も少なくありません。子育てについての夫の協力や精神的な支えを得られず，地域社会からも孤立してしまう母親は，相談する

相手もなく悩みを抱えたまま密室での育児を強いられてしまいます。

　前述したように，これらの子育ての孤立化や育児負担の増加は，子ども虐待の深刻化を引きおこすと考えられます。子育てを家族だけで行うのが困難になっている現在，その家族を地域社会が支え，さらに企業，地方公共団体および国など社会全体で支えていく体制が求められます。

　なお，子ども虐待に関する現状や施策については，第6章でまとめています。

4　子どもの遊びの変化

　子どもは多様な遊びを通じて，楽しさ，不思議さ，面白さを感じ，さらに人や物，自然と関わりながら，創造性，社会性，感性，基本的運動能力などを身につけていきます。

　しかし，都市化・情報化の進展などによって，子どもの生活空間は人工的になり，自然と関わる機会や遊び場が減少しています。また，少子化に伴うきょうだいや友達の減少，習い事，学習塾通いの子どもの増加などによって，子ども同士が関わる機会も減少しています。さらに，電子メディアの普及によって，テレビゲーム，インターネット，パソコンなど屋内での遊びが増加しています。このように，現在の子どもの遊びは，子どもが自由に遊べる屋外の「空間」「時間」「仲間」の「3つの間」がなくなったといわれています。

　2011年「さわやか福祉財団」が行った調査「放課後の遊びについてのアンケート調査」[8]によると，学校が終わってからの遊び時間について，「少しある」と回答したのは56.6％で，「たくさんある」は33.9％でした。満足するまで充分遊べている子どもは，3分の1と考えられます。また，一方で，遊びが生活の一部であり，成長に重要な小学生の時期に遊ぶ時間が「ない」と答えた子ど

▷8　放課後の遊びについてのアンケート調査
　　東京都および東京に隣接する4県のなかから「子どもの主体的な遊び」を重視し，年間200日以上の取り組みをしている「放課後子ども教室」を設置している小学校各1校を選んだ。合計5小学校を対象に，「子どもの遊びについてのアンケート調査」を実施。アンケート回収総数2,827名。

もも8.9％います。子どもたちが放課後よく遊ぶ場所は,「家の近くの公園」26.0％,「自分の家」25.6％,「友達の家」17.4％が上位です。その他には「放課後子ども教室」「学童保育」「児童館」など屋内で遊ぶ子どもの割合が多くなっています。よくする遊びでは,「携帯型ゲーム」が41.0％で第1位(「テレビゲーム」も17.7％で5位）となっています。次いで「鬼ごっこ」27.1％や「サッカー」22.1％,「読書・漫画」20.8％と続きます。自然に接したり,身体を動かす遊びよりも,携帯型ゲーム,テレビゲームでの遊びの割合が多くなっています。また,遊ぶ相手も「3〜5人」と小集団で,同年の子どもが8割を占めており,異年齢集団での遊びは少ないといえます。

さらに,子どもの遊びの内容や地域との関わりによっても,子どもの心身の発達に影響が見られます。2007年に熊本県教育委員会が行った小学3年生,6年生を対象とした「子どもの遊び実態調査報告書（平成19年度）」では,地域での体験活動や様々な遊びの経験の多い子どもの方が,自尊感情[9]や規範意識[10]が高い傾向にあることが報告されています。また,テレビやコンピューターゲームで遊ぶ子どもの方が「夜眠れないことがある」「イライラすることがある」など不定愁訴を訴える割合が高くなっています。

社会環境の変化に伴う子どもの遊びの変化は,子どもの成長に必要な体験を得る機会を減少させています。幼稚園・小学校などでの身体運動を含む遊びの充実を図るとともに,地域における体験活動の機会や,子どもが安心して遊ぶことができる環境を整備し,子どもの遊ぶ力を育んでいく必要があります。

▷9 　自尊感情
　　自己に対する評価感情で,自分自身を基本的に価値あるものとする感覚のこと。一般に自尊感情の高い子どもは精神的に安定し,何ごとにも意欲的で前向きに生きようとする傾向にあるといわれている。
▷10　規範意識
　　人間が行動したり判断したりする時に従うべき価値判断の基準に基づいて判断したり行動しようとする意識。具体的には,「自他の生命や権利を尊重し,自他を身体的にも心理的にも傷つけてはいけない」または「盗みをしてはいけない」などの社会的な基準を守り,その基準に基づいて,規律ある行動をすることができることとしている。

5　情報メディアと子どもの健全育成

　この10年間で，携帯電話の機能は多様化し，パソコン機能を持つスマートフォンやインターネットに接続できるタブレット端末が急激に普及してきました。図表1-18を見てもわかるように，インターネット接続機器の利用は幅広く，特に中・高生では，スマートフォンの利用が顕著です。その他にもテレビやビデオ，テレビゲームなど，生活のなかで，多くの子どもたちが多様なメディアに接していることがわかります。

　長時間の情報メディアへの接触によって，就寝時間が遅くなり，充分な睡眠時間が確保できない，食欲不振といった生活習慣の問題や，視力低下，暴力や殺人に関するテレビゲームへのアクセスによる精神面の問題，有害サイトや迷惑メールによる子どもの心身への悪影響など，子どもたちの育ちを歪めることも考えられます。また，家庭にいても孤立し，情報メディアに没頭するなど，親やきょうだいとのコミュニケーションの減少といった子どもと家族との関係にも支障が見られます。

　さらに，近年，幼児期の親子関係のあり方について，スマートフォンの利用が問題視されています。乳幼児向けのしつけや，絵本，知育アプリなどがいつでも自由に気軽に利用でき，子育ての情報やLINEを使って親同士の情報交換など，子育てのひとつのツールとして普及しています。このように，スマートフォンの普及によって，電車や公園のなか，子育て広場，診療所の待合室などでスマートフォンを使う保護者が増えてきました。そして小さな子どもたちも親のスマートフォンで動画を楽しむ姿も見られるようになりました。

　しかし，乳幼児期の子どもの発達・成長に大切とされる乳幼児に応答的にかかわること，アイコンタクト，言葉の発達のプロセスなどが，メディア漬けによってマイナスの影響を受けないようにしなければなりません。また，視力低下，社会性や運動能力の低下，愛着障害，言語発達の低下など，低年齢児の場合は特に注意が必要となります。

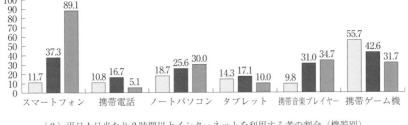
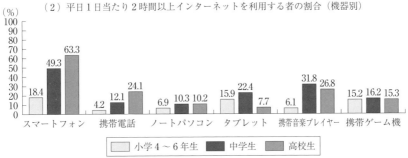

資料：内閣府「青少年のインターネット利用環境実態調査」2015年。
出所：内閣府『子供・若者白書（平成27年版）』日経印刷，2015年。

　このような状況に対して，日本小児科医会では，子どもとメディアの問題に対する提言を発表して，「メディア漬けの子育てを見直してみませんか？」というポスターを作製し，啓発活動を行っています。
　情報メディアへの接触によって，子どもたちが事件に巻き込まれるケースも増加しています。出会い系サイトにアクセスした小・中学生が性犯罪の被害者になった事件や，ブログや掲示板などに「死ね」「ウザイ」「キモイ」など書き込まれた中・高生が自殺に追い込まれるといった事件が続発しています。ネットにのめりこみ，学習や生活に支障をきたすネット依存症などの問題も指摘されています。また，後を絶たない若者の犯罪の背景にも，メディアの影響があるともいわれています。
　このような状況から，携帯・スマートフォンだけでなくパソコンも含めてインターネット等の有害情報から子どもたちを守るため「青少年が安全に安心し

てインターネットを利用できる環境整備法」が2008年6月に国会で成立しました。この法律は，携帯電話会社やネット接続会社に対して，18歳未満の子どもが使う携帯やパソコンに有害サイトの閲覧を制限するフィルタリングサービスの提供を義務づける内容となっています。しかし，フィルタリングの利用やインターネット利用の制限が行われているのは，約半数にしかすぎません。溢れる情報のなかで，子どもが健全に発達する権利を今後どのように守っていくのか，おとなの責任が問われます。

6　食生活の変化と食育の推進

（1）食育の必要性

　健康な子どもの成長を保障することは，おとなの責任でもあります。特に乳幼児期は，生涯を支える子どもの基本的生活習慣や生活リズムを確立する大切な時期でもあります。そのために家庭において食行動や食習慣の基盤を形成し，習得する必要があります。
　しかし，食生活を取り巻く社会環境などの変化により，不規則な食事，栄養の偏り，生活習慣病の増加，食の安全性など，子どもや国民の食に関する問題が注目されています。そのため，子どもたちが様々な経験を通じて，「食」に関する知識や，「食」を選択する力を習得し，健全な食生活を実践することができるよう，「食育」を推進することが必要となります。

（2）食をめぐる子どもの変化

　都市化・核家族の進行，産業構造の変化などに伴い，家庭や地域での人間関係は希薄化し，特に家庭での食卓や食生活に大きな変化をもたらしました。朝食欠食や偏食など不健全な食生活，小児期における肥満の増加や生活習慣病の若年化，また食の安全性の問題など，食に関する問題は多様化・深刻化し，健康への影響が懸念されています。

図表1-19 肥満傾向児と痩身傾向児の推移

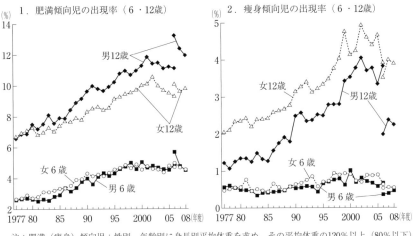

注：肥満（痩身）傾向児：性別，年齢別に身長別平均体重を求め，その平均体重の120％以上（80％以下）の者。
　2006年度から，肥満度＝（実測体重－身長別標準体重）／身長別標準体重×100（％）で20％以上（－20％以下）の者。
資料：文部科学省「学校保健統計調査」。
出所：日本子ども家庭総合研究会編『日本子ども資料年鑑2009』KTC中央出版，2009年，103ページ。

　食をめぐる子どもの変化について，まず，小児肥満が増加していることがあげられます。文部科学省「学校保健統計調査（平成20年度）」によると，肥満傾向児の出現率を年齢別で見ると，12歳の児童では，肥満傾向児の出現率が6歳の幼児と比較しても高い割合になっています。子どものやせについても，12歳の痩身傾向児の出現率は急激に増加しています（図表1-19）。小児期の肥満は成人期の肥満，生活習慣病につながりやすく，若年層のやせの増加も次世代への影響が考えられます。そのため，幼児期からの食習慣の形成や，食に関する学習が重要といえます。

　子どもの生活習慣の変化でも述べたように朝食抜きの子どもが増加し，特に低年齢化が進んでいます。厚生労働省の「乳幼児栄養調査（平成17年度）」によると，1歳から3歳までの幼児のうち1割が「朝食欠食が週2回以上ある」と回答しています。また，「子どもの就寝時間が遅い」や「母親が朝食を抜く」など，親の生活リズムの影響で，朝食の欠食率が高まっていることも報告され

ています。

　さらに，インスタント食品や加工食品，調理済み食品など食の簡素化は年々進み，さらに外食化による親子の交流やコミュニケーションは希薄化しています。家庭における食事は，家族関係の希薄化とも大きく関わっています。食事とは，単に食べることだけではなく，食事をつくり，食べ，片付ける作業が含まれています。父親，母親，子どもが一緒にそれぞれの過程に参加することで，親子や家族のふれあいの機会をつくり，連帯感を深め，人とのかかわりを強化することにつながります。核家族化，少子化，就労形態の変化，親の長時間労働などによって，家族のつながりの希薄化が危惧されている昨今，「食」を通じて，子どもの健全育成とともに家族の交流・つながりについて見直しが求められます。

　このような社会情勢を背景に，2005年6月，「食育基本法」が制定され（同年7月施行），国民運動の一貫として食育の推進が図られています。「食育基本法」では，子どもたちに対する食育は，心身の成長および人格の形成に大きな影響を及ぼし，生涯にわたって健全な心と身体を培い豊かな人間性を育んでいく基礎となるものとして，総合的かつ計画的に推進することが求められています。さらに，「食育基本法」に基づき，2006年度から2010年度までの5年間を対象とした「食育推進基本計画」が決定され，2011年3月には，2011年度から2015年度の5年間を期間とする新たな基本計画が決定されました。

　保育や教育の場は，子どもが1日の生活時間の大半を過ごす場であり，食育の推進が期待されています。そのため保育所では「保育所における食育に関する指針」，「保育所保育指針」，「児童福祉施設における食事の提供ガイド」，「保育所における食事の提供ガイドライン」に基づき，食育に関する活動が展開されています。さらに，学校教育においては，2005年4月には栄養教諭が，食育指導のために制度化され，学校給食の管理とともに，食に関する指導を行っています。また，2008年の学習指導要領の改訂で「学校における食育の推進」を明確に位置づけ，家庭科や体育科など関連する教科等おいても食育に関する内容が充実されました。合わせて「幼稚園教育要領」の改訂も行われ，「健康」

領域において，食育の観点からの内容が充実されました。

　家庭における食育の推進として，2001年から「健やか親子21」において食育を推進してきましたが，2015年度からスタートした「健やか親子21（第2次）」においても，子どもの生活習慣の形成という観点から，朝食を欠食する子どもの割合を減らす取り組みを進めるほか，家族など誰かと食事をする子どもの割合を増やす取り組みなどもあわせて推進することとしています。

　子どもの発達に応じた望ましい食行動，食習慣を定着させ，「食」に関する正しい知識と食生活を営む力をつけるために，家庭，学校，保育所，地域と連携した食育の推進が求められています。

7　地域社会の変化

　子どもたちの社会性の発達には，地域における町内会などの地域組織の果たす役割も大きいといえます。子どもたちは，地域における集団のなかで，地域の伝統や共同活動や行動様式，社会規範を学び，社会人としての基礎を養っていきます。このように地域共同体は，子どもへの目配りによって，子どもの変化を発見し，犯罪や非行から子どもを守る役割ももち，地域組織のなかで子どもを守り，教育し，育む機能をもっていました。

　しかし，マイホームやニュータウンの建設が進み，地方での都市型生活様式の広がりによって，地域社会の共同体意識も低下していきました。かつては，地域社会がもっていた「困ったときはお互いさま」といった助け合いや，子どもたちのたまり場，遊び場となる路地や店先，そこで遊ぶ子どもたちへの目配りなどの，様々な子育て機能が低下し，少子化による学校の統廃合，遊び友達の減少など，子育てが地域から切り離され，家庭と学校だけで行われるものとなっていきました。

　さらに，郊外住宅地でも近隣の人間関係は希薄で，近所のおばさん・おじさんの子育てについての助言や緊急時の支援，近所のおとなたちから子どもへの様々な働きかけといった，住民の自発性に基づく子育て支援を受けられないま

ま，郊外住宅地においても，子育てが地域から切り離され，母親と学校だけで担うものとなりました。このため子育てに関する心配事を相談する相手がいない，育児ストレスによる子ども虐待の発生なども社会問題として取り上げられるようになりました。このように地域共同体としての意識の希薄化に伴い，子どもの成長の過程で社会性を学ぶ機会として必要な地域の教育力の低下を引き起こしています。

さらに，少子化，都市化に加え，習い事，塾通いの子どもの増加によって，異年齢集団は急激に減少しています。これまでは異年齢集団の遊びを通して学んだ，集団ルールを守ることの大切さや，人への思いやり，集団遊びの楽しさなど，子どもが成長していく過程で必要な体験を得ることが困難になっています。

子どもの健全育成には，地域における多様な体験とともに地域住民による子育て支援が必要となります。地域ぐるみで子育てをする環境をつくり，希薄化した地域社会の共同意識を啓発し，地域社会と家庭が協力した子育て支援を行っていくことが求められます。

8　学校に関する子どもの問題

学校生活は，子どもにとって1日の大半を過ごす場となっています。その学校生活を通じた，あらゆる教育活動のなかで，子どもたちの社会的な資質や能力，行動などを修得・発達させる教育が行われます。

しかし，学校生活におけるいじめの社会問題化や，校内暴力の増加，不登校，自殺など，児童生徒の問題行動は教育上の大きな課題となっています。

文部科学省が行った「児童生徒の問題行動等生徒指導上の諸問題に関する調査（平成27年度）」によると，全国の国・公・私立小・中・高等学校の児童生徒が起こした学校内の暴力行為の発生状況は（図表1-20），合計で5万3,411件，小学校で1万5,927件，中学校で3万1,322件，高校で6,162件と，高い状況にあります。高校では減少傾向の一方で，小学校では増加が続いており，校内暴力の低年齢化が進んでいることがわかります。

第1章　現代社会と子ども家庭福祉

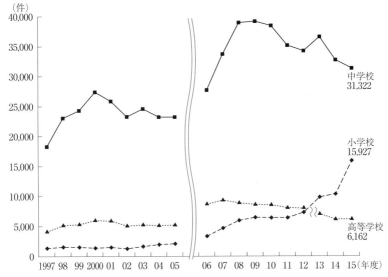

図表1-20　学校内における暴力行為発生件数の推移

注1：1996年度までは，公立中・高等学校を対象として，「校内暴力」の状況について調査している。
　2：1997年度からは調査方法等を改めている。
　3：1997年度からは公立小学校，2006年度からは国私立学校も調査。また，中学校には中等教育学校前期課程を含める。
　4：2013年度からは高等学校に通信制課程を含める。
資料：文部科学省「児童生徒の問題行動等生徒指導上の諸問題に関する調査（平成27年度）」。

　いじめによる子どもの自殺という事件が相次いで発生したことをきっかけに，いじめ問題は大きな社会問題として取り上げられるようになりました。同調査では，2015年度の全国の小学校・中学校・高等学校・特別支援学校のいじめの認知件数は22万5,132件で，依然として相当数に上ります（図表1-21）。いじめを認知した学校は，全学校の62.1％にあたる2万3,557校でした。
　学校により認知されたいじめは，「冷やかしからかい，悪口や脅し文句，嫌なことを言われる」（63.4％）が最も多く，「軽くぶつかられたり，遊ぶふりをして叩かれたり，蹴られたりする」（22.7％），「仲間はずれ，集団による無視をされる」（17.6％）などとなっています。年齢層が上がるにつれて，叩かれたり蹴られたりすることは減少していますが，パソコンや携帯電話による誹謗中

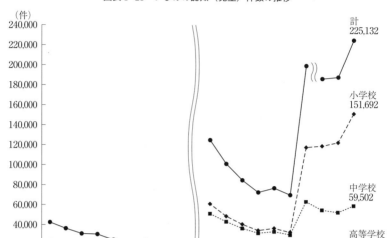

図表1-21 いじめの認知（発生）件数の推移

注1：1993年度までは公立小・中・高等学校を調査。1994年度からは特殊教育諸学校，2006年度からは国私立学校，中等教育学校を含める。
 2：1994年度および2006年度に調査方法等を改めている。
 3：2005年度までは発生件数，2006年度からは認知件数。
 4：2013年度からは高等学校に通信制課程を含める。
資料：文部科学省「児童生徒の問題行動等生徒指導上の諸問題に関する調査（平成27年度）」。

傷が増加しています。

　いじめの問題の深刻化を受けて，教育相談体制を充実させるために，スクールカウンセラー[11]を学校に配置し，さらに教育委員会における電話相談を拡充し24時間対応とするほかに，スクールカウンセラーなどによる集中的な教育相談を実施するなどの取り組みが行われています。また，いじめによる子どもの自殺が社会問題となり，いじめ対策に取り組む専門チームを発足させ「いじめ防

---

[11] スクールカウンセラー
　　1960～1970年代からいじめによる自殺や不登校が社会問題化され，1990年には不登校の数は5万人に近くまで増加した。このようないじめや不登校などの児童生徒の問題への対策として，学校内のカウンセリング機能の充実をはかるために，1995年に「スクールカウンセラー活用調査研究委託事業」が開始された。その後2001年度からは文部科学省による「スクールカウンセラー活用事業補助」のもと，本格的にスクールカウンセラー制度がスタートした。

止条例」の制定や，いじめ対応ハンドブックの作成など，いじめ防止の環境整備や指導体制の推進など地域での取り組みも始まっています。しかし，近年は，インターネットや携帯電話を利用した新しい形のいじめ，いわゆる「ネットいじめ」が大きな問題となっており，このような多様な形のいじめに対応していくための取り組みが求められています。

不登校児童生徒数も増加しています。文部科学省が調査した2015年度に年間30日以上学校を欠席した全国の国・公・私立小・中学校の不登校児童生徒数は，小学生で2万7,581人，中学生で9万8,428人で，前年度と比較すると，在籍者数に占める割合は，小学校0.42％（前年度より0.03ポイント増加），中学校で2.83％（前年度より0.07ポイント増加）となっています（図表1-22）。小・中学生の不登校児童生徒数は前年より増加していますが，高等学校における不登校生徒数は減少傾向にあります（図表1-23）。

不登校となったきっかけと考えられる状況としては，小学生では本人に関わる要因として，「不安」「無気力」，学校，家庭に係る要因として「家庭に係る状況」「（いじめを除く）友人関係をめぐる問題」が多くなっています。中学生では，本人に係る要因として「無気力」「不安」が多く，学校，家庭に係る要因として，小学生と同様に「家庭に係る状況」「友人関係をめぐる問題」が多くなっています。高校生では学校に係る要因として「学業の不振」が最も多くなりますが，本人に係る要因の「無気力」「不安」の割合がそれを上回っています。不登校になったきっかけと考えられる状況として，「不安」「無気力」が小・中学校，高等学校とも上位を占めていることから，子どもたちの心の問題を解決していくことが重要となります。また，「家庭に係る状況」が要因となる割合が高く，小学生では57.7％，中学生では32.0％となり，家庭への支援も必要となります。

いじめや不登校などの問題に対応する取り組みとして，スクールソーシャルワーカー[12]を学校に配置する自治体が増加しています。子どもの問題行動の背景には親の失業，虐待など，家庭の問題が存在する場合も多く，スクールカウンセラーだけでは家庭の問題に対して対処するのは困難でした。学校における子

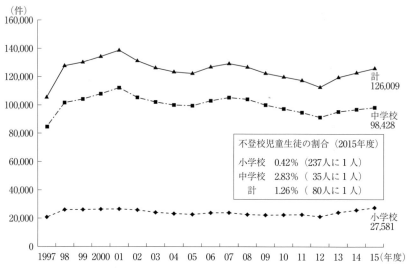

図表1-22　不登校児童生徒数の推移（小・中学校）

注1：調査対象は国公私立小・中学校（中学校には中等教育学校前期課程を含む）。
　2：年度間に連続または断続して30日以上欠席した児童生徒のうち不登校を理由とする者について調査。
　　不登校とは，何らかの心理的，情緒的，身体的，あるいは社会的要因・背景により，児童生徒が登校しないあるいはしたくともできない状況にあること（ただし，病気や経済的理由によるものを除く）をいう。
資料：図表1-20に同じ。

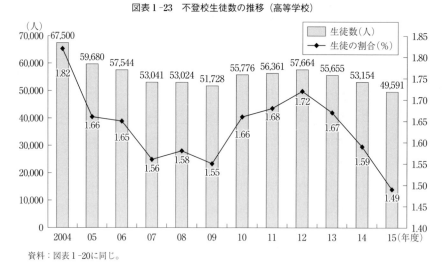

図表1-23　不登校生徒数の推移（高等学校）

資料：図表1-20に同じ。

どもの問題行動に対して，子どもへの対応だけではなく家族への対応も含めて，児童相談所や病院，幼稚園・保育所，小・中学校など関係機関との連携をとりながら支援していく体制の整備が求められています。

参考文献

日本子ども家庭総合研究会編『日本子ども資料年鑑2015』KTC中央出版，2015年。
日本子どもを守る会『子ども白書2014』本の泉社，2014年。
熊本教育委員会『遊びを通して育てる調査研究事業　子どもの遊び実態調査報告書（平成19年度）』熊本県教育委員会，2008年。
全国保育協議会編『保育年報2007』全国社会福祉協議会，2007年。
厚生労働省「国民生活基礎調査の概況（平成28年）」2016年。
厚生労働省「人口動態統計月報年計（概数）の概況（平成28年）」2017年。
厚生労働省「全国母子世帯等調査（平成23年度）」2012年。
厚生労働省雇用均等・児童家庭局「乳幼児栄養調査（平成17年度）」厚生労働省，2006年。
文部科学省「児童生徒の問題行動等生徒指導上の諸問題に関する調査（平成27年度）」2016年。
内閣府『子供・若者白書（平成27年版）』日経印刷，2015年。
内閣府『男女共同参画白書（平成29年版）』勝美印刷，2017年。
内閣府「小学生・中学生の意識に関する調査（平成25年度）」2014年。
内閣府『少子化社会対策白書（平成29年版）』日経印刷，2017年。
生活総研『子供の生活15年変化』博報堂生活総合研究所，2012年。

▷12　スクールソーシャルワーカー
　　不登校やいじめの問題，発達上の課題，虐待の問題など児童生徒が抱える問題解決のために学校に配置される専門家。本人だけでなく，家庭，地域など子どもにかかわるすべての背景や状況を視野に入れて判断し，問題の解決をめざす。文部科学省は，2008年度より「スクールソーシャルワーカー活用事業」を実施している。

第2章　子ども家庭福祉の歴史

子ども家庭福祉のあり方は，その時代の政策や社会経済に大きく影響されてきました。この章では子ども家庭福祉の実践と歴史を，イギリス，アメリカ，日本を中心に学習していきます。また，日本における子ども家庭福祉の歴史では，近年の子ども家庭福祉への変換の動きに伴う諸政策の見直しや改正にも注目します。

1　イギリスにおける子ども家庭福祉の歴史

（1）中世時代の児童保護

10世紀頃の中世ヨーロッパの封建社会では，荘園における封建領主と農奴の関係が基盤であり，村落共同体を基礎とした血縁・地縁による相互扶助が基本でした。病人，障害児（者），老衰者，孤児等に対しても村落共同体によって扶助が行われていました。そして，11世紀のギルド▷1を中心とする中世都市の生活においても，中世キリスト教の教区が貧民や困窮者を援助する共同体でした。そこでは，相互扶助を基本として，孤児や棄児など身寄りのない子どもたちが養育されていました。この共同体に組み込まれなかった子どもは，浮浪，物乞いで生活するか，あるいはキリスト教の僧院や救貧院で救済され，ときには里子や徒弟に出されることもありました。

▷1　ギルド
　　中世ヨーロッパの諸都市で発達した商工業者の同業組合をさす。同業の発達を目的として成立した。独自の裁判権・警察権を行使し，市政運営にも大きな影響を与えた。13～14世紀に最も栄え，19世紀半ば頃に廃止された。

（2）「救貧法」と児童保護

中世封建社会が資本主義社会に移行する過程で、封建家臣団の解体、囲い込み運動、疫病の流行、凶作、修道院の解散などによって、大量の貧民、浮浪者、犯罪者が増加してき、16世紀には貧民の浮浪や物乞いの禁止、処罰に関する初期「救貧法」が施行されました。1601年に「救貧法」の集大成として制定された「エリザベス救貧法」は、労働能力の有無を基準に、貧民を労働不能者、労働可能者、子どもの3種に分類しました。労働不能者に対しては生活扶助、労働可能者に対しては就労を強制しました。子どもに関しては、祖父母、直系家系に対し扶養義務を定め、不可能な者に対しては、男子は24歳まで、女子は21歳もしくは結婚するまで、徒弟奉公に出されました。

しかし、市民革命によって絶対王政が崩壊し、資本主義体制が成立すると、労働可能な貧民を労役場（work house）に収容して、労働に従事させる思想が子どもまで適用されるようになりました。なかには3歳から収容し労働に従事させる労役場もあり、多くの労役場で厳しい処罰や虐待が行われていました。この時代、貧窮家庭の子どもや棄児、孤児などは、里親委託、救貧院や労役場への収容、あるいは教区徒弟奉公として親方に委託されました。

（3）産業革命と児童保護

18世紀後半からの産業革命によって、子どもはこれまでの徒弟奉公から工場での労働者として雇用されていきました。賃金の安い女性や子どもを労働力として使い、新たな「児童労働」という問題が引き起こされていきました。工場

▷2　徒弟奉公
　　西洋中世の手工業者ギルドにおいて技能の後継者を養成するための制度。その職業の職人となるために弟子入りをして、一人前の職人となるための技術を身につけさせてもらい、職人として独立させてもらう。日本では、江戸時代に親方の家に起居して就業し、技術の習得を得て「職人」となるために家事・家業に従事する。

▷3　労役場（ワークハウス）
　　英国救貧法における救済方法の一つである院内救済を行う施設。救貧法対象者の収容施設で、労役場、救貧院、懲治監などがある。労役場では、労働可能な者を収容し強制労働を課するもので、当初は報酬を与える作業場として設立された。

での子どもの生活と労働は厳しく，劣悪な労働環境のなかで15時間以上に及ぶ長時間労働を強いられていました。過酷な労働によって子どもの健康は蝕まれ，また事故による死亡や，障害を負ってしまう子どももいました。

このような劣悪な労働環境から子どもを守るための法案が，世界で初めて制定されたのは，1802年の「工場法」といわれています。後の1833年の「工場法」では，働く子どもの最低年齢を9歳とし，13歳未満の子どもでは8時間を労働時間の上限と定め，少年の夜間労働を禁止しました。監督制度も行われ，子どもが教育を受ける権利を保障するなど，工場での児童保護が本格的に行われる基盤を築きました。

(4)「新救貧法」と児童保護

1834年に改正された「新救貧法」は，救済を最少に抑え，労働者に自活を求めることを意図したもので，従来の院外救済を否定し，院内救済を原則としました。▷4 そのため，労役場では老衰者，精神障害者，病人，貧窮な子どもなどは劣悪な生活環境のなかで一緒に扶養されていました。しかし，根本的な貧困の解決には，子どもの教育の必要性が認識され，労役場に収容された子どもに対して，道徳的・職業的訓練などの教育が施されました。その後，各地で労役場から分離した地域学校（救貧法学園）が設立され，労役場と子どもの教育が切り離されていきました。さらに1870年には，「初等教育法」が成立し，子どもの教育について強化されました。

一方，救貧法の適用を受けない孤児，浮浪児，非行少年も多く存在していました。これらの児童保護については，慈善事業家によって民間の「児童保護事業」が行われていました。要保護児童や非行少年を保護監督し，矯正教育するための授産施設や感化院が設立され，民間の児童保護を実践した代表としてあげられるバーナード（Barnardo, T. J.）▷5 は，大舎制を批判し，貧困な少年たちの

▷4 院内救済・院外救済
英国救貧法における救済方法で，院内救済は救貧法対象者を収容保護する方法で，その収容施設として，労役場，救貧院，懲治監などがある。一方，院外救済は居宅のまま保護する方法をいう。要保護児童などは，里親や教区徒弟など他の家族への委託保護を行っていた。

小舎制施設をロンドンに開設し、浮浪児・孤児の収容保護や里親委託、未婚の母の救済を試みました。さらに、子ども虐待の問題に取り組む民間活動として全国児童虐待防止協会（NSPCC）が創設され、1889年には「児童虐待防止法」が制定されました。これらの慈善事業家の活動によって、教育を重視した法制度、小舎制度、里親制度、子ども虐待防止など子どもを救済する法制度が改善・拡充され、その後の「児童保護事業」に大きな影響を与えることとなりました。

（5）児童福祉制度の基盤整備

20世紀初頭に入ると、貧困の原因を社会に求め、その救済を社会の責任とする社会事業概念が生まれ、社会改良のための社会運動は児童保護政策を成立させるうえで重要な役割を果たしました。

児童保護の法整備は、19世紀末から20世紀初頭にかけて進められ、1889年「児童虐待防止法」、1902年「母子保健法」、1906年「教育（学校給食）法」、1907年「教育（学童保健）法」などが制定され、児童保護に関する国家の責任が確立されていきました。そして1908年には、はじめての児童総合立法である「児童法」が制定されました。この「児童法」は、それまでの要保護児童の保護と、非行少年の処遇を統合したもので、里子の保護、子ども虐待の防止、非行対策、少年院・教護院などについて規定されました。

また、第一次世界大戦は、子どもは戦争の最大の犠牲者であるという認識を

▷5　大舎制・小舎制
　　施設の形態をさし、大舎制とは、病院や学校のような一つの大きな建物のなかに、食堂、浴室、トイレなど生活に必要な設備が配置され、子どもたちが共同で生活している。一般的には一部屋5～8人、男女別・年齢別にいくつかの部屋があり、食堂は一つで全員一緒、浴室も一つで順番に使用する。小舎制とは、一つの施設の敷地内に独立した家屋がいくつかあり、それぞれに必要な設備が設けられている。それぞれの家屋に8～12人くらいの男女混合・年齢も縦割りの児童と職員が入居し生活している。
▷6　教護院
　　児童福祉施設の一つで、不良行為をなし、またはなすおそれのある子どもを入院させて教育し保護する施設。日本では、1997年の児童福祉法の改正によって、児童自立支援施設と名称が変更され、1998年4月より施行された。

生み出しました。1922年には世界的に児童養護の最低基準を確立することを目標とする「世界児童憲章」が発表され、さらに、国際連盟によって1924年に「児童の権利に関する宣言」（ジュネーブ宣言）が採択されました。それによって「人類が児童に対して最善のものを与えるべき義務を負う」という子どもの保護が義務化されました。

イギリスは第一次世界大戦で勝利をおさめましたが、不況と1929年の世界恐慌によって大量の失業者を抱え貧困は拡大していきました。「救貧法」ではこれらの貧困者への対応が困難となり、特に失業者対策に追われ、子どもの保護は停滞しました。そして深刻な経済問題を解決できないまま第二次世界大戦を迎えることとなりました。

（6）第二次世界大戦後の児童福祉制度の確立

第二次世界大戦後イギリスは「ゆりかごから墓場まで」のスローガンによる福祉国家をめざし、1942年発表の「ベヴァリッジ報告」では、家族手当、無料医療サービス、完全雇用を社会保障の不可欠の前提条件とし、老齢、傷病などによって収入が得られない貧困者に対して、社会保険を充て社会保障を確立することを計画しました。ここで家族手当（児童手当）の重要性が強調され、社会保障のなかに組み込まれました。こうした社会保障の諸立法によって、これまで続いた慈善的性格の救貧法は終結し、福祉国家として基盤整備が進められていきました。

児童福祉においても法整備が図られていきました。第二次世界大戦下では多くの女性が工場労働に動員され、それによって家庭での養育を受けられない子どもが増加しました。さらに不適切に子どもを養育している家族が大部分であり、子どもの保護能力の欠如、放任、貧困など、子どもの発達にとって望ましい環境ではありませんでした。このような状況のなか、1946年に提出された「カーティス委員会報告」では、地方公共団体のなかに児童福祉に関する委員会と事務局の設置、専門家の配置、家庭の重視、里親による保護、小規模施設での保護などについて勧告されました。

それを受けて，1948年に「児童法」が制定されました。この「児童法」は，戦争孤児や遺棄された子ども，あるいは両親から適切な養育・保護が受けられない子どもを保護する行政の責任を明確にし，地方自治体によって児童部が設置されました。できるだけ子どもを家庭から分離せず，必要がある場合は里親委託が望ましいとする「家庭養育」を中心とする考え方のもと，専門的訓練を受けた児童ソーシャルワーカー[7]を配置し，親の道徳改善や養育態度の改善を向けた指導も行われました。

さらに，1963年および1969年の「児童青少年法」制定は，問題を抱えた家庭に対し，ケースワークや金銭の支給などの援助を規定し，また児童福祉サービスは，要保護児童から一般的な家庭における親と子に対する予防的な働きかけへ移行しました。このように，第二次世界大戦後，家庭における児童保護の重要性が注目され，家庭福祉サービスへと発展していきました。

（7）「新児童法」と子ども家庭福祉への転換

1970年代半ばから相次いで起きた子ども虐待問題によって児童保護のあり方をめぐり多くの論議がなされてきましたが，1975年に改正された「児童法」，1980年の「児童ケア法」を経て，1989年制定の「新児童法」によって新たな児童保護手続きの枠組みが設定されることとなりました。「新児童法」は，これまでの児童保護に関する法律を包括し，児童法に含まれなかった障害児も統合されました。

「新児童法」施行後，虐待調査やケース・カンファレンス[8]が行われているにもかかわらず，適切な支援サービスが提供されていない問題が明らかになりま

---

[7] 児童ソーシャルワーカー
　　子ども虐待など子どもに関わる問題について，社会学的，心理学的，医学的な立場から分析し，子どもの心と体のケアや，子育てに悩む保育者の相談など，問題を抱えた子どもや家庭に対して適切な援助・支援を行う。

[8] ケース・カンファレンス
　　適切な援助を行うために，援助に携わる職員が，情報や意見の交換を行い，問題点や方針，計画などを検討する会議のこと。必要に応じて，利用者やその関係者，関係機関の担当者などが参加する。

した。これまでのニーズのある子どもを対象とした児童保護だけでなく，子どもの発達的ニーズ，住宅・所得・教育・保健など生活の領域などにも視野を広げ，家族への予防・支援を重視する「家庭支援」への方向が示され，新しい児童福祉として捉えられました。「家族支援＝予防＝児童一般のQOLを高めるサービス」[9]という視点から，カウンセリング[10]，保育サービスの充実，リハビリテーション[11]など，多面的・予防的なサービスの提供が求められています。

近年においても，2004年の「児童法」では1989年の「児童法」の一部改訂と，子どもの保護に関する新たな施策が盛り込まれるなど，離婚によるひとり親家庭の増加，低年齢児の保育需要の増大，子ども虐待問題，教育問題などを背景に子ども・家庭福祉施策は見直しが行われています。

2　アメリカにおける子ども家庭福祉の歴史

（1）植民地時代の児童保護

アメリカ独立以前の植民地時代では，勤労は美徳とされ，貧しい者は無能力，無価値として評価され，浮浪も最大の罪悪とされました。そのため，救済は最小限にとどめられ，寡婦，孤児，老衰者，病人などの労働不能者や，戦争・自然災害による犠牲者，貧しい移民など，一時的に救済を必要とする者に対し，イギリスの「エリザベス救貧法」を応用した「植民地救貧法」が行われました。児童保護においても非嫡出子や孤児は徒弟に出される徒弟奉公制度が中心でした。イギリスと同様に，徒弟となった子どもたちは労働力と考えられ，まとも

▷9　中村優一ほか『世界の社会福祉4　イギリス』旬報社，1999年，151ページ。
▷10　カウンセリング
　　　何らの問題を抱えた人の相談を受け，援助すること。その人が本来もつ自己治癒力を引き出すことが援助の基本で，そのために，問題を抱えた人の自己表現や自己理解を促進するような働きをすること。
▷11　リハビリテーション
　　　身体的，精神的，社会的に最も適した機能水準の達成を可能にし，自らの人生を変革していくための手段を提供していくこと。障害をもった人が人間らしく生きる権利を保障することであり，日常生活の自立，主体性の獲得，生活の再建，社会参加を目的としている。

な食事を与えられず，過酷な労働を強いられていました。

児童保護事業として民間団体によって設立されたアメリカ最初の孤児院が，1727年ニューオーリンズにつくられました。この施設は，アメリカ先住民による大虐殺によって両親を失った孤児たちのために設立されました。孤児院では，孤児に衣食住を与えるとともに，宗教教育や基礎教育を行うことを目的としていましたが，実際には孤児院での教育は厳しい労働を伴ったものでした。

（2）独立後の児童保護

①公的救済による児童保護事業

アメリカの独立革命と1800年代の初頭に始まる産業革命は，社会変動やそれによる失業，貧困，傷病，家族崩壊，浮浪，犯罪など社会問題を拡大することとなります。これらの問題に対処するために，1824年，「ニューヨーク州カウンティ救貧院法」が制定され，その後各地に「救貧院」が設置されていきました。しかし，労働不能者はすべて一緒に救貧院に収容することが原則であったため，孤児，高齢者，障害者，病人，アルコール中毒者など，救済を受けているあらゆる人々が収容されました。そこでの生活は不衛生で食事も不充分なため，子どもの死亡率も高く，教育や訓練も与えられず悲惨な状況でした。そのため，児童保護の目的で子どもを分離する必要性が問われ，救貧院から独立した児童施設が設立されることになりました。そこでの生活は，救貧院と比較すると改善されていましたが，多くが大規模な施設であったため，管理や秩序が重視され，子どもの生活は厳格にコントロールされていました。

さらにこの産業革命は，過酷な児童労働と家庭環境の悪化を生みだすことになりました。労働力として，女性や子どもの雇用が奨励され，子どもは幼い年齢から劣悪な労働条件のもとで過酷な労働を強いられていました。一方，工場での労働をまぬがれた子どもも，貧困や親の就労により正常な家庭生活は奪われ，親による監護指導も不充分であったため，少年の非行も多く発生しました。

②民間慈善団体・セツルメント運動による児童福祉事業

公的救済による児童保護以外に，私的救済事業として，「児童救護協会」や

「慈善組織協会（COS）」などの民間慈善団体と，のちに発展したセツルメント運動によって，19世紀半ばから20世紀にかけてアメリカ全土に子どもに対する福祉運動が発展していきました。これらの民間セクターの私的救済によって，要保護児童，浮浪児，非行少年を，救貧院その他の施設から解放し，個人の家庭に委託する運動や，少年裁判所と保護観察制度，母親および寡婦年金の給付，義務教育法の制定，児童労働禁止運動，その他一連の子どもの福祉を図る運動が進められました。

また，セツルメント運動の広がりによって，貧困児童の問題が注目されるようになりましたが，特に寡婦・母子世帯の貧困は大きな社会問題でした。働いて一家を支えるために，子どもを路頭に放置するか，あるいは児童収容施設に委ねる以外方法がありませんでした。そのため，家庭で母親による養育を推し進める活動家によって，貧困な母親が家庭で子どもの養育をできるように母親扶助の制度化を進める運動が行われるようになりました。

（3）国家による子ども家庭福祉の成立

アメリカにおける子どもと家庭に対する社会的サポートは，貧困，低所得世帯，とりわけ母子世帯が中心でした。アメリカの子どもと家庭に対する福祉事業に大きな影響を与えたのは，1909年に開かれた白亜館会議でした。この会議では，子どもにとって家庭生活の重要性を強調し，それを維持するための手段について勧告しています。また，1931年の第3回白亜館会議では，1924年国際連盟の「児童の権利に関する宣言」（「ジュネーブ宣言」）に基づき「アメリカ児童憲章」が採択されました。

1911年イリノイ州で扶養を必要とする子どもを抱えた寡婦を中心とする貧困

▷12　セツルメント運動
　　失業，疾病等による貧困問題が多い貧困地区に宿泊所・授産所・託児所その他の施設を設け，住民の生活向上のための助力をする社会事業。19世紀にイギリスのロンドンにおいて初めて，オックスフォード大学やケンブリッジ大学の教員および学生が，バーネット（Barnet）夫妻が設立した，世界初のセツルメントハウスであるトインビーホールに住み込み，地域住民との交流を通じて行われた草の根の近隣社会における相互扶助活動。

母子家庭に対し，その生活の維持を図るための施策として「母子扶助法」が制定されましたが，これは後に　公的扶助「要扶養児童援助（ADC）[13]」へと発展していきます。また，翌年1912年には連邦児童局が設置され，連邦政府による「児童保護事業」が進められることとなりました。

　1929年に発生した世界恐慌と長期間にわたる不況によって失業者と貧困者が増大しました。それによる子どもへの影響は大きく，貧窮児，孤児，浮浪児の増加や，栄養不良による子どもの健康状態の悪化も問題となっていきました。このような児童問題の拡大に対して，ルーズベルト（Roosevelt, F. D.）が展開したニューディール政策の一環として1935年に成立した「社会保障法」のなかに，子ども家庭福祉政策を組み込み，国の政策課題として位置づけることとなりました。「社会保障法」では，子ども家庭福祉政策に関連する内容は，貧窮者に対する公的扶助として「要扶養児童援助（ADC）」，社会福祉サービスとして母子保健サービス，肢体不自由児サービス，児童福祉サービス，職業的リハビリテーションなどが規定されました。こうして，アメリカの子どもと家庭に関する社会的サポートは，国家による政策的課題として歩み始めました。

（4）第二次世界大戦後の子ども家庭福祉

　第二次世界大戦後は，経済的発展のなかで，女性の社会進出と家庭崩壊，1960年代の「貧困の再発見」，ベトナム戦争の激化，黒人の権利運動など，新たな社会問題が発生しました。さらに，家庭崩壊による非行・浮浪の問題，離婚によるひとり親世帯の増加とその貧困，子ども虐待の増加などの子どもに関する問題も発生しました。

　このような状況のなか，アメリカの社会福祉は，公的扶助の給付総額が増大したことに対する反動で，公的扶助に対する厳しい引き締めが起こりました。

---

[13]　要扶養児童援助（Aid to Dependent Children）
　　母親扶助をモデルとし，貧困な女性が家にとどまり子どもを養育することを目的とした。当初対象は，父親が身体的・精神的に重度障害者である子ども，あるいは父親が死亡または失踪した子どもに限られていたゆえにADCの需給者のほとんどは夫と死別した寡婦であった（杉本貴代栄『アメリカ社会福祉の女性史』勁草書房，2002年，31ページ）。

特に扶養を必要とする子どもを抱えた母親の受給が増大したために,「要扶養児童援助(ADC)」に対して,受給資格を制限し救済を抑圧しようとする攻撃が始まりました。そのため,1962年の「社会保障法」改正によって,ADCは「要扶養児童家庭扶助(AFDC)」[14]と名称を変更して適用範囲も拡大され,就業促進事業などを導入し自助・自立を目的とする社会福祉サービスが組み込まれました。

要保護児童については,ノーマライゼーション[15]の考えに基づく脱施設化の運動によって,地域の小集団での生活を基本とする児童福祉施設が導入されました。さらに「家庭養育」が強化され,それができない場合は家庭的な養育を提供するために里親制度・養子制度などが児童福祉サービスに組み込まれました。

さらに低年齢の子どもを抱えた女性の労働者が増加したため保育ニーズが増大し,保育制度が拡大充実されていきました。また,1965年には「特別就学前教育制度」(ヘッド・スタート)[16]が発足しました。しかし,アメリカにおける保育事業は,貧困階級の母親の就労を可能にするための手段としての性格が強く,保育所経営主体を見ても,営利目的の経営者が多いことなど,問題も含まれていました。

1974年には「児童虐待予防・処遇法(Child Abuse Prevention and Treatment Act:CAPTA)」が制定され,州施策や民間プロジェクトに対する補助金の交付などについて規定されました。

---

[14] 要扶養児童家庭扶助(Aid to Families with Dependent Children)
扶養を要する18歳以下の子どもをもつ貧困家族を対象とするプログラムで,連邦政府が州に補助金を交付し各州が独自の基準によって運営する。扶助の内容は,現金給付,就職奨励プログラム,就職斡旋サービス,保育を含む。対象はひとり親家族,両親がいても失業者か,どちらかの親が重度の心身障害者であれば対象となる(杉本貴代栄『アメリカ社会福祉の女性史』勁草書房,2002年,21ページ)。

[15] ノーマライゼーション
障害者などが地域で普通の生活を営むことを当然とする福祉の基本的考えで,それに基づく運動や施策を意味する。もともとは,デンマークの知的障害者運動,特に施設の改善運動としてスタートし,その後,障害者全体の運動に広がり,地域生活の保障を求める運動へと展開した。近年では高齢者福祉や子ども家庭福祉の領域でも用いられ,社会福祉の基本理念となっている。

（5）近年の子ども家庭福祉の動向

　これまで公的扶助として，子どもを養育する貧困家庭，おもに母子家庭を支えてきた中心的な AFDC でしたが，1996年の福祉改革で，AFDC に代わり，「貧困家庭への一時扶助（TANF）[17]」が策定されました。これはクリントン大統領が打ち出した福祉政策「福祉から労働へ」の一環で，アメリカの公的扶助制度はこれまでの救済的な制度から就労と自立を目的とした制度へと変化しました。TANF 施行後，受給世帯は減少し，就労参加率は増加していますが，支援が困難な人々を切り捨てているとの批判も見られます。

　子ども虐待への対応は，アメリカの子ども家庭福祉政策のなかでも中心的な課題であり，1996年に改正された「児童虐待予防・処遇法（CAPTA）」，「養子縁組・安全家族法（Adoption and Safe Family Act）」（1997年），「虐待・ネグレクト裁判強化法（Strengthening Abuse and Neglect Courts Act）」（2000年），「児童虐待予防・取締法（Child Abuse Prevention and Enforcement Act）」（2000年），など多くの法律によって子ども虐待の発見，報告義務，予防措置など規定されています。2003年5月には，「子どもと家族の安全維持法（Keeping Children and Families Act of 2003）」が成立しました。

---

[16] 特別就学前教育制度（ヘッド・スタート）
　　アメリカの健康および人的サービス省（Department for Health and Human Services：HHS）が行っている就学援助のためのプログラムで，低所得者層の3歳から5歳の子どもとその家族にもサービスが提供されている。所得者層の子どもたちの健康な発育，発達を支援していくもので，プログラムとしては，教育，保健衛生，親業教育，ソーシャルサービスがあり，子どもやそれぞれの家族の資産状況に基づいて，子どもの発達や学習のさまざまな側面に影響を及ぼすような支援を行う。

[17] 貧困家庭への一時扶助（Temporary Assistance for Needy Families）
　　扶養の長期需給者への自立促進，財政改革の観点で，1997年から施行された。一部の例外を除き，給付期間は累積5年間に限定され，2年以上の金銭給付を受けた者は原則として，その後就労活動や職業訓練，コミュニティサービスなどの参加が義務づけられている。

3 日本における子ども家庭福祉の歴史

(1) 明治期以前の児童保護

　古代(飛鳥・奈良・平安時代)における貧困者の救済は，主に血縁，地縁による共同体での相互扶助が基本であり，児童保護についても同様でした。また，仏教伝来以降，仏教思想に基づいた孤児，貧児，棄児の救済も行われてきました。推古天皇時代に聖徳太子が設立した「悲田院」では孤児を収容していたといわれています。また，この時代，孤児を庶民に委託する委託保護も講じられていました。

　中世(鎌倉・室町時代)，近世(〜江戸時代)においては，封建的な身分制度のなかで，子どもは家長の所有物とみなされていました。武士や裕福な階層の子どもは，身分を継続し家を守るために「家の子」として養育され，庶民(農民)の子どもは労働者とみなされ，生活が困窮すると子どもの遺棄，人身売買，堕胎，間引きなどが行われていました。この時代の救済事業は，中世においては，親族や荘園内の相互扶助が中心に行われていました。また，仏教思想による慈善活動は断続的に行われていましたが，キリスト教の宣教師による慈善活動もなされるようになりました。近世では，五人組制度▷18を規範とした村落共同体に相互扶助が行われ，人身売買等の禁止，孤児・棄児などの保護が行われました。

(2) 明治期以後の児童保護

　1868年明治維新政権が成立すると，資本主義体制のもとで「富国強兵」「殖産興業」を掲げた新しい国家施策を打ち出し，江戸時代には取り締まることが

▷18　五人組制度
　　江戸幕府が村々の百姓，町々の地主・家主に命じて作らせた隣保組織。近隣の5戸を1組として，火災，盗賊，不浪人，キリシタン(キリスト教徒)等の取り締まりや，連帯責任負担などに利用され，後に成員の相互扶助としての機能をもった。

できなかった堕胎，間引き，人身売買の禁止や，棄児や貧窮児童の救済なども行われていました。1869（明治2）年の「堕胎禁止法」に始まり，1871（明治4）年「棄児養育米給与方（きじよういくまいきゅうよかた）」では，棄児を養育する者にその子どもが15歳に達するまで1年間に米7斗にあたる養育料が支給されました。さらに1873（明治6）年「三子出産の貧困者への養育料給与方」では，三つ子を産んだ貧困者に養育費として一時金5円（現在の4万〜4万5,000円程度）を支給するものとし，これらは富国強兵制策を強化するための人口政策的意図があったといわれていますが，実際には適用は少なく応急的なものにすぎませんでした。さらに，政府は1874（明治7）年「恤救規則（じゅっきゅうきそく）」を定めました。これには，貧窮者一般に対する救済が規定され，そのなかに13歳以下の極貧児童の救済が盛り込まれました。しかしこれも，厳しい規定によって適用された者は少数にすぎませんでした。

　明治維新後の産業革命が推し進められていく一方，貧窮者は増大していきますが，政府による貧窮者対策は恤救規則以後，何ら行われませんでした。貧窮層の子どもは路上に放置されるか，劣悪な労働環境のなかで労働が課せられ，教育を受ける機会は与えられていませんでした。このような状況のもと，慈善事業による貧窮児童，孤児・棄児の救済が進められていきました。キリスト教・仏教を背景とした施設を中心に，棄児，孤児の養育のための施設として，カトリック系の「奥浦慈恵院」（1881〈明治14〉年），プロテスタント系の「岡山孤児院」（1887年〈明治20〉年），仏教系では「福田会育児院」（1879〈明治12〉年）など孤児院が多く設立されていきました。また，保育施設として，赤沢鍾美（あかさわあつとみ）によって創設された新潟静修学校に託児所が1890（明治23）年に開設されました。1891（明治24）年には石井亮一（いしいりょういち）が知的障害児施設「滝乃川学園」の前身といわれる「孤女学院」を開設しました。

　さらに，急激な社会経済的変動による社会問題も発生しました。非行少年や犯罪少年の増加，少年放火犯の頻発が市民生活を脅かす社会問題となり，それに対応するために1900（明治33）年「感化法」が成立しました。これは，犯罪児童に対して，家庭あるいは地方自治体設置の感化院において感化教育を行う

ことを目的としたものでした。

　また，子どもの労働問題にも目が向けられ，子ども・女性労働に対する保護立法「工場法」が1911（明治44）年に制定され，1916（大正5）年に施行されることとなりました。12歳未満の者の使用禁止，15歳未満の者の労働時間の短縮，深夜労働・危険作業の禁止などが規定されていますが，保護の内容は決して充分なものではなく，雇用者も必ず規定を守ったとはいえませんでした。

　大正期に入ると，第一次世界大戦（1914～1918年）の勝利によって経済は一時好景気となります。しかし，物価の高騰，特に米の異常騰貴による1918（大正7）年の米騒動，1920（大正9）年の戦後恐慌，1923（大正12）年の関東大震災によって，経済的な打撃を受けることになります。高い乳幼児死亡率，栄養不良児や貧困な子どもの増加，不就学の子どもの問題など，子どもに関する問題も多様化してきました。これらの子どもに関する問題が社会問題であると認識され，1922（大正11）年には内務省社会局が新設され，児童保護に関する職務内容が加えられました。これにより，児童保護のために社会福祉の制度や施設の設備充実が図られました。さらに「母子保護事業」としての児童相談所や，働く母親のための託児所が，地方自治体によって設置・運営されることとなりました。

　昭和に入ると，東北地方の凶作，三陸沖地震などの災害や，昭和恐慌によって，国民の生活は経済的にも大打撃を受けました。その影響はさらに子どもを直撃し，栄養不良児が続出し，人身売買，子ども虐待，非行，母子心中など子どもに関する問題が多発しました。このような社会情勢に対して，1874（明治7）年の「恤救規則」に代わり，13歳以下の子どもや，要扶養児をもつ貧困な母親への扶養などを定めた「救護法」が1929（昭和4）年に制定されました。1933（昭和8）年には「少年教護法」「児童虐待防止法」が制定され，1937（昭

▷19　感化院
　　少年犯罪者を懲罰ではなく，感化する目的の施設で，院内では職業教育などが行われた。1933（昭和8）年に感化院は「少年教護院」に名称変更された。1947（昭和22）年の児童福祉法によって「教護院」に，1997（平成9）年の児童福祉法改正によって98年より「児童自立支援施設」に変更された。

和12) 年には「母子保護法」によって貧困母子世帯に対する扶助が行われることとなりました。

　日中戦争の全面化，そして太平洋戦争へと軍事的緊張が高まる過程で，日本は戦争に必要な人的資源を確保するために，要保護児童だけでなくすべての子どもを対象とした児童保護に移行していくことになります。これまで感化や救護が目的の保護から「児童愛護」へと展開し，さらに早婚・多産奨励や母子保健サービスなどの諸施策が図られ，女性の労働力確保のために託児所が大量に設置されました。

(3) 第二次世界大戦後の児童福祉の整備

①戦災孤児救済を目的とした児童福祉

　戦時中，人的資源確保のために児童愛護や早婚・多産奨励が展開されましたが，次第に国民生活が困窮するにつれ，子どもの栄養障害，軍事産業での女性労働・児童労働による子どもの健康低下，学童疎開，軍人遺家族の生活や戦災孤児の保護などが問題となりました。さらに敗戦によって大量の戦災孤児，引き揚げ孤児，浮浪児が大量に巷にあふれ，物乞いあるいは窃盗など，生きるために犯罪を犯す子どもも少なくありませんでした。民間の施設は戦争で焼失したり経営困難によって激減し，浮浪児保護には充分な機能を果たしていませんでした。

　このような状況のなか，戦後におけるわが国の児童保護は，戦災孤児，引き揚げ孤児，浮浪児の要保護児童を対象とするものでした。浮浪児の緊急対策として，1945（昭和20）年9月20日「戦災孤児等保護対策要綱」が決定され，1946（昭和21）年4月の通知「浮浪児その他の児童保護等の応急措置実施に関する件」によって，本格的な浮浪児の保護対策が展開されていきました。1947（昭和22）年3月には児童福祉に関する主管の機関として厚生省児童局が設置されました。同年5月3日より施行された「日本国憲法」の基本理念に基づき，同年12月に「児童福祉法」が制定され，翌年から施行されました。「児童福祉法」は，これまでの児童保護に関する立法であった，「少年教護法」「児童虐待

防止法」「母子保健法」を取り込み，さらに新しい内容を加え，児童福祉を国の責任において，一つの体系のもとに推進することをめざしました。これによって，これまでの児童救済が，要保護児童を対象とした「児童保護」からすべての子どもを対象とした「児童福祉」へと転換していきました。1948（昭和23）年には「児童福祉施設最低基準」が制定され，児童福祉施設の設備や運営について必要条件が示されるなど，児童福祉に関する施策が進められていきました。

しかしながら，これらの「児童福祉法」を含む一連の施策は，孤児・浮浪児の問題に対処するものでしたが，現実には充分な成果をあげることはできませんでした。戦後の貧困や混乱のなか，子どもの人身売買事件は後を立たず，また要保護児童や非行少年も大きな社会問題でした。そのため子ども観あるいは子どもの権利について国民の理解を高めるために，1951（昭和26）年5月5日に「児童憲章」が制定されました。これにより，おとなは子どもの権利を認め，保護する責任を有し，子どもの健全な発達をめざし努力する意識の醸成が図られました。

②児童福祉の発展

昭和30年代から本格的に始まった高度経済成長は，国民の生活水準を豊かにした一方，新たな児童問題を生むことになります。工業化により賃金・報酬で生計を立てる生活への変化，また農山村からの工業地帯への急激な人口移動，また女性の労働市場へ進出による共稼ぎ世帯の増加など，これまでの家庭の形態が変化していきました。親の失業，家出，病気，離婚，長期間の出稼ぎなどが原因となって家庭問題を引き起こし，子どもの扶養や養育能力の低下をもたらしました。それによって非行，情緒障害，自殺，不登校，保育所不足，乳幼児死亡の地域格差など，新たな子どもに関する問題が急増していきました。さらに，車社会の到来により交通事故の増加，あるいは水俣病・四日市ぜんそくなど公害による生活環境の悪化で，子どもの死傷，交通遺児，交通事故や公害による障害児の増加など多くの子どもが犠牲となりました。1963（昭和38）年厚生省『児童福祉白書』において「児童は危機的段階にある」と発表し，経済成長を支える労働力確保のために人的能力の育成が必要であり，そのために児

童福祉の重要性が主張され，施策が展開されました。

1961（昭和36）年，母子家庭に対して支給される手当に関する「児童扶養手当法」が制定されました。次いで1964（昭和39）年「母子福祉法」（2014〈平成26〉年「母子及び父子並びに寡婦福祉法」に改められる），「重度精神薄弱児扶養手当法」（1974〈昭和49〉年に「特別児童扶養手当等の支給に関する法律」に改められる），1965（昭和40）年「母子保健法」，1971（昭和46）年「児童手当法」などの諸立法が制定され，児童福祉の法制度は整備，拡充されていきました。

さらに女性労働者の増加により保育に対する需要が急激に増加し，ベビーホテル問題は大きな社会問題として取り上げられるようになりました。これに対して政府は，保育需要の拡大に対処するために保育所の整備を図ることとなりました。また，核家族化や離婚率の増加によって，乳児院，児童養護施設，母子生活支援施設といった「養護系施設」の必要性が高まっていきました。

これまで他の施策に比べ遅れていた障害児対策についても進められ，「重度精神薄弱児扶養手当法」は，その後，身体障害児を支給対象に加え，さらに重度の身体障害と知的障害を重複する者に関わる特別福祉手当の支給を追加し，1974（昭和49）年に「特別児童扶養手当等の支給に関する法律」に改められました。さらに児童福祉政策の中心に障害児施策を位置づけ，通園施設や家庭奉仕員（ホームヘルパー）制度などがつくられ，障害児施設や学校の設置など，福祉と教育制度の整備といった障害児対策が推進されました。また，重度障害児，重複障害児についても，療育や教育，リハビリテーションの重要性が認知され，多様な児童福祉サービスが展開されていきました。

③国際的な児童福祉の動き——人権・子どもの権利保障

1970年代から国際的にも福祉の活動が展開され，1975年「国際婦人年」，1979年「国際児童年」，1981年「国際障害者年」は世界的規模で「人権」を考えるきっかけとなりました。わが国においても，「国際児童年」をきっかけに，母子保健対策，障害児（者）施策が強化され，「国際障害者年」では，障害児（者）施策として在宅福祉の重要性が認識され，在宅サービスが強化されました。

さらに，国際連合総会による1989年の「児童の権利に関する条約」の締結と

いった動きを踏まえ、わが国でも1994年「児童の権利に関する条約」（子どもの権利条約）を批准し、締約国となりました。「児童の権利に関する条約」は、基本的人権が子どもにも保障されるべきことを国際的に定めた条約で、前文および54か条から構成されています。この条約では、これまでの子どもを社会的弱者とする子ども観から、生活主体者とする子ども観が導入され、子どもを「保護される対象」としてとらえるのではなく、権利を享受し行使する「権利の主体者」としてとらえていることが特徴です。条約では、意見表明権、思想・信条や表現の自由、プライバシーの保護、障害のある子どもの自立など幅広い権利を保障しています。また、発展途上国や地域紛争下の子ども、難民の子どもにも配慮し、経済的搾取・有害労働からの保護、性的搾取・性的虐待からの保護、難民の子どもの保護・援助、武力紛争からの子どもの保護などが定められています。

このように国際的に子どもの権利保障や人権侵害の予防と対応が求められるなか、1999年「児童買春、児童ポルノに係る行為等の処罰及び児童の保護等に関する法律」が制定され、2000年には「児童虐待の防止等に関する法律」が制定されました。

（4）児童福祉から子ども家庭福祉へ

近年では、少子化の進行、夫婦共稼ぎ家庭の一般化、家庭や地域の子育て機能の低下、離婚の増加など子ども家庭を取り巻く環境の変化に伴い、子ども虐待や不登校児の増加など家庭問題が複雑・多様化しています。これらの問題に対応するために、子どもの育ち、子育て支援、さらに家庭の養育機能の低下に対応する法改正や諸施策が進められています。

少子化対策の施策[▷20]として仕事と子育ての両立支援が求められ、保育ニーズの多様化に対応するために、政府は1994年に「今後の子育て支援のための施策の基本的方向について」（エンゼルプラン）を策定しました。さらに5年後の1999年にはこれらを引き継ぐ「重点的に推進すべき少子化対策の具体的実施計画に

▷20　少子化対策の施策
　　　第8章参照。

ついて」(新エンゼルプラン)を策定し、子育て支援対策を推進しました。

1997年には、「児童福祉法」制定後はじめて本格的な改正が行われ、翌年4月から施行されました。主な改正内容として、これまで市町村による措置であった保育所への入所が、保護者が希望する保育所を選択し入所することが可能となり、さらに児童福祉施設においては、「養護施設・虚弱児施設」が「児童養護施設」に、「教護院」が「児童自立支援施設」に、「母子寮」が「母子生活支援施設」になるなど、自立支援を基本として施設の機能と名称の見直しが行われました。さらに、地域における児童相談所の相談機能の強化と「児童家庭支援センター」の創設などが規定されました。

2000年には「児童虐待の防止等に関する法律(児童虐待防止法)」が制定され、2001年には、「配偶者からの暴力の防止及び被害者の保護等に関する法律(DV防止法)」が制定されました。児童虐待の問題に対する取り組みとして、様々な施策が推進されました。しかし、重大な児童虐待事件は後を絶たず、困難な事例が増加していることから、その後も児童虐待防止法の改正やそれに伴う児童福祉法、民法等の一部改正などが行われ、制度的な充実が図られています。

家庭や地域の子育て機能の低下に対応して、2003年7月には、少子化プラスワンを踏まえた「次世代育成支援対策推進法」が成立し、子育て支援は、専業主婦家庭も含め、すべての子育て家庭に必要な施策へと転換しました。これにより、地方自治体や事業主に5か年の目標を盛り込んだ行動計画の作成が義務づけられ、従来の保育施設中心の少子化対策から、労働環境も含めた少子化対策となりました。

2004年には、「発達障害者支援法」が制定され、特別支援を必要とする発達障害児・者への自立と社会参加を促進するための制度がつくられました。さらに、2010年の「障害者自立支援法」(現・障害者総合支援法)と「児童福祉法」の改正によって、障害児の範囲の拡大、障害児施設の一元化、障害児通所支援事業の創設など障害児への新たなサービスが始まり、障害児への支援強化が図られました。

2000年代後半からニートやフリーターの増加、経済格差、様々な情報氾濫な

ど子どもや若者に影響を与える環境が危惧され始めました。その後，児童虐待，いじめ，少年による重大事件，有害情報の氾濫など，子どもや若者をめぐる問題は深刻化し，次代の社会を担う子どもや若者の健やかな成長を保障することが厳しい状況となっていきました。そのため，2009年「子ども・若者育成支援推進法」が成立し（2010年4月1日施行），子ども・若者育成支援施策の推進を図るための大綱・計画作成，相談窓口の整備，地域ネットワークの整備などの内容が盛り込まれました。また，同法に基づく大綱として，2010年に「子ども・若者ビジョン」が決定しました。

　子育て支援，少子化対策などの施策が展開されているにもかかわらず，虐待や待機児童の問題など子どもや子育てをめぐる環境は厳しくなっています。また，子どもを生み育てたいという個人の希望がかなう社会にするための支援も強く求められています。これらの観点から，国や地域，社会全体で子ども・子育てを支援するという新しいシステムの構築をめざし，2010年には，「子ども・子育て新システム検討会議」が発足し，新たな子育て支援の制度について検討が進められました。それを基に2012年には，子ども・子育て関連3法（「子ども・子育て支援法」「就学前の子どもに関する教育，保育等の総合的な提供の推進に関する法律の一部を改正する法律」「子ども・子育て支援法及び就学前の子どもに関する教育，保育等の総合的な提供の推進に関する法律の一部を改正する法律の施行に伴う関係法律の整備等に関する法律」）が成立し，子どもの育ちを保障し，社会全体で子どもや子育てを支援するための仕組みの整備が進められました。そして，2015年4月から子ども・子育て支援新制度が本格的に実施されています。

（5）新たな子ども家庭福祉の構築

　子ども虐待や障害児施策など子ども家庭福祉に関する法整備は進められてきましたが，子ども虐待事例の増加や自立が困難な子どもの増加，子どもの貧困など，子どもと家庭を取り巻く環境は厳しさを増しています。

　稼得年齢層の生活保護受給者や低所得世帯の増加などに伴い，わが国の子どもの貧困率が世界的に高い水準であることが報告されました。その対策として

2013年に「子どもの貧困対策の推進に関する法律」が公布され，これに基づき2014年には，子どもの貧困対策会議が設置されました。そして2015年には，子どもの貧困対策会議において，ひとり親家庭等の施策および子ども虐待防止対策充実にむけた「すべての子どもの安心と希望の実現プロジェクト（すくすくサポート・プロジェクト）」（図表2-1）を決定しました。

このプロジェクトは，「ひとり親家庭・多子世帯等自立応援プロジェクト」と「児童虐待防止対策強化プロジェクト」からなり，「ひとり親家庭・多子世帯等自立応援プロジェクト」は就業による自立に向けた支援を基本とし，子育て・生活支援，学習支援などの総合的な取り組みを充実させるものです。また，「児童虐待防止対策強化プロジェクト」は，子ども虐待について，発生予防から発生時の迅速・的確な対応，自立支援まで一連の対策をさらに強化することを内容としています。

「児童虐待防止対策強化プロジェクト」等を踏まえ，子ども虐待防止対策に向けた施策と支援の強化などを盛り込んだ児童福祉法等改正案が国会に提出され，2016年5月27日に可決・成立しました。これにより，児童福祉法，母子保健法，児童虐待防止法など関連法が改正されました。

改正法においては，児童福祉法の基本理念を見直すとともに，子育て世代包括支援センターの法定化，市町村における支援拠点の整備，児童相談所等の体制強化，里親委託等の推進，18歳以上の者の支援等などが盛り込まれ，2017年から施行されています（一部2016年に施行）。

2016年の「児童福祉法」の改正[21]の大きな特徴は理念の転換が行われたことです。児童福祉法の理念規定は，1947年の制定時から改正されておらず，「子どもの権利条約」に掲げられている「子どもが権利の主体」「子どもの最善の利益の優先」が明確化されていませんでした。しかし，この改正によって「子どもの権利条約」が1994年に日本で批准されてはじめて国内法において，子どもが「権利の主体」として位置づけられました。さらに，社会的養護のあり方に

▷21　2016年の児童福祉法改正については，第3章の図表3-1を参照。

図表2-1 「すくすくサポート・プロジェクト」

(すべての子どもの安心と希望の実現プロジェクト)　(注)(平成27年12月21日「子どもの貧困対策会議」決定)

○経済的に厳しい状況に置かれたひとり親家庭や多子世帯が増加傾向にあり、自立支援の充実が課題。
○児童虐待の相談対応件数は増加の一途。複雑・困難なケースも増加。

8月28日　ひとり親家庭・多子世帯等自立支援策及び児童虐待防止対策の「施策の方向性」をとりまとめ
　　　　→年末を目途に財源確保も含めた政策パッケージを策定

すくすくサポート・プロジェクト

Ⅰ　ひとり親家庭・多子世帯等自立応援プロジェクト
○就業による自立に向けた支援を基本にしつつ、子育て・生活支援、学習支援などの総合的な取組を充実
○具体的には、ひとり親家庭が孤立せず支援につながる仕組みを整えつつ、生活、学び、仕事、住まいを支援するとともに、ひとり親家庭を社会全体で応援する仕組みを構築
【主な内容】
◇自治体の窓口のワンストップ化の推進
◇子どもの居場所づくりや学習支援の充実
◇親の資格取得の支援の充実
◇児童扶養手当の機能の充実　など

Ⅱ　児童虐待防止対策強化プロジェクト
○児童虐待について、発生予防から発生時の迅速・的確な対応、自立支援まで、一連の対策を更に強化。
【主な内容】
◇子育て世代包括支援センターの全国展開
◇児童相談所体制強化プラン（仮称）の策定
◇里親委託等の家庭的養護の推進
◇退所児童等のアフターケア
など

　施策を着実に実施するとともに、平成28年通常国会に児童扶養手当法改正案及び児童福祉法等改正法案の提出を目指す。
※施策の実施に当たっては、官・民のパートナーシップを構築し民間の創意工夫を積極的に活用。
※行政が未だ実施していない事業を民間投資によって行い、行政がその成果に対する対価を支払うといった手法等の先駆的な取組も幅広く参考。

注：「すべての子どもの安心と希望の実現プロジェクト」の愛称を「すくすくサポート・プロジェクト」と決定（平成28年2月23日）。
資料：厚生労働省資料。

ついても明記され、里親を含む「家庭養護」を原則とし、これが適当でない場合に施設入所とする、その場合も「家庭的環境」での養育を義務とする内容となっています。新たな子ども家庭福祉へのパラダイムシフトといえるでしょう。

　さらに、障害児への支援に関する法整備も行われました。2013年より施行された「障害者総合支援法」（一部2014年4月施行）の3年後の見直しによって、2016年に「障害者総合支援法」と「児童福祉法」の一部改正が行われました。

この改正では，障害児支援のニーズの多様化にきめ細かく対応するための支援の拡充やサービスの質の確保・向上が図られ，一部を除いて2018年から施行されます。詳細は，第3章を参照してください。また，2016年には「発達障害者支援法」も改正され，同年8月から施行されました。これにより，発達障害者の定義に「社会的障壁」が加えられました。また，個別の教育支援計画の作成やいじめ防止等のための対策の推進などが新たに盛り込まれました。

　子ども家庭福祉に関わる法整備が行われてきたにもかかわらず，子どもを取り巻く環境は急速に変化し，制度が対応しきれない状況になっています。それを打破するために，子どもの権利の保障を基盤とした，新たな子ども家庭福祉を構築することが求められています。

参考文献

Walter I. Trattner／古川孝順訳『アメリカ社会福祉の歴史』中央印刷，1979年。
新井光吉『アメリカの福祉国家政策』九州大学出版会，2002年。
一番ケ瀬康子『アメリカ社会福祉発達史』光生館，1989年。
右田紀久惠ほか『社会福祉の歴史』有斐閣，2001年。
大津泰子「児童福祉の史的発展」鈴木幸雄編『児童福祉概論』同文書院，2007年。
厚生労働統計協会『国民の福祉と介護の動向　2016／2017』厚生労働統計協会，2016年。
杉本貴代栄『アメリカ社会福祉の女性史』勁草書房，2002年。
高島進『イギリス社会福祉発達史論』ミネルヴァ書房，1979年。
田澤あけみ『20世紀児童福祉の展開』ドメス出版，2006年。
内閣府『子供・若者白書（平成27年版）』日経印刷，2015年。
内閣府『少子化社会対策白書（平成27年版）』日経印刷，2015年。
内閣府『少子化社会対策白書（平成29年版）』日経印刷，2017年。
中村優一ほか『世界の社会福祉4　イギリス』旬報社，1999年。
中村優一ほか『世界の社会福祉9　アメリカ　カナダ』旬報社，2000年。
中村優一ほか『世界の社会福祉年鑑　2002年～2004年』旬報社，2002年～2004年。
古川孝順『子どもの権利』有斐閣，1991年。
山縣文治ほか『社会福祉用語辞典（第7版）』ミネルヴァ書房，2009年。
吉田久一ほか『社会福祉思想史入門』勁草書房，2000年。

第3章 子ども家庭福祉の理念と法律

　国際的な子ども観の変化や子どもの変化に対応するために，これまでの「児童福祉」から新たな「子ども家庭福祉」への転換が求められています。その子ども家庭福祉の転換と新しい理念について理解を深めます。
　また，子ども家庭福祉に関する施策は，種々の法律，政令，省令などに基づいて実施されています。ここでは子ども家庭福祉に関わる法律として，基本的な児童福祉法などの児童福祉六法について学習します。さらに，その他の法律として近年の子ども家庭福祉の新たな動きに関わるものについても解説します。

1　子ども家庭福祉の理念

　子ども救済のための「児童福祉」という概念が生まれたのは，1947年に制定された「児童福祉法」が最初です。この法律には，児童福祉の理念・責務・原理が明記されました。この児童福祉法は，すべての子どもの健やかな育成と，生活の保護という児童福祉の理念を示し，その権利を保障する国民の義務や社会の責任が示され，保護を中心として展開されてきました。
　一方で，1979年の国際児童年，1989年の児童の権利に関する条約（子どもの権利条約）の国連採択（日本は1994年に批准）など国際的な子ども観の変化と同時に，わが国においても急激な少子高齢化や子どもを取り巻く環境の変化，子ども虐待の増加などを背景に，これまでの保護を中心とした児童福祉施策の転換が求められるようになりました。これらの状況に対応するために，新たな児童福祉施策のあり方として「子ども家庭福祉」が誕生しました。子どもの健全な育成を保障するために，子どもの育ちや子育て支援，家庭を含む子どもを取り巻く環境への福祉サービスという概念に変換しました。

しかし，児童福祉法の理念では，保護する対象としての受動的な子ども観が基本とされ，子どもの権利が明確に保障されていませんでした。さらに，増加し続ける子ども虐待，自立困難な子どもの増加などの変化に対応するため，2016年に「児童福祉法」の理念規定が改正されました。理念規定が改正されたのは，児童福祉法制定以来初めてのことで，そこでは「子どもの権利」を位置づけ，さらに「子どもの最善の利益」とともに能動的権利としての子どもの意見を尊重することが明記されました。

今後の「子ども家庭福祉」のあり方として，子どもを権利の主体に置き，子どもが適切に養育され，発達する権利と自立を保障していくこと，その際には，子どもの最善の利益を優先し，子どもの意見が尊重されつつ子どもに関わる福祉施策が展開されることが根幹となります。そのために「子どもの権利保障」「養育支援」における公的責任を自覚し，社会全体で子どもの権利保障・育成支援を行う視点が不可欠です。

(1) 児童福祉法

「児童福祉法」の概要やこれまでの改正に関わる内容は，次の節「2　児童福祉六法」で説明しています。ここでは新たな理念について説明します。

わが国の「子ども家庭福祉」の理念を明文化した法律として，まず「児童福祉法」があげられます。「児童福祉法」は第二次世界大戦後の1947年に制定され，当時の児童福祉は，浮浪児対策を含めて，子どもの福祉を中心とした緊急児童対策が中心として始まりました。同法第1条「児童福祉の理念」では「すべて国民は，児童が心身ともに健やかに生まれ，且つ，育成されるよう努めなければならない。②すべて児童は，ひとしくその生活を保障され，愛護されなければならない」とされ，保護される対象と捉えられていました。

しかし，2016年の改正では理念の転換が行われ，「子どもの権利条約」に掲げられている「子どもが権利の主体」「子どもの最善の利益の優先」が明確化され，総則の冒頭（第1条）に「子どもの権利」を位置づけ，第2条においては，「子どもの最善の利益」とともに，能動的権利としての子どもの意見を尊

重することも明記されました。国や自治体の責任として，子どもの福祉のためには，子どもへの直接的な支援以外にも，保護者を含め，社会全体が子どもの福祉を支援・保障することが明確にされました。

子どもの権利，特に養育される権利を保障するためには，養育を行っている家族，あるいはその他の養育者を支援することが不可欠です。そのため，子どもが家庭において心身ともに健やかに育成されるよう，その保護者を支援することが重要であることが明記されています。

また，家族から分離され，代替的養育を受ける子どもへの適切なケアは，子どもの権利保障の観点からも最重要課題の一つです。虐待など，家庭において適切な養育を受けられない場合には，家庭に近い環境での養育を推進するために，養子縁組や里親・ファミリーホームなど「家庭と同様の養育環境」において継続的に養育されることが原則とされました。施設入所は，それが困難な場合あるいは適当でない場合に限られ，しかもその場合でもできる限り良好な「家庭的環境」で養育されることが義務づけられました。

この改正で「子どもの権利擁護」が理念として位置づけられたことで，子どもに関わる福祉の法制度の仕組みと目的が再確認されることとなります。

(2) 児童憲章

「児童憲章」は，すべての子どもの幸福を図ることを目的として，子どもの権利を認め，保護する責任を有し，子どもの健全な発達をめざし努力する意識の醸成を図るために，1951年5月5日に制定されました。この憲章が制定された日は「こどもの日」として国民の祝日となりました。この憲章は法律ではありませんが，子どもの権利と福祉を図るために制定された重要な取り決めです。

条文のなかには，「児童は，人として尊ばれる。児童は，社会の一員として重んぜられる。児童は，よい環境のなかで育てられる」と3つの基本理念を掲げ，その後12の条文から構成されています。条文1では「すべての児童は，心身ともに健やかにうまれ，育てられ，その生活を保障される」とあり，児童福祉法第1条「児童福祉の理念」にも同様の文言が見られます。

児童憲章

制定日：昭和26年5月5日

制定者：児童憲章制定会議（内閣総理大臣により招集。国民各層・各界の代表で構成。）

われらは，日本国憲法の精神にしたがい，児童に対する正しい観念を確立し，すべての児童の幸福をはかるために，この憲章を定める。

児童は，人として尊ばれる。

児童は，社会の一員として重んぜられる。

児童は，よい環境のなかで育てられる。

1　すべての児童は，心身ともに健やかにうまれ，育てられ，その生活を保障される。
2　すべての児童は，家庭で，正しい愛情と知識と技術をもつて育てられ，家庭に恵まれない児童には，これにかわる環境が与えられる。
3　すべての児童は，適当な栄養と住居と被服が与えられ，また，疾病と災害からまもられる。
4　すべての児童は，個性と能力に応じて教育され，社会の一員としての責任を自主的に果たすように，みちびかれる。
5　すべての児童は，自然を愛し，科学と芸術を尊ぶように，みちびかれ，また，道徳的心情がつちかわれる。
6　すべての児童は，就学のみちを確保され，また，十分に整つた教育の施設を用意される。
7　すべての児童は，職業指導を受ける機会が与えられる。
8　すべての児童は，その労働において，心身の発育が阻害されず，教育を受ける機会が失われず，また，児童としての生活がさまたげられないように，十分に保護される。
9　すべての児童は，よい遊び場と文化財を用意され，悪い環境からまもられる。
10　すべての児童は，虐待・酷使・放任その他不当な取扱からまもられる。あやまちをおかした児童は，適切に保護指導される。
11　すべての児童は，身体が不自由な場合，または精神の機能が不充分な場合に，適切な治療と教育と保護が与えられる。
12　すべての児童は，愛とまことによつて結ばれ，よい国民として人類の平和と文化に貢献するように，みちびかれる。

（3）児童権利宣言

　子どもの人権についての国際的な定義として、1924年国際連盟の「ジュネーブ宣言（ジェノバ宣言）」や1959年の「児童権利宣言」があります。

　「ジュネーブ宣言」は、第一次世界大戦により被害を受けた子どもたちへの反省と今後の幸福を願って採択されました。しかし、その後の第二次世界大戦において、世界中の多くの子どもたちが再び、戦争により被害を受けることになります。そのため、国際連合は「ジュネーブ宣言」を改定し、「児童権利宣言」を採択しました。

　「児童権利宣言」は、1948年の「世界人権宣言」を基に条文化されたもので、その前文に「人類は、児童に対し、最善のものを与える義務を負う」「児童が、幸福な生活を送り、かつ、自己と社会の福利のためにこの宣言に掲げる権利と自由を享有することができるようにするため、この児童権利宣言を公布」したと述べられ、その後10の条文で具体的な児童の権利について宣言しています。

（4）児童の権利に関する条約（子どもの権利条約）

　1989年11月20日、国際連合総会で満場一致で「子どもの権利条約」は採択されました。日本でも1994年に批准し、締約国となりました。この条約は「子どもの最善の利益」（第3条）を考慮して、「子どもの生存および発達を可能な限り最大限に確保する」（第6条）ために不可欠である子どもの権利が、あらゆる場で保障されることを国際的に定めた条約で、前文および54か条から構成されています。「子どもの権利条約」の特徴は、子どもは「保護の対象」ではなく、権利を享受し行使する「権利の主体」として認められていることです。また、条約では、意見表明権、思想・信条や表現の自由、プライバシーの保護、障害のある子どもの自立など幅広い権利を保障しています。また、発展途上国や地域紛争下の子ども、難民の子どもにも配慮し、経済的搾取・有害労働からの保護、性的搾取・性的虐待からの保護、難民の子どもの保護・援助・武力紛争からの子どもの保護などが定められています。

また，条約の締結国が負う子どもの権利実現義務の進捗状況を審査するために「国連子どもの権利委員会（CRC）」が独立機関として設置されています。この委員会による審査のため，締約国は条約発効後2年以内に1回，その後は5年ごとに子どもの権利実現義務の進捗状況を国連に報告することが求められています。

　日本は1994年に「子どもの権利条約」を批准しましたが，国連子どもの権利委員会から，わが国における包括的な子どもの権利に関する法律が存在しないことが指摘されてきました。その勧告を受け，2016年の「児童福祉法」改正により「子どもの権利」「子どもの最善の利益」が明記され，初めて日本の国内法で，子どもが「権利の主体」として位置づけられることとなりました。

2　児童福祉六法

（1）児童福祉法

　「児童福祉法」は，第二次大戦後の1947年に制定されました。敗戦による国民生活は混乱と困窮は，特に子どもに大きな影響を与えました。家を焼かれ親を失った戦災孤児や浮浪児，また引き揚げ孤児などが大量に巷にあふれ，物乞いあるいは窃盗などを行う子どもも少なくありませんでした。このような子どもの非行，乳幼児の保健衛生上の悪化など，子どもに関する問題が注目されるようになりました。そこで，1945年の「戦災孤児等保護対策要綱」と，1946年の「浮浪児その他の児童保護等の応急措置実施に関する件」によって，浮浪児の保護が行われました。このように，戦後の児童福祉は，浮浪児対策を中心とした緊急児童対策として始まり，1947年12月に制定された「児童福祉法」にひきつがれることとなりました。

　「児童福祉法」は，「第1章　総則」「第2章　福祉の保障」「第3章　事業，養育里親及び養子縁組里親並びに施設」「第4章　費用」「第5章　国民健康保険団体連合会の児童福祉法関係業務」「第6章　審査請求」「第7章　雑則」「第8

章　罰則」から構成されています。

　第1章「総則」では，児童福祉の理念・責任・原理の他に，児童福祉に関する事項を調査審議する機関として児童福祉審議会を，児童福祉の実務を遂行する機関・職種として市町村および都道府県の業務，児童相談所，一時保護施設，保健所，児童福祉司，児童委員，保育士について規定されています。

①児童福祉の原理

> 第1条（児童福祉の理念）
> 　全て児童は，児童の権利に関する条約の精神にのつとり，適切に養育されること，その生活を保障されること，愛され，保護されること，その心身の健やかな成長及び発達並びにその自立が図られることその他の福祉を等しく保障される権利を有する。
> 第2条（児童育成の責任）
> 　全て国民は，児童が良好な環境において生まれ，かつ，社会のあらゆる分野において，児童の年齢及び発達の程度に応じて，その意見が尊重され，その最善の利益が優先して考慮され，心身ともに健やかに育成されるよう努めなければならない。
> 　②児童の保護者は，児童を心身ともに健やかに育成することについて第一義的責任を負う。
> 　③国及び地方公共団体は，児童の保護者とともに，児童を心身ともに健やかに育成する責任を負う。
> 第3条（原理の尊重）
> 　前2条に規定するところは，児童の福祉を保障するための原理であり，この原理は，すべて児童に関する法令の施行にあたつて，常に尊重されなければならない。

　この第1条では，子どもの権利を示し，子どもの成長・発達や子どもに関わる福祉が保障される権利について定められています。また第2条では，子どもの育成については，最善の利益を優先して考慮することが明記され，子どもを育成する責任は，保護者を第一義的責任とし，社会（国，地方公共団体）にも責任があることが明記されています。第3条では，第1条，第2条の規定は子どもの福祉を保障するための原理であり，この原理は，ほかの子どもの福祉に関係する法令の施行にあたっては，常に尊重されなくてはならないと規定しています。

②国及び地方公共団体の責務

> 第1節　国及び地方公共団体の責務
> 第3条の2
> 　国及び地方公共団体は，児童が家庭において心身ともに健やかに養育されるよう，児童の保護者を支援しなければならない。ただし，児童及びその保護者の心身の状況，これらの者の置かれている環境その他の状況を勘案し，児童を家庭において養育することが困難であり又は適当でない場合にあつては児童が家庭における養育環境と同様の養育環境において継続的に養育されるよう，児童を家庭及び当該養育環境において養育することが適当でない場合にあつては児童ができる限り良好な家庭的環境において養育されるよう，必要な措置を講じなければならない。
> 第3条の3
> 　市町村（特別区を含む。以下同じ。）は，児童が心身ともに健やかに育成されるよう，基礎的な地方公共団体として，第10条第1項各号に掲げる業務の実施，障害児通所給付費の支給，第24条第1項の規定による保育の実施その他この法律に基づく児童の身近な場所における児童の福祉に関する支援に係る業務を適切に行わなければならない。
> ②都道府県は，市町村の行うこの法律に基づく児童の福祉に関する業務が適正かつ円滑に行われるよう，市町村に対する必要な助言及び適切な援助を行うとともに，児童が心身ともに健やかに育成されるよう，専門的な知識及び技術並びに各市町村の区域を超えた広域的な対応が必要な業務として，第11条第1項各号に掲げる業務の実施，小児慢性特定疾病医療費の支給，障害児入所給付費の支給，第27条第1項第3号の規定による委託又は入所の措置その他この法律に基づく児童の福祉に関する業務を適切に行わなければならない。
> ③国は，市町村及び都道府県の行うこの法律に基づく児童の福祉に関する業務が適正かつ円滑に行われるよう，児童が適切に養育される体制の確保に関する施策，市町村及び都道府県に対する助言及び情報の提供その他の必要な各般の措置を講じなければならない。

　第3条の2と第3条の3においては，国及び地方公共団体の責務が示されています。家庭は，子どもの成長・発達にとって最も自然な環境であり，子どもが家庭において心身ともに健やかに養育されるよう第3条の2では，国及び地方公共団体の責務として，子どもの心身ともに健やかな養育のために，保護者

を支援することが明記されています。

　一方，虐待などにより家庭で適切な養育を受けられない場合には，養子縁組や里親・ファミリーホームなど「家庭と同様の養育環境」において継続的に養育されることが原則とされ，それが適当でない場合は，できる限り良好な「家庭的環境」で養育されるような措置を講じることとされています。さらに，第3条の3では，子どもの心身ともに健やかな育成のために，子どもの福祉に係わる地方公共団体の適切な業務や措置などが明記されています。

③児童福祉の対象

　「児童福祉法」では，児童福祉の対象として，児童および障害児，妊産婦，保護者が定義されています。「児童」を，満18歳に満たない者と規定し（第4条），それらを下記のように乳児，幼児および少年に分けています。

　　乳児・・・満1歳に満たない者
　　幼児・・・満1歳から，小学校就学の始期に達するまでの者
　　少年・・・小学校就学の始期から，満18歳に達するまでの者

　「障害児」とは，身体に障害のある児童，知的障害のある児童，精神に障害のある児童（発達障害を含む）又は治療方法が確立していない疾病や特殊な疾病がある児童とされています。

　「妊産婦」とは，「児童福祉法」では，妊娠中または出産後1年以内の女子と規定されています。妊娠中というのは，現に妊娠していることで，出産1年以内とは，正常分娩のみではなく，流産・早産・死産の場合も含み，その後1年以内という意味です。

　「保護者」とは，「児童福祉法」では，親権を行う者，未成年後見人その他の者で，児童を現に監護する者と規定しています。法律上の血縁の親（親権者）のみを指すのではなく，実際に子どもと生活を共にし，愛情をもって養育する者も保護者として含まれます。

④児童福祉の機関等

　児童福祉に関する事項を調査審議する機関として児童福祉審議会が規定され，児童福祉の実務を遂行する機関・職種として，市町村および都道府県の業務，

児童相談所,一時保護施設および保健所,児童福祉司,児童委員,保育士について規定されています。

⑤福祉の保障

身体に障害のある児童の保護として療育の指導など,骨関節結核その他の結核にかかっている児童に対する療育の給付,小児慢性特定疾病医療費の支給,居宅生活の支援などの障害福祉サービスや子育て支援事業など,障害児施設給付費などの支給,要保護児童の保護措置,被措置児童等虐待の防止など,児童の福祉を阻害する行為の禁止など,各種の福祉の保障について規定しています。

⑥事業,養育里親及び養子縁組里親並びに施設

児童自立生活援助事業▷1などの開始や運営,児童福祉施設の設置・目的・設備および運営,養育里親及び養子縁組里親の欠格事由,児童福祉施設の長の義務などについて規定しています。

⑦費 用

「児童福祉法」に定める各種の児童福祉行政の遂行に必要な費用について,その支弁(支払い)義務者を定めるとともに国,都道府県,市町村などの負担割合について規定しています。

施設入所などの福祉の措置及び保障に必要な費用については,原則として本人またはその扶養義務者から負担能力に応じて徴収することとなっていますが,費用の全部または一部を負担することができない場合には,国,都道府県または市町村が代わって負担することとされています。また,私立児童福祉施設に対する補助等について規定されています。

⑧「児童福祉法」の改正

児童福祉法は,1947年の制定以来幾度となく改正されてきました。それらの改正の主なものを,以下にまとめます。

【1997年の改正】

「児童福祉法」は,制定以来,時代の変化や新しいニーズに対応するために

▷1 児童自立生活援助事業
児童自立生活援助事業の内容については,第6章(p.155)参照。

一部改正が行われてきましたが，1997年には，本格的な改正が行われ，翌年4月から施行されました。この改正は，少子・高齢社会の進行，夫婦共稼ぎ家庭の一般化，家庭や地域の子育て機能の低下，離婚の増加など子どもと家庭を取り巻く環境の変化による家庭問題の複雑・多様化などの社会変化に，これまでの児童家庭福祉サービスでは適切に対応できないことが背景としてあげられます。子ども家庭福祉制度を再構築し，子育てをしやすい環境整備と次代を担う児童の健全育成を支援することを目的（趣旨）としています。

　主な改正内容として，保育施策での改正は，これまで市町村による措置であった保育所への入所が，保護者が希望する保育所を選択し入所することが可能となったことです。

　さらに児童養護施設など要保護児童のための児童福祉施設の機能や名称の見直され，児童の自立支援の視点が導入されました。「教護院」が「児童自立支援施設」，「養護施設」が「児童養護施設」，「虚弱児施設」が「児童養護施設」に移行され，保護だけではなく「自立支援」の機能が加えられました。母子家庭施策として，「母子寮」の機能として入所対象者の保護を中心とした施設から，母子の保護に加え自立促進，雇用の促進を図る施設としての機能が明確にされ，名称も「母子生活支援施設」と変更されました。

　また，家庭や地域の子育て機能の低下に対応するために，地域における児童相談所の相談機能が強化され，さらに児童家庭支援センター創設によって，よりきめ細かな相談支援体制が図られました。

【2000年の改正】

　「社会福祉法」の改正に伴い，「児度福祉法」の一部改正が行われました。主な内容として，母子生活支援施設や助産施設を措置制度から選択利用制度が導入され，「児童居宅介護等事業」，「児童デイサービス事業」，「児童短期入所事業」に対する支援支給制度の導入などの改正が行われました。

【2001年の改正】

　また，都市化の進行および家族形態の変容など，子どもを取り巻く環境の変化によって，子ども虐待や認可外保育施設内の事故の増加が社会問題となりま

した。それに対応するために2001年に「児童福祉法」の改正が行われました。主な改正内容は，次の内容です。

① 認可外保育施設に対する都道府県知事への届出と運営状況の報告の義務化
② 児童委員の職務内容の明確化
③ 保育士の資格が国家資格となり，業務の定義，知事による試験・登録の実施等に関する規定の整備
④ 認可保育所整備のための公設民営方式の推進等

【2003年の改正】

さらに2003年には，同年7月「次世代育成支援対策推進法」の成立に伴い，「児童福祉法」の一部改正が行われました。「次世代育成支援対策推進法」は，国の基本的な指針（新エンゼルプラン）に基づき，すべての地方自治体で，少子化対策の行動計画を策定し，さらに企業に対しても子育てをしながら働きやすい職場環境づくり，働き方の見直しなど，行動計画の策定を義務づけました。

この「児童福祉法」の改正は，地域における子育て支援事業を「児童福祉法」のなかに位置づけ，すべての家庭に対する市町村の子育て支援の強化を図るものです。改正の内容は，市町村における子育て支援事業の実施，都道府県および市町村における保育に関する計画の作成，乳児院，児童養護施設，母子生活支援施設などが，地域の住民に対して，児童の養育に関する相談・助言を行うことなどが新たに規定されました。

【2004年の改正】

2004年の「児童福祉法」の一部改正は，次世代育成支援対策を推進するため，子ども虐待などの問題に適切に対応するよう児童相談体制の充実，児童福祉施設のあり方の見直しなどを趣旨とする改正が行われました。主な改正内容は次のとおりです。

① 市町村における児童相談の実施責務
② 地方公共団体における要保護児童対策地域協議会の設置
③ 乳児院および児童養護施設の入所児童に関する年齢要件の見直し

④ 「児童自立支援生活援助事業」における就業の支援
⑤ 里親の定義規定の新設と権限の明確化
⑥ 要保護児童に関わる家庭裁判所の承認を得て行う措置の有期限化および保護者の指導に関する家庭裁判所の勧告
⑦ 慢性疾患児童の健全な育成を図るための措置
⑧ 保育料の収納事務の私人委託
⑨ 児童の売春，児童買春および児童ポルノに関する児童の権利に関する条約の選択議決書の締結に必要な規定の整備　　　　　など

【2007年の改正】

2007年「児童虐待防止等に関する法律」が改正され，それに伴い「児童福祉法」の一部改正が行われました。それにより，子ども虐待の防止対策に関して規定が設けられました。通告の受理を含めた児童虐待への実際の対応を行う児童相談所の業務，要保護児童発見者の通告義務や，要保護児童対策地域協議会（子どもを守る地域ネットワーク）の設置，虐待を受けた子どもとその保護者への援助や指導，児童福祉施設への入所措置，虐待を受けた子どもの一時保護など，児童虐待防止対策に関わる内容が規定されています。

【2008年の改正】

2008年の「児童福祉法」の一部改正では，地域や職場における次世代育成支援対策を推進するための改正が行われ，2009年4月から一部施行されました。

改正の内容は，「子育て支援事業」等を法律上位置づけることで，質の確保された事業の普及促進を図るために，①「乳児家庭全戸訪問事業」▷2，②「養育支援訪問事業」▷3，③「地域子育て支援拠点事業」▷4，④「一時預かり事業」▷5などを子育て支援事業とし，省令で必要な基準等を設け，都道府県知事への届出・指導監督等行うなど法律上義務づけられました。また，「家庭的保育事業」▷6について法律上に位置づけ（2010年4月施行），省令で必要な基準等を設けること，

▷2　乳児家庭全戸訪問事業
　　　第7章図表7-7（p.217）参照。
▷3　養育支援訪問事業
　　　第7章図表7-7（p.217）参照。

保育所における保育を補完するものとして「家庭的保育事業」を位置づけることなどが規定されました。

さらに，困難な状況にある子どもや家庭に対する支援の強化を図るために，①里親制度の改正，②小規模住居型児童養育事業の創設，③要保護児童対策地域協議会の機能強化，④義務教育終了児等の自立支援策の見直し，⑤施設内虐待の防止などが規定されました。

【2010年の改正】

2010年に，「障がい者制度改革推進本部等における検討を踏まえて障害保健福祉施策を見直すまでの間において障害者等の地域生活を支援するための関係法律の整備に関する法律」（整備法）が制定され，この法律により，「障害者自立支援法」と「児童福祉法」の一部改正が行われ，障害児支援の強化等が進められることになりました（2012年4月より施行）。

これまでの障害児を対象とした施設や事業は，施設系では「児童福祉法」，居宅・通所事業は「障害者自立支援法」に基づき実施されてきました。しかし，制度改正に伴い，居宅サービスを除くサービスは「児童福祉法」に根拠規定が一本化されました。

「児童福祉法」の改正内容として，まず，障害児の範囲の見直しが行われました。障害児の定義について，精神に障害がある児童（発達障害児を含む）も範囲に含まれました（「児童福祉法」第4条第2項）。

障害児に対する支援等として新たに「障害児通所支援」と「障害児相談支援」を創設しました。「障害児通所支援」は入所施設以外の家族と生活している子どもの支援として，「児童発達支援」「医療型児童発達支援」「放課後等デイサービス」「保育所等訪問支援」で構成されます。「障害児相談支援」は，障

▷4　地域子育て支援拠点事業
　　第7章図表7-7（p.217）参照。
▷5　一時預かり事業
　　第7章図表7-7（p.217）参照。
▷6　家庭的保育事業
　　「子ども・子育て支援新制度」によって，「地域型保育」の「家庭的保育」に編成された。第7章p.215参照。

害児通所支援を利用するすべての障害児に対して，障害児支援利用計画の作成及び見直し等を行います。

　また，これまで障害種別ごとに分かれている児童福祉施設が見直され，一元化されました。障害児に対して入所施設で支援を行う「障害児入所施設」と，通所施設で支援を行う「児童発達支援センター」となりました。この一元化により，「児童福祉法」第7条による児童福祉施設は，助産施設，乳児院，母子生活支援施設，保育所，児童厚生施設，児童養護施設，障害児入所施設，児童発達支援センター，情緒障害児短期治療施設（現：児童心理治療施設），児童自立支援施設及び児童家庭支援センターになりました。

　さらに，「障害児入所施設」は，福祉型障害児入所施設と医療型障害児入所施設に分けられ，「児童発達支援センター」は，福祉型児童発達支援センターと医療型児童発達支援センターに区分され，それぞれの目的に応じた支援が行われることとなりました。

　障害児を対象とした給付についても，これまでは，「児童福祉法」，「障害者自立支援法」に基づき実施されてきました。改正によって障害児支援の給付根拠が，居宅サービスを除いて「児童福祉法」に一元化され，障害児通所給付費（これまでの障害児施設給付費），障害児入所給付費，障害児相談支援給付費等として位置づけられました。

　それぞれの実施主体も変更され，障害児入所支援は，引き続き都道府県となりますが，障害児通所支援は，都道府県から市町村が実施主体となり，障害の状態に応じた専門的な支援と，身近な地域で支援が受けられるよう柔軟に対応できる仕組みになりました。

　また，18歳以上の障害児入所者については，「障害者自立支援法」で対応するよう見直されました。しかし，引き続き児童福祉施設での支援が必要な場合は，20歳まで延長されることとなります。

【2011年の改正】

　児童虐待の防止等を図り，児童の権利利益を擁護するために親権に関する制度の見直しが行われ，2011年，親権の停止制度を新設し，法人または複数の未

成年後見人を選任することができるようにするなど，民法や児童福祉法等の一部改正が行われました。

児童福祉法の一部改正の内容は，親権の喪失の制度等の見直しとして，親権の喪失等の家庭裁判所への請求権者の見直し，施設長等の権限と親権との関係の明確化などです。さらに，未成年後見制度等の見直しとして，里親等委託中および一時保護中の児童相談所所長の親権代行についての規定などです。

【2012年の改正】

幼保一元化を含む新しい子ども・子育て支援のための仕組みを構築するために，2012年子ども・子育て関連3法（「子ども・子育て支援法」「就学前の子どもに関する教育，保育等の総合的な提供の推進に関する法律の一部を改正する法律」「子ども・子育て支援法及び就学前の子どもに関する教育，保育等の総合的な提供の推進に関する法律の一部を改正する法律の施行に伴う関係法律の整備等に関する法律」）が成立しました。それにより，関連法案として児童福祉法，社会福祉法，児童扶養手当法などの一部改正が行われました。

「児童福祉法」の一部改正として，主なものは以下のとおりです。子ども・子育て支援法施行に合わせ，2015年4月に施行されました。

① 保育の実施に関する規定の改正

保育所の利用要件が「保育に欠ける」から，保育の必要性に改正されました。また，保育所のみならず，認定こども園，家庭的保育事業，小規模保育事業，居宅訪問型保育事業など多様な施設・事業により保育を提供し，その利用のあっせん・要請を行います。さらに，被虐待児など要保護児童に対して保育のあっせん，要請，入所の措置などについて改正されました。

② 保育所の認可制度の改正

大都市部の保育需要の増大に柔軟に対応できるように，社会福祉法人や学校法人以外の民間企業等に対する認可基準など保育所の認可制度が改正されました。

③ 小規模保育等の認可を規定

小規模保育等の認可について市町村が認可仕組みを規定することとなります（規定内容は保育所の認可と同様）。

④　放課後児童健全育成事業の改正

対象年齢が10歳未満から小学生へと見直しされ，事業の具体的基準や，従事する者や数などが法定化されました。

【2016年の改正】

2015年に決定された「児童虐待防止対策強化プロジェクト」▷7を受け，子ども虐待防止対策に向けて，国は社会保障審議会児童部会「新たな子どもと家庭福祉のあり方に関する専門委員会」を2015年に立ち上げ，子ども家庭福祉の体系の再構築について検討してきました。この専門委員会は「児童福祉法の抜本的改革」に向けて，「児童福祉法」の基本理念に「子どもの権利保障」を位置づけること，家庭支援を理念に盛り込むこと，そしてそのための施策と支援を強化することなどを2016年に提言しました。それを受けて，「児童福祉法等の一部改正案」が国会に提案され，2016年5月27日に可決・成立しました。子ども虐待防止の一連の対策強化を図るために，改正内容は，①児童福祉法の理念の明確化，②児童虐待の発生予防，③児童虐待発生時の迅速・的確な対応，④被虐待児への自立支援を大きな柱とし，2016年度，2017年度に施行されています（図表3-1）。また今回，児童福祉施設の名称も変更され，情緒障害児短期治療施設が「児童心理治療施設」と改称されました。

さらに，障害児支援のニーズの多様化にきめ細かく対応できる支援の拡充を図るほか，サービスの質の確保・向上を図る環境整備等を行うために，「障害者総合支援法」と「児童福祉法」の一部改正が行われました。施行は2018年ですが一部は2016年に施行されています。改正の内容は，以下のとおりです。

①　「居宅訪問型児童発達支援」の新設

障害児通所支援として，重度の障害等により外出が困難な障害児に対し，居宅を訪問して発達支援を提供するサービスが新設されます。

②　「保育所等訪問支援」の支援対象の拡大

保育所等の障害児に発達支援を提供する保育所等訪問支援を，乳児院や児童

▷7　「児童虐待防止対策強化プロジェクト」
　　第2章の図表2-1および第6章参照。

第3章 子ども家庭福祉の理念と法律

図表3-1 児童福祉法等の一部を改正する法律（2016年法律第63号）の概要

(2016年5月27日成立・6月3日公布)

　全ての児童が健全に育成されるよう，児童虐待について発生予防から自立支援まで一連の対策の更なる強化等を図るため，児童福祉法の理念を明確化するとともに，母子健康包括支援センターの全国展開，市町村及び児童相談所の体制の強化，里親委託の推進等の所要の措置を講ずる。

[改正の概要]
1．児童福祉法の理念の明確化等
(1) 児童は，適切な養育を受け，健やかな成長・発達や自立等を保障されること等の権利を有することを明確化する。
(2) 国・地方公共団体は，保護者を支援するとともに，家庭と同様の環境における児童の養育を推進するものとする。
(3) 国・都道府県・市町村それぞれの役割・責務を明確化する。
(4) 親権者は，児童のしつけに際して，監護・教育に必要な範囲を超えて児童を懲戒してはならない旨を明記。

2．児童虐待の発生予防
(1) 市町村は，妊娠期から子育て期までの切れ目ない支援を行う母子健康包括支援センターの設置に努めるものとする。
(2) 支援を要する妊婦等を把握した医療機関や学校等は，その旨を市町村に情報提供するよう努めるものとする。
(3) 国・地方公共団体は，母子保健施策が児童虐待の発生予防・早期発見に資することに留意すべきことを明確化する。

3．児童虐待発生時の迅速・的確な対応
(1) 市町村は，児童等に対する必要な支援を行うための拠点の整備に努めるものとする。
(2) 市町村が設置する要保護児童対策地域協議会の調整機関について，専門職を配置するものとする。
(3) 政令で定める特別区は，児童相談所を設置するものとする。
(4) 都道府県は，児童相談所に①児童心理司，②医師又は保健師，③指導・教育担当の児童福祉司を置くとともに，弁護士の配置又はこれに準ずる措置を行うものとする。
(5) 児童相談所等から求められた場合に，医療機関や学校等は，被虐待児童等に関する資料等を提供できるものとする。

4．被虐待児童への自立支援
(1) 親子関係再構築支援について，施設，里親，市町村，児童相談所などの関係機関等が連携して行うべき旨を明確化する。
(2) 都道府県（児童相談所）の業務として，里親の開拓から児童の自立支援までの一貫した里親支援を位置付ける。
(3) 養子縁組里親を法定化するとともに，都道府県（児童相談所）の業務として，養子縁組に関する相談・支援を位置付ける。
(4) 自立援助ホームについて，22歳の年度末までの間にある大学等就学中の者を対象に追加する。

[検討規定等]
○施行後速やかに，要保護児童の保護措置に係る手続における裁判所の関与の在り方，特別養子縁組制度の利用促進の在り方を検討する。
○施行後2年以内に，児童相談所の業務の在り方，要保護児童の通告の在り方，児童福祉業務の従事者の資質向上の方策を検討する。
○施行後5年を目途として，中核市・特別区が児童相談所を設置できるよう，その設置に係る支援等の必要な措置を講ずる。

[施行期日]
2017年4月1日（1，2(3)については公布日，2(2)，3(4)(5)，4(1)については2016年10月1日）

資料：厚生労働省資料。

養護施設に入所している障害児にも拡大されます。

③　医療的ケアを要する障害児に対する支援

医療的ケアを必要とする障害児が適切な支援を受けられるよう，自治体において保健・医療・福祉等の連携促進を図ることが努力義務とされました。（2016年6月施行）

④　「障害児福祉計画」の策定

障害児のサービスに関わる提供体制の計画的な構築を推進するため，自治体において障害児福祉計画を策定することが義務づけられました。

⑤　補装具費の支給範囲の拡大（貸与の追加）

補装具費について，成長に伴い短期間で取り換える必要のある障害児の場合に貸与の活用も可能となりました。

⑥　障害福祉サービス等の情報公開制度の創設と自治体の事務の効率化

都道府県知事が施設・事業者の障害福祉サービスの内容を公表する制度を設けるとともに，自治体の調査事務や審査事務の一部を委託し，効率化を図る規定が整備されました。

【2017年の改正】

2016年の改正に続き，虐待を受けている子ども等の保護について司法関与を強化する目的で，2017年6月「児童福祉法」及び「児童虐待防止法」等に関する法律の一部が改正されました。

改正の内容は，里親委託・施設入所の措置の申し立てがあった場合に，家庭裁判所が都道府県に対して保護者指導を勧告することができるなど，虐待を受けている子ども等の保護者に対する指導の関与について新たに規定されました。また，児童相談所が行う一時保護について，保護者等の意に反して2か月を超えて行う場合は，家庭裁判所による承認が必要となりました。接近禁止命令についても，その適応ケースが拡大されました（「児童虐待防止法」）。さらに，子ども虐待の早期発見において重要な役割を担う者の例示に歯科医師，保健師，助産師，看護師も追加されました。

（2）児童扶養手当法

この法律は、1961年に制定されたもので、「父又は母と生計を同じくしていない児童が育成される家庭の生活の安定と自立の促進に寄与するため、当該児童について児童扶養手当を支給し、もつて児童の福祉の増進を図ること」を目的としています（図表3-2）。

具体的な支給対象児童とは、
① 父母が婚姻を解消した児童
② 父（母）が死亡した児童
③ 父（母）が一定の障害の状態にある児童
④ 父（母）の生死が明らかでない児童
⑤ 父（母）が引き続き1年以上遺棄している児童
⑥ 父（母）が法令により引き続き1年以上拘禁されている児童
⑦ 母が婚姻によらないで懐胎した児童
⑧ 母が懐胎した当時の事情が不明の児童

などであり、これらの児童を監護または養育する母又は監護し、かつ生活を同じくする父又は養育する者（祖父母等）に対して手当てが支給されます。

2008年度からは、手当ての受給期間が5年を超える場合には、手当額の一部を支給しないとする見直しがされ、2008年4月から実施されています。具体的には、児童扶養手当の受給開始から5年を経過した場合等、母親や子どもの障害・疾病等により就業が困難な場合などを除き、就業意欲が見られない場合について支給額の1/2を支給停止とし、それ以外の場合は一部停止処分は適用されません。

また、2010年8月からは、児童扶養手当が支給されていない父子家庭にも、児童扶養手当の支給が拡大されました。

従来は、公的年金給付を受けることができる場合は、手当は支給されませんでしたが、公的年金給付等の額が手当の額より低い場合、その差額を支給する法改正が行われ、2014年より実施されています。

図表3-2　児童扶養手当制度の概要

```
1　目的
　　離婚によるひとり親世帯等，父または母と生計を同じくしていない児童が育成される家庭の生活
　の安定と自立の促進に寄与するため，当該児童について手当を支給し，児童の福祉の増進を図る。
　（2010年8月より父子家庭も対象）
2　支給対象者
　　18歳に達する日以後の最初の3月31日までの間にある児童（障害児の場合は20歳未満）を監護す
　る母，監護し，かつ生計を同じくする父または養育する者（祖父母等）。
3　支給要件
　　父母が婚姻を解消した児童，父または母が死亡した児童，父または母が一定程度の障害の状態に
　ある児童，父または母の生死が明らかでない児童などを監護等していること。
4　手当月額（2017年4月～）
　　・児童1人の場合　　　　　　　　　全部支給：42,290円　一部支給：42,280円から9,980円まで
　　・児童2人以上の加算額［2人目］　全部支給：  9,990円　一部支給：  9,980円から5,000円まで
　　　　　　　　　　　　［3人目以降1人につき］全部支給：  5,990円　一部支給：  5,980円から3,000円まで
5　所得制限限度額（収入ベース）
　　・本　人　　　　　　：全部支給（2人世帯）130.0万円，一般支給（2人世帯）365.0万円
　　・扶養義務者（6人世帯）：610.0万円
6　受給状況
　　・2016年3月末現在の受給者数 1,037,645人（母：971,591人，父：60,928人，養育者：5,126人）
7　予算額（国庫負担分）［2017年度予算案］1783.9億円
8　手当の支給主体および費用負担
　　・支給主体：都道府県，市，福祉事務所設置町村
　　・費用負担：国1/3　都道府県，市，福祉事務所設置町村2/3
```

資料：厚生労働省「全国児童福祉主管課長会議」（平成29年2月）。
出所：厚生労働統計協会『国民の福祉と介護の動向　2017／2018』厚生労働統計協会，2017年，111ページ。

　2018年の「児童扶養手当法」の一部改正により，支払い回数が年3回から6回に見直しされ2019年11月分手当から実施されます。

　2020年の「児童扶養手当法」の改正では，児童扶養手当と障害年金の併給調整の方法が見直されました。障害年金を受給しているひとり親家庭は，障害年金額が児童扶養手当額を上回る場合には，児童扶養手当が受給できませんでしたが，2021年3月から児童扶養手当の額と障害年金の子どもの加算部分の額との差額を児童扶養手当として受給することができるようになりました。

（3）特別児童扶養手当等の支給に関する法律

　この法律は，1964年に制定されたもので，「精神又は身体に障害を有する児童について特別児童扶養手当を支給し，精神又は身体に重度の障害を有する児

童に障害児福祉手当を支給するとともに、精神又は身体に著しく重度の障害を有する者に特別障害者手当を支給することにより、これらの者の福祉の増進を図ること」を目的として制定されました。

特別児童扶養手当は、「障害児」(20歳未満の障害児であって一定の障害の状態にある者)の父もしくは母がその障害児を監護するとき、またはその障害児の父母以外の者が養育するときに、その父もしくは母またはその養育者に対し支給されます。ただし、当該障害を支給事由とする公的年金を既に受給している場合、児童または受給者のいずれかが日本国内に住所を有しない場合、父母等が所得制限限度額以上の所得がある場合は支給されません。

障害児福祉手当は、重度障害児(障害児のうち、一定の程度の重度の障害の状態にあるため、日常生活において常時の介護を必要とする者)に対して支給されます。ただし、障害を支給の事由とする給付で政令で定めるものを受け取ることができるとき、対象となる児童が肢体不自由児施設などの施設に入所している場合などには支給されません。また、所得制限があります。

特別障害者手当ては、20歳以上であって、著しく重度の障害の状態にあるため、日常生活において常時特別の介護を必要とする者に対して支給されます。ただし、対象となる障害者が身体障害者療護施設などの施設に入所している場合には支給されません。また、所得制限があります。

(4) 母子及び父子並びに寡婦福祉法

この法律は、1964年に、母子家庭の生活の安定と向上を総合的に推進するために「母子福祉法」として制定されましたが、1981年に「母子及び寡婦福祉法」と改正されました。これは、母子家庭の子が成人した後の寡婦も福祉の対象とするとともに、「母子家庭等」および「寡婦」に対し、その生活の安定と向上のために必要な措置を講じることにより、母子家庭等および寡婦の福祉を図るものでした。しかし、父子世帯については、母子世帯に比べて世帯数が少なかったことや、母子家庭と比較しても平均年収が高かったことなどから、父子世帯に対しては、母子世帯のような支援は行われていませんでした。近年は

離婚率の増加により，母子世帯，父子世帯などのひとり親世帯が増加しています。父子家庭においても，母子家庭と同様に子育てと就業の両立が困難であることなどを踏まえて，母子世帯のみならず父子世帯も含めたひとり親世帯の支援を図るために，2014年10月に「母子及び父子並びに寡婦福祉法」に改称されました。

この法律で実施されている福祉サービスの内容は，母子福祉資金，父子福祉資金，寡婦福祉資金の貸付（生活資金，事業開始資金，修業資金，住宅資金など），日常生活支援（ひとり親家庭の親が疾病その他の理由で日常生活に支障を生じた場合），公共施設における売店などの設置の優先許可，たばこ小売業の優先許可，公営住宅入居の優先扱い，母子・父子福祉施設（母子・父子福祉センター，母子・父子休養ホーム）の提供などです。

2014年の改正で，父子世帯を対象とした福祉資金貸付制度が創設されました。さらに，母子自立支援員，母子福祉団体等や基本方針，自立促進計画の規定にも父子家庭が追加され，母子自立支援員が「母子・父子自立支援員」に，母子福祉団体が「母子・父子福祉団体」等に改称されるなど，父子家庭への支援の拡大が図られました。

（5）母子保健法

日本の母子保健施策は，児童福祉のなかで行われてきましたが，母子の健康に関する一貫した支援体制と，母性と乳幼児の保健を対象とする法制度の整備の必要性から，「母子保健法」が1965年に制定されました。これは，「母性並びに乳児及び幼児の健康の保持及び増進を図るため，母子保健に関する原理を明らかにするとともに，母性並びに乳児及び幼児に対する保健指導，健康診査，医療その他の措置を講じ，もつて国民保健の向上に寄与すること」を目的としています。

「母子保健法」の対象は，母性ならびに乳幼児とし，新生児は出産後28日を経過しない乳児，未熟児は身体の発達が未熟のまま出生した乳児で，正常児が出生時に有する諸機能を得るに至るまでのものと定義しています。

「母子保健法」では，妊娠の届出，母子健康手帳の交付，1歳6か月児・3歳児健康診査，保健指導や新生児の訪問指導，未熟児の訪問指導，栄養の摂取に関する援助，母子保健センターなどについて規定されています。

1994年の改正では，1歳6か月児健康診査が法定化され，出産から育児まで一貫したサービスの提供を図るため，妊産婦，乳幼児の保健指導，3歳児健康診査などの事業が1997年から市町村において実施されることとなりました。

2016年の改正では，「乳児及び幼児に対する虐待の予防及び早期発見に資するものであることに留意する」（母子保健法第5条）と明記され，母子保健施策を通じた虐待予防等が実施されることになります。また，妊娠期から子育て期までの切れ目ない支援を提供するために，これまでの母子保健センターが「母子健康包括支援センター」（第22条）となり，その名称を「子育て世代包括支援センター」として法定化されました。2020年度末までに全国での設置を目指しています。

（6）児童手当法

この法律は，1971年に制定され，「児童を養育している者に児童手当を支給することにより，家庭等における生活の安定に寄与するとともに，次代の社会を担う児童の健やかな成長に資すること」を目的としています。「児童手当法」が施行された当初は，義務教育終了前の第3子以降の児童を支給対象としていましたが，その後の改正によって支給対象児童および手当額が見直されてきました。2004年の改正では小学校3年修了まで対象年齢が拡大され，さらに2006年の改正では支給対象を小学校卒業までの児童に延長されました。2007年の改正においては，3歳未満の乳幼児の養育者に対する児童手当を，第1子・第2子について倍増し月額1万円を支給する改正が行われました。

しかし，2009年の民主党新政権発足によって，2010年4月から「平成22年における子ども手当の支給に関する法律（子ども手当法）」が施行され，これまでの児童手当は廃止となりました。しかし，再度法改正が行われ，2012年4月からは，児童手当に戻りました。支給対象となるのは，0歳から中学校修了（15

歳に達する日以後の最初の3月31日）までの子どもを養育する者です。支給額は，0歳から3歳未満は月額1万5,000円，3歳～中学校修了前までは月額1万円，3歳～小学校修了前の第3子以降は，子ども1人につき月額1万5,000円となっています。また，所得制限が導入され，所得制限以上の場合は，月額5,000円となります（当分の間特例措置）。

3　その他の児童福祉に関する法律

（1）児童買春，児童ポルノに係る行為等の規制及び処罰並びに児童の保護等に関する法律（児童ポルノ禁止法）

　子ども買春や子どもポルノ等，子どもに対する性的搾取や性的虐待は，子どもの人権と利益を侵害するものとして，18歳未満の児童を，性的搾取・性的虐待から保護する目的で，「児童買春，児童ポルノに係る行為等の処罰及び児童の保護等に関する法律」（通称：「児童ポルノ禁止法」）が1999年5月に制定され，同年11月から施行されました。

　しかし，インターネットの発達により児童ポルノに係る行為の被害にあう児童が増加していることや，自己の性的好奇心を満たすための児童ポルノ所持罪について国内・国際社会の強い要請があることなどから，同法の改正が行われ2014年7月15日から施行されました。この改正によって，「児童買春・児童ポルノに係る行為等の規制」が加わり「児童買春，児童ポルノに係る行為等の規制及び処罰並びに児童の保護等に関する法律」と改題されました。また，ポルノの定義に「児童の性的な部位（性器等若しくはその周辺部，臀部又は胸部をいう。）が露出され又は強調されているもの」という要件が加えられました。さらに，罰則関係として，自己の性的好奇心を満たす目的で児童ポルノを所持等した者，また盗撮により児童ポルノを製造する行為に対する処罰規定が設けられました。

　同法は，児童買春，児童ポルノに係る行為等を規制し，これらの行為等に対

する処罰とともに，これらの行為によって心身に有害な影響を受けた子どもの保護のための措置等を定め，子どもの権利を擁護することを目的としています。内容には，児童買春・児童ポルノの定義や，それらに係る行為の禁止，処罰等が定められています。また，国外犯も含めた処罰の対象となる行為や量刑等についても規定されています。

（2）児童虐待の防止等に関する法律（児童虐待防止法）

「児童虐待の防止等に関する法律」（通称：「児童虐待防止法」）は，2000年に成立し，同年11月から施行されました。この法律は，児童虐待の防止と対応を促進することを目的とした法律で，国および地方公共団体の責務，子ども虐待の早期発見と通告，立ち入り調査，警察官の援助，保護者が指導を受ける義務，施設入所児童への面会または通信の制限などが規定されています。

「児童虐待防止法」が施行され，子ども虐待防止に向けた取り組みは着実に進められてきました。しかし，全国の児童相談所に寄せられる子ども虐待相談件数は年々増加し，虐待による死亡事例も発生しています。このように子ども虐待は社会全体で取り組むべき課題となっています。

2004年の「児童虐待防止法」の一部改正では，①子ども虐待の定義の見直し，②国および地方公共団体の責務等の改正，③児童虐待に係る通告義務の拡大，④警察署長に対する援助要請等，⑤面会・通信制限規定の整備，⑥子ども虐待を受けた子ども等に対する支援などが規定されました。

子ども虐待の現状や，2004年改正の見直し規定を踏まえ，2007年に「児童虐待防止法」と「児童福祉法」の一部改正が行われ，2008年4月から施行されました。改正の主な内容は，①子どもの安全確認等のための立入調査等の強化，②保護者に対する施設入所等の措置のとられた児童との面会または通信等の制限の強化，③子ども虐待を行った保護者が指導に従わない場合の措置の明確化，④国および地方公共団体による重大な子ども虐待事例の分析責務等の規定が整備されています。

深刻化する子ども虐待への対応を強化するため，2016年「児童虐待防止法」

を含む「児童福祉法」等の一部改正が行われました。その概要は、子ども虐待について発生予防から自立支援まで一連の対策の強化等を図るためのもので、児童福祉法の理念の明確化等、母子健康包括支援センターの全国展開、市町村による支援拠点整備の努力義務、弁護士の配置など児童相談所の体制強化、特別区への児童相談所の設置、里親委託の推進などを内容とする改正が行われました（図表3-1参照）。

2019年に一部改正され、2020年4月1日に施行された同法では、「親権者のしつけ名目の体罰の禁止」について明文化されました。「児童の親権を行う者は、児童のしつけに際して、体罰を加えることその他民法第820条の規定による看護及び教育に必要な範囲を超える行為により当該児童を懲戒してはならず、当該児童の親権の適切な行使に配慮しなければならない」と明記されました。また、児童虐待の「早期発見」について、警察や婦人相談員、教育委員会、配偶者暴力相談支援センターは早期発見に努めることが規定されました。

（3）配偶者からの暴力の防止及び被害者の保護等に関する法律（DV防止法）

「配偶者からの暴力の防止及び被害者の保護等に関する法律」（通称：「DV防止法」）は、配偶者からの暴力に対応するために、2001年4月に制定され、同年10月に一部施行、2002年4月に全面施行されました。さらに2004年、2007年、2013年に法改正が行われています。

同法は、配偶者からの暴力に関わる通報、相談、保護、自立支援等の体制を整備し、配偶者からの暴力の防止及び被害者の保護を図ることを目的としています。また、「この法律において『配偶者からの暴力』とは、配偶者からの身体に対する暴力（身体に対する不法な攻撃であって生命又は身体に危害を及ぼすものをいう。以下同じ。）又はこれに準ずる心身に有害な影響を及ぼす言動」と定義されています。

ここで言う、「配偶者」には、婚姻の届け出を出していないが事実上婚姻関係と同様の事情（事実婚）にある者、離婚後の元配偶者を含み、その「配偶者」

からの暴力および被害者が適用対象となります。さらに，同居する交際相手からの暴力及びその被害者も適応対象に含まれます。

「DV防止法」においては，被害者を女性には限定していませんが，配偶者からの暴力の被害者は，多くの場合女性です。配偶者からの暴力など女性に対する暴力は，女性の人権を著しく侵害する重大な問題です。内閣府の調査によると，配偶者暴力相談支援センター[8]によせられる相談件数は年々増加し，2014年度の相談件数は10万2,963件となり，警察における配偶者からの暴力に関する相談等の対応件数も増加しています。このことから，少数の人だけが被害を受けているのではなく，多くの人が被害を受けていることがわかります。

2013年の改正で，適用対象が拡大されましたが，同居していない交際相手からの暴力については対象外となり，近年増加しているデートDV（恋愛カップル間暴力）被害者の保護について課題が残されています。

（4）次世代育成支援対策推進法

この法律は2003年に成立し，次代の社会を担う子どもが健やかに生まれ，かつ育成される環境の整備を図るため，次世代育成支援の基本的理念や，国，自治体，事業主による行動計画の策定などが規定されています。これにより，国やすべての自治体および従業員301人以上（2008年の改正で，2011年より101人以上）の企業に対し10年間の集中的行動計画策定を義務づけ，2005年から10年間の時限立法として実施されました。さらに，すべての都道府県と市町村で行動計画が策定され，子育て支援事業の拡充が進められています。子ども・子育て関連3法の施行に伴い，2012年に改正が行われました。この改正により有効期限は2025年3月31日まで延長されました。次世代育成支援対策推進法の詳細については，第8章を参照して下さい。

▷8　配偶者暴力相談支援センター
　　2015年11月9日現在，全国261か所が配偶者暴力相談支援センターとして運営されている。配偶者暴力相談支援センターでは，被害者に関する各般の問題についての相談，カウンセリング，被害者およびその同伴家族の一時保護，各種情報提供などが行われている。

（5）障害者総合支援法（旧・障害者自立支援法）

　障害者および障害児がその有する能力および適性に応じ，自立した日常生活または社会生活を営むことができるよう，必要な障害福祉サービスに関わる給付，その他の支援を行い，障害者および障害児の福祉の増進を図ることを目的として，2006年4月から「障害者自立支援法」が施行されました。これまで，障害種別ごとの異なる法律に基づいて提供されていた障害者福祉サービスを改め，法律を一元化し，共通の制度の下で福祉サービスを提供することが大枠となっています。

　これにより，「児童福祉法」に規定されていた，「育成医療」，「児童短期入所」，「児童居宅介護」は，「自立支援医療」，「短期入所」，「居宅介護」に名称変更され，「障害者自立支援法」に基づく事業となりました。

　2010年の「障害者自立支援法」の一部改正は，障害者福祉施策を見直すまでの間，障害者と障害児の地域生活を支援するため，関係法律の整備について定められました。

　具体的には，利用者の負担能力に応じた応能負担が原則であることを明確化し，利用者負担の見直しが行われました。また，サービスを受けやすくするために，発達障害者が障害者の範囲に含まれることを法律上明示し，障害者の範囲の見直しが行われました。さらに，地域における相談支援体制の強化を図るために，総合的な相談支援センターを市町村に設置されました。障害児支援の強化を図るために，「児童福祉法」を基本とした身近な支援の充実なども定められています。

　また，2012年6月の改正で，「障害者自立支援法」は，「障害者の日常生活及び社会生活を総合的に支援するための法律（障害者総合支援法）」と題名変更がされ，2013年4月より一部施行されています。

　この法律は，「自立」の代わりに，新たに「基本的人権を共有する個人としての尊厳」が明記されています。さらに障害福祉サービスに係る給付や地域生活支援事業による支援を総合的に行うことを目的としています。具体的には，

難病患者等で，身体障害者手帳の取得はできないが一定の障害のある人々にも障害福祉サービスを提供するなど，障害者の範囲の見直しが行われました。また，これまでの障害の程度（重さ）で区分するのではなく，標準的な支援の必要の度合いを示す区分への変更など，障害支援区分への名称・定義の改正が行われ，さらに重度訪問介護の対象者の拡大，ケアホームのグループホームへの一元化などが行われました。

　2013年より施行された「障害者総合支援法」（一部2014年4月施行）の3年後の見直しによって，2016年に「障害者総合支援法」と「児童福祉法」の一部改正が行われました。障害児支援のニーズの多様化にきめ細かく対応するための支援の拡充とサービスの質の確保・向上を図るための環境整備等が規定され，2018年4月から施行される予定です（一部2016年から施行）。「児童福祉法」では「居宅訪問型児童発達支援」が新設され，保育所等の障害児に発達支援を提供していた「保育所等訪問支援」に，乳児院・児童養護施設の障害児も含まれることになりました。また，医療的ケアを必要とする障害児への適切な支援を図る努力義務などが規定されました。

　「障害者総合支援法」では，障害児のサービス提供体制を計画的に確保するため，自治体において障害児福祉計画を策定することが義務づけられるなど，ニーズの多様化に対応するための支援が図られます。サービスの質・向上に向けて，これまで補装具の購入に対して支給されていた補装具費の支給範囲が拡大され，成長に伴い短期間で取り換える必要のある障害児の場合には貸与も支給対象となりました。さらに，障害児の福祉サービスに関する情報公開制度が創設され，利用者のニーズに応じたサービスを選択できる仕組みになります。

(6) 子ども・子育て関連3法

　新たな子育て支援の構築のために，2010年には，「子ども・子育て新システム検討会議」が発足し，新たな子育て支援の制度について検討が進められました。それをもとに2012年には，「子ども・子育て支援法」「就学前の子どもに関する教育，保育等の総合的な提供の推進に関する法律の一部を改正する法律」

図表3-3　子ども・子育て関連3法（2012年8月成立）の趣旨と主なポイント

◆3法の趣旨
　自公民3党合意を踏まえ，保護者が子育てについての第一義的責任を有するという基本的認識の下に，幼児期の学校教育・保育，地域の子ども・子育て支援を総合的に推進
◆主なポイント
○認定こども園，幼稚園，保育所を通じた共通の給付（「施設型給付」）及び小規模保育等への給付（「地域型保育給付」）の創設
　＊地域型保育給付は，都市部における待機児童解消とともに，子どもの数が減少傾向にある地域における保育機能の確保に対応
○認定こども園制度の改善（幼保連携型認定こども園の改善等）
・幼保連携型認定こども園について，認可・指導監督の一本化，学校及び児童福祉施設としての法的位置づけ
・既存の幼稚園及び保育所からの移行は義務づけず，政策的に促進
・幼保連携型認定こども園の設置主体は，国，自治体，学校法人，社会福祉法人のみ（株式会社等の参入は不可）
・認定こども園の財政措置を「施設型給付」に一本化
○地域の実情に応じた子ども・子育て支援（利用者支援，地域子育て支援拠点，放課後児童クラブなどの「地域子ども・子育て支援事業」）の充実

出所：内閣府・文部科学省・厚生労働省「子ども・子育て関連3法について」2013年4月。

「子ども・子育て支援法及び就学前の子どもに関する教育，保育等の総合的な提供の推進に関する法律の一部を改正する法律の施行に伴う関係法律の整備等に関する法律」の子ども・子育て関連3法が成立し，幼児期の学校教育・保育，地域の子ども・子育て支援を総合的に推進する枠組みが作られました。

子ども・子育て関連3法は，保護者が子育ての第一義的責任を有するという基本をふまえ，幼児期の学校教育・保育，地域の子ども・子育て支援を総合的に推進するという趣旨で策定されています（図表3-3）。

2016年に「子ども・子育て支援法」の改正が行われ，同年4月に施行されました。その内容は，子ども・子育て支援の提供体制の充実を図るため，事業所内保育業務を目的とする施設等の設置者に対する助成及び援助を行う事業「仕事・子育て両立支援事業」[9]等が創設されるとともに，一般事業主から徴収する拠出金の率の上限を引き上げる等の改正が行われました。

▷9　「仕事・子育て両立支援事業」
　　　第8章（pp.235-236）参照。

2019年10月から，幼児教育と保育を無償化するための「改正子ども・子育て支援法」が施行されました。無償化の対象は，3～5歳の幼稚園，保育所，認定こども園に加え，地域型保育（小規模保育，家庭的保育，居宅訪問型保育，事業所内保育），企業主導型保育事業（標準的な利用料）も同様に無償化の対象とされます。0～2歳に対しては，住民税非課税世帯の保育を必要とする子どもについて，無償化されました。また，「児童福祉法」一部改正によって3～5歳の児童発達支援等の利用も無償化となります。

参考文献

山縣文治編『よくわかる子ども家庭福祉（第9版）』ミネルヴァ書房，2014年。
厚生労働統計協会『国民の福祉と介護の動向　2016/2017』厚生労働統計協会，2016年。
社会福祉の動向編集委員会編『社会福祉の動向2017』中央法規出版，2016年。
東京都社会福祉協議会『障害者自立支援法とは』2012年。
ミネルヴァ書房編集部編『保育小六法2017（平成29年版）』ミネルヴァ書房，2017年。
内閣府『少子化社会対策白書（平成29年版）』日経印刷，2017年。
中央法規出版編集部『改正児童福祉法・児童虐待防止法のポイント』中央法規出版，2016年。
社会保障審議会児童部会「新たな子ども家庭福祉のあり方に関する専門委員会　報告（提言）」2016年。
井村圭壯・相沢譲治『児童家庭福祉分析論』学文社，2012年。
柏女霊峰『子ども家庭福祉論（第2版）』誠信書房，2011年。
松井敬三・小倉毅『児童家庭福祉』大学教育出版，2010年。
松本峰雄・野島正剛『子どもの福祉――児童家庭福祉のしくみと実践』建帛社，2017年。

第 4 章 子ども家庭福祉の機関と専門職

　子ども家庭福祉の実施主体として，公的なものや民間団体，さらに様々な専門職があります。この章では，子ども家庭福祉の行政機関と実施機関，子ども家庭福祉に関わる財政・費用，また子ども家庭福祉に携わる専門職について学習します。

1　行政および審議機関

　児童福祉法にも示されているように，国および地方公共団体（都道府県・市町村）は，保護者と共に子どもの健全育成に対する責務があります。このため，国・地方公共団体は，子どもが心身共に健やかに育成するための環境整備の視点から，予防的施策や子どもを健全に育成するにあたって何らかの問題や障害をもつ保護者に対する支援・補完・代替に関する様々な施策を図っています。

（1）国の役割

　国において，福祉行政機関は厚生労働省であり，子ども家庭福祉に関する福祉行政全般についての企画調整，監査指導，事業に要する費用の予算措置など，中枢的機能を担っています。子ども家庭福祉に関する行政を所管しているのはこれまでは，雇用均等・児童家庭局でしたが，2017年に厚生労働省の組織再編によって，「子ども家庭局」「雇用環境・均等局」が新設されました。「子ども家庭局」は，総務課，保育課，家庭福祉課，子育て支援課，母子保健課が設置され，保育・子育て人材や児童相談所等の子育て支援基盤の一体的整備や切れ目のない子育て仕事両立支援の推進など，子ども・子育て支援に特化した施策を担当します。

また,「雇用環境・均等局」は,総務課,雇用機会均等化,有期・短時間労働課,職業生活両立課,在宅労働課,勤労者生活課が設置され,非正規労働者の処遇改善,女性活躍や均等処遇,ワーク・ライフ・バランスの実現等働き方改革の推進を担当します。

(2) 地方公共団体

地方公共団体は,都道府県と特別区(東京23区)および市町村に分けられます。都道府県は,子ども家庭福祉事業の企画,予算措置,児童福祉施設の認可と指導監督,児童福祉施設(保育所を除く)への入所決定,児童相談所や福祉事務所・保健所等の設置運営,市町村に対する必要な援助,児童家庭相談のうち専門性の高いものへの対応などを行っています。指定都市に関しては,都道府県とほぼ同じ権限をもち,子ども家庭福祉に関する事務を行います。

市町村は,地域住民に密着した行政事務を行っており,児童福祉に関しては保育所などの児童福祉施設の設置および保育の提供,障害児通所支援等の事業,子育て支援事業の整備,1歳6か月児健康診査,3歳児健康診査,子どもおよび妊産婦の福祉に関する事業の把握・情報提供,相談事業などを行っています。また,要保護児童等に対応するために,要保護児童対策地域協議会を設置することができます。

(3) 審議機関

厚生労働省におかれる社会保障審議会は,子ども・妊産婦等の福祉や,母子福祉,母子保健等に関する事項,人口問題に関する事項の調査・審議を行い,それぞれが属する行政機関の諮問に対して答えるとともに,これらに対して意見を述べることができます。

都道府県・指定都市の子ども家庭福祉行政に関する審議機関は,児童福祉審議会を設置することができます(市町村は任意)。これらの審議会は,それぞれ都道府県知事,指定都市の長,市町村長の管理に属し,子ども,妊産婦,知的障害者の福祉に関し,それぞれ都道府県知事,指定都市の長,市町村長の諮問

に答えること，関係機関に意見を求めこと，具体的行政事務について意見を述べることなどの権限を有します。

2 実施機関

(1) 児童相談所

「児童相談所運営指針」によると，児童相談所は，「市町村と適切な役割分担・連携を図りつつ，子どもに関する家庭その他からの相談に応じ，子どもが有する問題又は子どもの真のニーズ，子どもの置かれた環境の状況等を的確に捉え，個々の子どもや家庭に最も効果的な援助を行い，もって子どもの福祉を図るとともに，その権利を擁護すること」を目的としています。

児童相談所は，「児童福祉法」に基づく行政機関として各都道府県，指定都市に設置が義務づけられています。2016年4月1日現在，全国に209か所の（支所を含まず）の児童相談所が設置されています。児童相談所の運営については，「児童福祉法」，「児童福祉法施行令」，「児童福祉法施行規則」，「児童相談所運営指針」などによって行われています。

児童相談所の職員として，所長をはじめソーシャルワーカー（児童福祉司，相談員），児童心理司，心理療法担当職員，医師（精神科医・小児科医），弁護士，児童指導員，保育士などの専門職員が配置されています。主な業務は，相談，調査・診断・判定，援助（指導・措置），一時保護などです。

①相　談

子どもの福祉に関する各種の問題について，来所や電話などで家庭その他から相談を受け付けたり，地域住民や関係機関からの通告，福祉事務所や家庭裁判所からの子どもの送致を受け，援助活動を行っています。相談内容は，養護相談（保護者の病気・家出・離婚などによる養育困難，虐待，養子縁組等に関する相談など），非行関係相談（反社会的な問題行動など），障害相談（知的障害，肢体不自由，自閉症など），育成相談（しつけ，不登校，進学適性など）などです。療育手帳

図表4-1　児童相談所における相談内容別受付件数の年度別推移
(件)

	総　数	養護相談	非行相談	障害相談	育成相談	その他の相談
1980年度	249,168	27,291	29,486	120,395	61,788	10,208
1985年度	252,094	26,664	29,751	128,833	56,884	9,962
1990年度	275,378	24,919	20,800	148,565	62,512	18,582
1995年度	312,987	29,924	15,629	163,523	74,487	29,424
2000年度	362,655	53,867	17,211	189,843	68,324	33,410
2002年度	398,552	63,859	15,650	224,294	63,855	30,894
2004年度	352,614	75,669	18,362	157,326	65,681	35,576
2006年度	380,950	78,698	17,409	194,166	60,908	29,769
2008年度	363,051	84,691	17,593	181,096	55,109	24,562
2010年度	373,528	101,323	17,345	181,108	50,993	22,759
2012年度	384,261	116,725	16,640	175,285	52,182	20,891
2014年度	420,128	145,370	16,740	183,506	50,839	21,356
2015年度	439,200	162,119	15,737	185,283	49,978	23,971

資料：厚生労働省「福祉行政報告例」。

の交付事務に伴い，障害相談が多くみられますが，子ども虐待等の問題により，養護相談が急激に増加しています（図表4-1）。

②調査・診断・判定

　相談受付後，児童福祉司，相談員の面接，主に児童福祉司・相談員などによる生活環境の調査に基づく社会診断，児童心理司による心理診断，医師（精神科医，小児科医など）による医学診断，一時保護部門の児童指導員・保育士などによる行動診断，理学療法士などによるその他の診断などに基づき，関係者によって判定（総合的な診断）を行い，個々の子どもの処遇方針を決定します。

③援助（指導・措置）

【在宅指導】

　処遇方針の決定に基づいて行われる在宅指導では，専門的な助言指導，心理治療・カウンセリングなどによる継続指導や他の機関への斡旋といった措置によらない指導と，児童福祉司指導，児童委員指導，児童家庭支援センター指導，などといった措置による指導があります。

【児童福祉施設入所等への措置など】
　子どもを養育する者がいない場合や，在宅指導では子どもと保護者などを充分に保護・援助できないと判断される場合には，子どもを保護者から離して里親に委託するか，児童福祉施設入所措置や障害児入所施設給付の決定などの施設入所援助が行われます。施設入所措置は，本来は都道府県の長の権限ですが，児童相談所長に委任されているため，実際は児童相談所長によって行われています。

【その他】
　非行や虐待で，親権者や未成年後見人の意に反して施設入所させる必要がある場合は，家庭裁判所に送致するか，施設入所措置の承認の申し立てをすることができます。また，親権喪失宣告や未成年後見人の選任および解任を家庭裁判所に請求することができます。

④一時保護
　子ども虐待，放任などの理由により，子どもを一時的に保護する必要がある場合，援助決定のための行動観察や生活指導等が必要な場合，短期間のカウンセリング，心理療法が必要な場合など，児童相談所付設の一時保護所において一時保護が行われます。または，他の機関・施設に一時的に保護を委託することもできます。一時保護の期間は2か月以内が原則となっています。一時保護は原則として児童，保護者の同意を得て行われますが，放置することが子どもの福祉を阻害すると認められる場合など，保護者の同意を得ずに一時保護を行うことができます。

⑤その他の事業
　さらに，上記に述べた主な業務以外に，巡回相談，親権者の親権喪失の宣告請求，養子縁組の斡旋，里親委託の推進，1歳6か月・3歳児精神発達精密健康診査および事後指導，特別児童扶養手当・療育手帳に関わる判定事務，ひきこもり等児童福祉対策事業，などの事業も行っています。

（2）福祉事務所

　福祉事務所は「社会福祉法」第14条に基づき設置され，社会福祉の六法に関係する業務を行う総合的な社会福祉の機関です。都道府県および市（特別区含む。）に設置が義務づけられ，町村は任意設置です。

　福祉事務所における児童福祉関連の業務には，子どもおよび妊婦の福祉に関する実情把握と相談・調査・指導の実施，また児童福祉施設入所，里親委託などの措置やその他の判定が必要な場合には児童相談所への送致などがあります。また，助産施設，母子生活支援施設への入所など，助産・母子保護の実施も行われます。さらに，福祉事務所では，児童相談所が担当するような高度の専門性を必要としない軽易な児童福祉に関する各種相談等の窓口機関の役割をもっています。

　福祉事務所の職員は，所長をはじめ事務を行う職員のほか，社会福祉主事，身体障害者福祉司，知的障害者福祉司，老人福祉指導主事などが配置されています。また，多くの福祉事務所には母子自立支援員が配置されています。

　福祉事務所には，子ども家庭福祉に関する相談機能を充実するため，家庭児童相談室が設置されています。専門職員として，社会福祉主事と家庭相談員が配置され，家庭児童福祉に関する相談指導を行っています。

（3）保健所・市町村保健センター

　保健所は「地域保健法」第6条に基づき，都道府県・指定都市，中核市，特別区などに設置される地域の保健衛生活動の中心機関です。生活における保健衛生に関する相談，各種営業施設（医療・食品関係機関）などの監視・指導および心や体の健康の維持・増進のための活動を行っています。

　子ども家庭福祉に関しては，①子どもおよび妊産婦の保健に関する衛生知識の普及，②子どもおよび妊産婦の健康相談・健康診査，保健指導，③身体に障害がある子ども，長期療養が必要な子どもへの療育指導，④児童福祉施設に対し栄養の改善その他衛生に関し必要な助言を行うことなどです。

「地域保健法」および「母子保健法」の改正に伴い，1997年から，母子保健サービスの提供主体は原則として市町村に一元化されました。そのため，市町村は市町村保健センターを設置し，健康相談や保健指導，健康診査などを行うことができるようになりました。また，2004年の「児童福祉法」一部改正によって，児童相談所が相談に応じた子どもとその保護者または妊産婦について，児童相談所長は保健所に対し，保健指導その他の必要な協力を求めることができるようになりました。

（4）児童家庭支援センター

　虐待の問題の顕在化など，子ども家庭福祉をめぐる問題が複雑・多様化し，地域において問題が深刻化する前の早期発見・早期対応や援助を必要とする子どもに対する指導を適切に行うことが重要になってきました。児童家庭支援センターは，1997年の「児童福祉法」改正により，地域の子どもの福祉に多様な問題への相談援助を行うために創設された利用型の児童福祉施設です。

　児童家庭支援センターは，「児童福祉法」第44条の2で，「地域の児童の福祉に関する各般の問題につき，児童に関する家庭その他からの相談のうち，専門的な知識および技術を必要とするものに応じ，必要な助言を行うとともに，市町村の求めに応じ，技術的助言その他必要な援助を行うほか，（略）あわせて児童相談所，児童福祉施設等との連絡調整その他厚生労働省令の定める援助を総合的に行うことを目的とする施設」と規定されています。

　業務内容は，地域の子どもの福祉に関するさまざまな問題についての相談を受け，児童相談所から委託を受け，子どもおよび家庭への指導を行います。また，他の関係機関との連絡・調整を行っています。職員として，相談・支援職員，心理療法職員が配置されています。

（5）子育て世代包括支援センター

　重篤な子ども虐待の事案の増加などから，地域のつながりの希薄化等によって，妊産婦・母親の孤立感や負担感の高まりが見えてきます。妊娠期から子育

て期までの切れ目ない支援を実施するために，2016年の「母子保健法」の改正により，「母子健康センター」が「母子健康包括支援センター」と改名され，2017年4月から子育て世代包括支援センター（法律による名称は「母子健康包括支援センター」）が法定化され，市区町村に設置することが努力義務となりました。

　子育て世代包括支援センターは，母子保健や子育て支援施策等において，それぞれが分断されることなく包括的な支援を通じて，妊産婦及び乳幼児並びに保護者の生活の質の改善・向上や，胎児・乳幼児にとって良好な生育環境の実現・維持を図ることを目的としています。妊産婦・乳幼児等へは，母子保健分野と子育て分野の両面から支援が実施されており，「母子保健法」に基づく母子保健事業，「子ども・子育て支援法」に基づく利用者支援事業，「児童福祉法」に基づく子育て支援事業などが実施されています。

　業務内容は，妊娠初期から子育て期にわたり，妊娠・出産・子育てに関する相談に応じ，必要に応じて支援プランを作成し，保健・医療・福祉・教育等の地域の関係機関による切れ目ない支援を行います。職員として，保健師1名以上の配置，また助産師，看護師，精神保健福祉士，ソーシャルワーカー，利用者支援専門員，地域子育て拠点事業所の専任職員が配置されることが望ましいとされています（「子育て世代包括支援センターの設置運営について（通知）」（厚生労働省雇用均等・児童家庭局母子保健課）。

（6）その他（家庭裁判所，民間児童福祉関係団体）

①家庭裁判所

　家庭裁判所は，「裁判所法」に基づき設置されており，職務によって少年審判部と家事審判部に分かれています。家事裁判部では，家庭内の問題を解決することを目的として援助する業務を行っています。家庭環境が子どもの成長にとって望ましくない場合など，家庭裁判所の承認を得て，要保護児童を児童福祉施設に入所させるなどの処理を行います。子どもに関する事項としては，親権などの喪失の宣告，後見人などの選任・辞任許可・解任，子どもの監護者の

指定，親権者の指定・変更などが審判の対象となっています。

　少年審判部については，少年法▷1に基づき14歳以上の非行少年に関わる保護事件の審判を担当しており，非行事件処理の中心的役割を担っています。また，非行行為のあった少年に対し，福祉的，教育的配慮を伴う処遇を決定します。つまり，非行のあった少年が非行を乗り越え，更正・自立できるような保護・教育・援助を行います。非行の審判の対象は，14歳以上20歳未満の罪を犯した「犯罪少年」，あるいは14歳未満で触法および虞犯のいずれかに該当する少年です。触法とは，14歳未満で刑罰法令に触れる行為を行っても刑事責任を問えず，犯罪とはならないで法に触れることをいいます。虞犯とは，20歳未満で，①保護者の正当な監督に服しない性癖があること，②正当な理由がなく，家庭に寄り附かないこと，③犯罪性のある人もしくは不道徳な人と交際し，またいかがわしい場所に出入りすること，④自己または他人の徳性を害する行為をする性癖のあること，のいずれかにあてはまり，将来犯罪や触法行為を行うおそれのある少年をいいます。

　少年審判部は，警察や検察庁，あるいは都道府県知事または児童相談所長により家庭裁判所に送致された事件について専門的な立場から調査が行われます。その調査に基づいて審判がなされ，適切な処分が決定し処置が行われます。

②民間児童福祉関係団体

　児童福祉に関する各種の民間団体では，行政からの委託事業や施設間の連絡調整，独自の補助，福祉関係従事者への研修を行うなど，それぞれの団体の目

　▷1　少年法
　　　少年法は，満20歳未満の少年を対象とし，「少年の健全な育成を期し，非行のある少年に対して，性格の矯正及び環境の調整に関する保護処分」を行うことを目的としている。
　　　近年の少年犯罪の低年齢化や残虐化など少年事件の動向に対応するために，2000年「少年法」の一部改正が行われた。この改正は，厳罰化，事実認定の適正化，被害者対策を目的としている。さらに，2007年の一部改正では，警察の調査権の明確化，14歳未満の少年の保護処分の見直し等が行われた。これによって，触法少年への警察官の調査が強化されるとともに，12歳以上の少年を少年院に入所させることができるようになった。2008年の改正では，被害者等に少年審判の傍聴を許可する制度を創設（家庭裁判所），被害者等に記録の閲覧または謄写を認め，その対象範囲の拡大，被害者の心身に重大な故障がある場合に，被害者に代わり被害者の配偶者，直系の親族または兄弟姉妹が意見を述べることができることが規定された。

的にあった幅広い活動を行っています。たとえば，こども未来財団，全国社会福祉協議会，児童育成協会，日本保育協会，全国私立保育園連盟，全国児童会，児童健全育成推進財団，など多く存在しています。

運営主体には，こども未来財団（財団法人），社会福祉協議会（社会福祉法人），母子保健推進会議（社団法人）といった法人格を有するものと，法人格を有しないものがあります。

3　子ども家庭福祉の財政と費用

子ども家庭福祉に関する諸施策を実施するためには必要な費用を確保しなければなりません。その財源は，公費およびこれに準ずる公的資金と民間資金に大別されます。公費とは，法律によって公の責任とされている児童福祉事業および国や地方公共団体が児童の福祉推進の目的で自主的に行う事業のために用いられるものです。公的資金としては，公的機関による補助金や共同募金などがあり，民間資金として，特定企業・助成団体の寄付金などがあります。

「児童福祉法」では，「児童福祉法」に定められた児童福祉行政を遂行するために必要な費用について，国，都道府県，市町村，指定都市などの負担割合について規定しています。

子ども家庭福祉に関する国費の支出は，地方交付税交付金（児童相談所などの運営に要する費用）と国庫補助金等などに分けられます。国庫補助金等は，補助金，負担金，利子補給金，その他に分類され，それぞれ目的としている補助事業を効果的に行うために使用されます。

子ども家庭福祉施策に関わる国庫補助金等は，一般会計（児童保護措置費負担金，児童扶養手当給付負担金等）によるものと，特別会計（家庭支援相談等事業費，児童厚生施設整備費等）によるものの2つに分類されます。このうち子ども家庭

▷2　法人格
　　法人格とは，会社組織などの組織体が，法律の規定により「人」として権利能力を付与されたものをいう。法人は，一般社団・財団法人法や会社法などの法律の規定によって成立される。法人には「社団法人」「財団法人」「学校法人」「社会福祉法人」などがある。

福祉の補助金として主要なものは、児童保護措置費負担金です。児童福祉施設への入所措置や里親委託等の場合、子どもの養育等に関する最低基準を維持するのに必要な費用を支払うものです。

4　子ども家庭福祉に関わる専門職

（1）児童福祉司

　児童福祉司は、「児童福祉法」第13条に基づき、都道府県と政令指定都市に設置された児童相談所に配置されている、児童相談専門のケースワーカーです。子どもの福祉に関する相談や指導を行うことが中心で、相談に来た親や子どもの面接、家庭訪問、関係機関との連絡・調整、相談援助などを行います。具体的には、①受理した相談について、調査・診断・判定を行い、それに基づき処遇指針を決定する、②処遇指針に基づいた指導や、児童福祉施設、里親等への措置、他の機関への送致など、③処遇結果の確認などが行われています。

　児童福祉司は、人口4万人に一人配置することを基本とし、全国平均より虐待相談対応の発生件数が多い場合は上乗せして配置され、担当区域の問題解決に当たっています。

　公務員に採用されたうえで児童相談所の児童福祉司に任用されます（任用資格）が、「児童福祉法」第13条に資格要件が規定されています。

（2）児童福祉施設における専門職員

　児童福祉施設では、「児童福祉施設の設備及び運営に関する基準」（2012年より児童福祉施設最低基準から改題）によって、職員配置が規定されています。一般職員として、施設長、事務局長、作業員などの施設の管理や事務を行う職員と、専門職員として、各施設特有の基本的機能を果たすための専門職種の職員が配置されています。

　専門職種の職員では、子どもや保護者の相談や指導にあたる職員として、児

童指導員，母子支援員，児童自立支援専門員，児童の遊びを指導する者などと呼ばれています。また，子どもの日常的ケアを行う職員として，保育士が代表的です（児童自立支援施設では，児童生活指導員と呼ばれています）。さらに，専門的な技術や職能をもち，子どもや保護者のケアを行う職員として，家庭支援専門相談員，心理療法担当職員，個別対応職員，里親支援専門相談員が配置されています。

①児童指導員

　児童指導員は，児童養護施設，児童心理治療施設，障害児入所施設，児童発達支援センターなどの児童福祉施設に配置されています。子どもの生活指導，学習指導など，日常生活ケアの中心的な役割を果たします。また，学校，児童相談所，家族，地域との関係の調整などソーシャルワーカー的な業務も担当しています。子どもの自主性を尊重し，基本的生活習慣を確立し，豊かな人間性および社会性を養い，子どもの自立を支援すること目的としており，幅広い職務を担っています。

　児童指導員の資格要件は，「児童福祉施設の設備及び運営に関する基準」第43条に規定されています。

②母子支援員

　母子支援員は，母子生活支援施設に配置され，個々の母子の生活状況に応じて，就労，家庭生活及び子どもの養育に関する相談及び助言など，母子の生活支援を行います。

　母子支援員の資格要件は，「児童福祉施設の設備及び運営に関する基準」第28条に定められています。

③児童自立支援専門員

　児童自立支援専門員は，児童自立支援施設において，生活指導，学習指導，及び職業指導を行い，子どもの自立支援を行います。1997年の「児童福祉法」の一部改正によって，「教護」という職名が，児童自立支援施設において，子どもの自立支援を行う「児童自立支援専門員」と名称変更になりました。

　児童自立支援専門員の資格要件は，「児童福祉施設の設備及び運営に関する

基準」第82条に定められています。
④児童の遊びを指導する者

　児童の遊びを指導する者は，児童厚生施設（児童館，児童遊園）に配置され，音楽，劇，絵画，紙芝居など，子どもの情操教育を高める活動等の遊びを指導する業務を行います。従来は「児童厚生員」が専門職員として規定されていましたが，1998年から施行された改正基準によって「児童の遊びを指導する者」に変更されました。

　児童の遊びを指導する者の資格要件は，「児童福祉施設の設備及び運営に関する基準」第38条に定められています。

⑤保育士

　保育士は，保育所，乳児院，児童養護施設，児童心理治療施設，障害児入所施設，児童発達支援センターなどの児童福祉施設に配置されています。専門的知識および技術を有し，乳幼児の保育，保護者に対する保育の指導，障害児の療育，要保護児童の養護などの日常生活ケア，生活・学習指導，さらに育児相談，他機関との連絡調整なども行っています。

　2001年の「児童福祉法」の一部改正によって，保育士資格が従来の任用資格から，保育士以外は保育士の名称を使用してはならないという名称独占資格に変更され，国家資格となりました。あわせて，守秘義務，登録・試験に関する規定が整備されました。

　保育士資格は「児童福祉法」第18条の6に定められています。

⑥児童生活支援員

　児童生活支援員は，児童自立支援施設で児童自立支援専門員と共に，生活指導，学科指導，職業指導等によって入所児童の生活指導や自立支援を行います。1997年の「児童福祉法」の改正によって，「教護」「教母」から「児童生活支援員」と変更されました。児童生活支援員は，児童指導員相当の資格を必要とし，「児童福祉施設の設備及び運営に関する基準」第83条に定められています。

⑦家庭支援専門相談員（ファミリーソーシャルワーカー）

　1997年の「児童福祉法」の改正によって，児童福祉施設に「自立支援」の概

念が組み込まれ、「児童福祉施設最低基準（現：児童福祉施設の設備及び運営に関する基準）」に「自立支援計画の策定」が義務づけられました。児童養護施設においては被虐待児の入所が増加し、従来子どもの日常生活ケアが中心であった施設業務から、家族への支援や親権者との関係調整などが施設の専門業務として認識されるようになりました。その役割を担うために、乳児院、児童養護施設、児童心理治療施設および児童自立支援施設に家庭支援専門相談員（ファミリーソーシャルワーカー）が配置されました。家庭支援専門相談員の役割として、子どもの入所から退所までのマネジメント、子どもの入所への立ち会いやケース記録といった管理的役割、施設内の他職種との連携や児童相談所・福祉事務所といった他機関との連携、地域における子育て支援、里親支援、家族関係の調整などが行われています。

⑧心理療法担当職員

乳児院、母子生活支援施設、児童養護施設、児童自立支援施設において、心理療法が必要と認められる子どもや母親10人以上に対して心理療法が行われる場合、それぞれの施設に心理療法担当職員が配置されています。虐待等による心的外傷等のため心理療法を必要とする子どもや、夫からの暴力による心的外傷等のため心理療法を必要とする母子に、遊戯療法、カウンセリング等の心理療法を行っています。

⑨個別対応職員

個別対応職員は、児童養護施設、乳児院、児童心理治療施設、児童自立支援施設、母子生活支援施設に配置されています。虐待を受けた子ども等の施設入所の増加に対応するため、被虐待児等の個別の対応が必要な子どもへの個別面接や生活場面での個別対応、また保護者への援助等を行っています。

⑩里親支援専門相談員（里親支援ソーシャルワーカー）

2012年から、児童養護施設、乳児院に里親支援専門相談員（里親ソーシャルワーカー）を配置し、里親支援の充実を図ることになりました。里親支援専門相談員は、里親委託の推進や里親支援の充実を図るために、児童相談所の里親担当職員、里親委託推進員、里親会等と連携して、入所児童の里親委託の推進、

退所児童のアフターケアとしての里親支援，退所児童以外を含めた地域支援としての里親支援等を行っています。

(3) 児童委員

児童委員は児童福祉法に基づき，地域住民のなかから選ばれた児童家庭福祉のための民間の奉仕者（厚生労働大臣の委嘱による）として活動しています。児童委員は民生委員も兼ねており，2017年1月現在で約23万8,000人です。

市町村の一定区域を担当し，担当区域内の子ども・妊産婦について，その家庭の実情の把握，保健その他の福祉に関する情報の提供やその他の援助・指導を行うと共に，児童相談所の児童福祉司や福祉事務所の社会福祉主事の職務に協力することなどが職務となっています。

また，1994年から，多様化する児童福祉の問題に対して専門的に対応する主任児童委員が市町村に配置されました。主任児童委員は，区域を担当せず，児童福祉関係機関および区域担当の児童委員との連絡調整を行い，児童委員に対する援助・協力などを行います。2004年の「児童福祉法」の一部改正によって，主任児童委員の委嘱は，委員のなかから厚生労働大臣が直接指名することとなり，児童委員としての職務を行うことなどが明確化されました。

(4) 家庭相談員

家庭相談員は，福祉事務所に設置されている家庭児童相談室に配置されています。業務内容は，児童相談所，保健所，学校，警察，主任児童委員，その他関連施設及び団体と連携し，家庭における子どもの養育に関する専門的な相談・指導を行っています。家庭相談員は，各家庭児童相談室に1～2名配置されています。

(5) 保健師

保健師は，「保健師助産師看護師法」により，厚生労働大臣の免許を受けて保健の指導業務に携わる者をいいます。保健センターの保健師は，乳幼児健康

診査,乳幼児相談,親子教室,母親学級,新生児訪問指導,さらに乳幼児の予防接種や精神保健など,地域住民に密着した健康診査,保健指導などの保健サービスを行っています。その他にも,保育所,学校,医療機関等での健康管理・教育等の業務に就いています。

参考文献

柏女霊峰『子ども家庭福祉論』誠信書房,2009年。
山縣文治編『よくわかる子ども家庭福祉(第9版)』ミネルヴァ書房,2014年。
福祉士養成講座編集委員編集『社会福祉士養成講座 児童福祉論』中央法規出版,
　　2001年。
網野武博編『児童福祉の新展開』同文書院,2005年。
鈴木幸雄編『児童福祉概論』同文書院,2007年。
松本峰雄『保育者のための子ども家庭福祉』萌文書林,2007年。
ミネルヴァ書房編集部編『社会福祉小六法2017(平成29年版)』ミネルヴァ書房,2017年。

第5章 児童福祉施設

家庭や地域の養育機能の低下を背景として，子ども虐待や親子関係の問題，心身の発達の問題など，多様な子どもの問題が発生しています。児童福祉施設は，これらの問題の発生予防や解決，また子どもの健全育成を支援するための役割を担っています。この章では，「児童福祉法」で規定されている児童福祉施設の種類，対象となる子ども，施設の目的などについて整理します。

1　児童福祉施設とは

わが国の児童福祉の実践として大きな役割を担っている児童福祉施設は，戦後の「日本国憲法」「児童福祉法」制定に伴い，児童福祉の法体系に加え，実践体系として確立されました。児童福祉施設は，当初，助産施設，乳児院，母子寮（母子生活支援施設），保育所，児童厚生施設，養護施設（児童養護施設），精神薄弱児施設（旧・知的障害児施設），療育施設，教護院（児童自立支援施設）の9種類でした。療育施設は，後に盲・ろうあ児施設，虚弱児施設，肢体不自由児施設に独立・分離しました。さらに，精神薄弱児通園施設（1957年）（旧・知的障害児通園施設），情緒障害児短期治療施設（1961年）（現・児童心理治療施設），重症心身障害児施設（1967年）が設置され，また，1997年の「児童福祉法」の一部改正によって，虚弱児施設が児童養護施設に統合され，児童家庭支援センターが設けられました。

さらに2010年の「児童福祉法」の改正によって，障害児関係施設は，障害児入所施設と児童発達支援センターに再編されました。また，2012年の改正によって，幼保連携型認定こども園が追加されました。2016年の改正では，情緒障害児短期治療施設が，児童心理治療施設に名称変更されています。

第5章　児童福祉施設

　児童福祉施設は，「児童福祉法」第7条に定められている施設であり，児童などに適切な環境を提供し，保護・治療，指導，援助および自立支援などを中心として児童の福祉を図ることを目的としています。現在では，助産施設，乳児院，母子生活支援施設，保育所，幼保連携型認定こども園，児童厚生施設，児童養護施設，障害児入所施設，児童発達支援センター，児童心理治療施設，児童自立支援施設，児童家庭支援センターが定められています。

　利用形態では，乳児院，児童養護施設などといった児童相談所などの行政機関の入所措置決定を必要とするものと，児童や保護者の自由な意思により利用できるものなどがあります。自由に契約できる施設として助産施設，母子生活支援施設（2001年度より市町村が行う措置により入所が決定する措置施設から利用者が選択し入所できる利用契約による施設となりました），保育所，児童厚生施設，児童家庭支援センターがありますが，2006年の「障害者自立支援法（現・障害者総合支援法）」の施行により障害児施設（障害児入所施設，児童発達支援センター）においても，措置制度から障害児の保護者が施設と直接契約する契約方式にかわりました。また，2010年の「障害者自立支援法（現・障害者総合支援法）」「児童福祉法」の改正によって，障害児入所施設は，児童相談所の判定により，契約利用の決定が行われます。障害児通所施設の利用については，市町村の判定となります。利用に必要な費用は，扶養義務者の負担能力に応じた応能負担となり，食費，光熱費，医療費などは実費負担となります（軽減措置あり）。

　さらに，乳児院，児童養護施設のように児童が家庭から離れて施設内で生活する家庭の養育機能の代替を果たす入所型施設，保育所や児童発達支援センターのように家庭養育の補完的機能を果たす通所型施設，また，児童家庭支援センターや児童館のように保護者の養育の支援を行う利用型施設に分けることもできます。

2 児童福祉施設の運営

(1) 児童福祉施設の設置

　国が設置義務を負う児童福祉施設は，児童自立支援施設（国立武蔵野学院，国立きぬ川学院）と福祉型障害児入所施設（国立秩父学園）です。これら国が設置する施設は，子どもの自立支援，指導，保護，治療，援助を行うほか，職員の養成施設が設置されています

　都道府県が設置しなければならない施設は，児童自立支援施設で，その他の施設は，都道府県・指定都市・中核市の条例により設置されています。

　市町村は，あらかじめ必要な事項を都道府県知事に届け出て児童福祉施設を設置することができます。また，国，都道府県，市町村以外の者（社会福祉法人などの民間）が施設を設置する場合は，都道府県知事の認可が必要となります。

(2) 児童福祉施設の設備及び運営に関する基準

　児童福祉施設の運営は，入所している子どもの命と健康を守り，成長発達，権利を保障し，適切な保護，自立支援，指導などが行えることが必要です。このため，「設備運営基準」が定められています。

　その第1条第2項では，目的として「設備運営基準は，都道府県知事の監督に属する児童福祉施設に入所している者が，明るくて，衛生的な環境において，素養があり，かつ，適切な訓練を受けた職員（児童福祉施設の長を含む。以下同じ。）の指導により，心身ともに健やかにして，社会に適応するように育成されることを保障するものとする」としています。具体的には，児童福祉施設における居室等の設備基準，職員の資格および配置基準などが規定されています。また，都道府県が条例で定める基準（最低基準）の向上や，最低基準を超えた設備・運営が行われている場合もその水準を低下させてはならないことなどが

規定されています。

　近年の児童福祉施設では，被虐待児など複雑で困難なニーズをもつ子どもの入所が増加し，心理的ケアなど多様なニーズへの対応が求められています。さらに，年長児童の増加や，障害児系施設における子どもの重度化と高年齢化など，子どもへの個別的な関わりや援助，質の高い職員の配置などが不可欠です。そこで2011年6月には職員配置が見直され，家庭支援専門相談員，個別対応職員，心理療法担当職員の配置が一部の児童福祉施設に義務づけられました。設備基準に関しても改正され，居室面積の引き上げや相談室の設置の義務化などが行われました。また，社会的養護のための児童福祉施設に対して，第三者評価を受けることを義務づけることなどを内容とする改正も行われました。

　地域主権改革一括法（「地域の自主性及び自立性を高めるための改革の推進を図るための関係法律の整備に関する法律」）の成立によって，保育所の最低基準が地方条例で定められることとなりました。それにより「児童福祉施設最低基準」は，「児童福祉施設の設備及び運営に関する基準」に改称され，2012年4月から施行されています。これまで「児童福祉施設最低基準」に規定されていた各基準は，「最低基準」から「設備運営基準」となり，今後「従うべき基準」と「参考とすべき基準」に区分され，都道府県等が条例で定める基準を「最低基準」ということになりました。待機児童が多いなどの特別な理由がある地域の居室面積基準については，特例的に緩和することが容認されています。面積基準を緩和して児童の受け入れを実施するかの判断は各自治体の裁量となります。

（3）児童福祉施設の費用

　児童福祉施設の運営に要する費用については，児童福祉法で「基準を維持するために要する費用」として，国および地方公共団体が支弁（支払う）することとされています。

　児童福祉施設の費用は，大別して設備に関する費用（設備費）と児童の保護に要する費用（運営費）がありますが，これについては保護者，国，都道府県，市町村が一定の割合で負担または補助する仕組みとなっています。

児童福祉施設への入所措置による入所後の保護・支援に必要な費用は、「措置費」として、施設に支弁（支払う）されます。「措置費」は大別して、人件費や管理費にあたる「事務費」と、対象児童の生活諸費用にあたる「事業費」にわけられます。

3　児童福祉施設の種類

ここでは児童福祉施設の目的と対象者および職員の配置などについて整理します。図表5-1に目的・対象者等の一覧を示しますので、参照してください。

（1）助産施設

助産施設は、「保健上必要があるにもかかわらず、経済的理由により、入院助産を受けることができない妊産婦を入所させて、助産を受けさせることを目的とする施設」（「児童福祉法」第36条）です。

助産施設は、第1種助産施設（「医療法」に基づく産婦人科のある病院で、医師が管理する定員20名以上の施設）と、第2種助産施設（「医療法」に基づく助産所で、助産師が運営する定員9名以下の施設）があります。

主な職員として、第2種助産施設の場合、助産師、産婦人科の診療に相当する経験を有する嘱託医が配置されています。

（2）乳児院

乳児院は、「乳児（保健上、安定した生活環境の確保その他の理由により特に必要のある場合には、幼児を含む。）を入院させて、これを養育し、あわせて退院した者について相談その他の援助を行うことを目的とする施設」（「児童福祉法」第37条）です。

2004年の「児童福祉法」の一部改正により、年齢制限の見直しが行われ、安定した生活環境に確保等の理由により、特に必要がある場合には、幼児を入所させることができるようになりました。

第5章　児童福祉施設

図表5-1　児童福祉施設の目的・対象者等の一覧

施設の種類	種別	入(通)所・利用別	設置主体	施設の目的と対象者
助産施設(児福法36条)	第2種	入所	都道府県 市町村　届出 社会福祉法人 その他の者　認可	保護上必要があるにもかかわらず，経済的理由により，入院助産を受けることができない妊産婦を入所させて，助産を受けさせる
乳児院 (児福法37条)	第1種	入所	同　　上	乳児(保健上，安定した生活環境の確保その他の理由により特に必要のある場合には，幼児を含む)を入院させて，これを養育し，あわせて退院した者について相談その他の援助を行う
母子生活支援施設 (児福法38条)	第1種	入所	同　　上	配偶者のない女子又はこれに準ずる事情にある女子及びその者の監護すべき児童を入所させて，これらの者を保護するとともに，これらの者の自立の促進のためにその生活を支援し，あわせて退所した者について相談その他の援助を行う
保育所 (児福法39条)	第2種	通所	同　　上	保育を必要とする乳児・幼児を日々保護者の下から通わせて保育を行う
幼保連携型認定こども園(児福法39条の2)	第2種	通所	同　　上	義務教育及びその後の教育の基礎を培うものとしての満三歳以上の幼児に対する教育及び保育を必要とする乳児・幼児に対する保育を一体的に行い，これらの乳児又は幼児の健やかな成長が図られるよう適当な環境を与えて，その心身の発達を助長する
児童館 (児福法40条，平2.8.7厚生省発児123号) (小型児童館) (児童センター) (大型児童館A型) (大型児童館B型) (大型児童館C型) (その他の児童館)	第2種	利用	同　　上	屋内に集会室，遊戯室，図書館等必要な設備を設け，児童に健全な遊びを与え，その健康を増進し，又は情操をゆたかにする
児童遊園 (児福法40条，平4.3.26児育8)	第2種	利用	同　　上	屋外に広場，ブランコ等必要な設備を設け，児童に健全な遊びを与えて，その健康を増進し，又は情操を豊にする
児童養護施設 (児福法41条)	第1種	入所	同　　上	保護者のない児童(乳児を除く。ただし，安定した生活環境の確保その他の理由により特に必要のある場合には，乳児を含む)，虐待されている児童その他環境上養護を要する児童を入所させて，これを養護し，あわせて退所した者に対する相談その他の自立のための援助を行う

115

障害児入所施設 (児福法42条) (福祉型)(医療型)	第1種	入所	同　　上		障害児を入所させて，保護，日常生活の指導，独立自活に必要な知識技能の付与及び治療を行う
児童発達支援センター (児福法43条) (福祉型)(医療型)	第2種	通所	同　　上		障害児を日々保護者の下から通わせて，日常生活における基本的動作の指導，独立自活に必要な知識技能の付与又は集団生活への適応のための訓練及び治療を提供する
児童心理治療施設 (児福法43条の2)	第1種	入所 通所	同　　上		家庭環境，学校における交友関係その他の環境上の理由により社会生活への適応が困難となった児童を，短期間，入所させ又は保護者の下から通わせて，社会生活に適応するために必要な心理に関する治療及び生活指導を主として行い，あわせて退所した者について相談その他の援助を行う
児童自立支援施設 (児福法44条)	第1種	入所 通所	国・都道府県 市　町　村 社会福祉法人 その他の者	届出 認可	不良行為をなし，又はなすおそれのある児童及び家庭環境その他の環境上の理由により生活指導等を要する児童を入所させ，又は保護者の下から通わせて，個々の児童の状況に応じて必要な指導を行い，その自立を支援し，あわせて退所した者について相談その他の援助を行う
児童家庭支援センター (児福法44条の2)	第2種	利用	都　道　府　県 市　町　村 社会福祉法人 その他の者	届出 認可	地域の児童の福祉に関する各般の問題につき，児童，母子家庭，地域住民などからの相談に応じ，必要な助言を行うとともに，保護を要する児童又はその保護者に対する指導及び児童相談所等との連携・連絡調整等を総合的に行う

出所：厚生労働統計協会『国民の福祉と介護の動向　2017／2018』厚生労働統計協会，2017年，320ページをもとに作成。

　このほかの利用として，保護者の病気や看護など緊急な事情，保護者の出張等勤務上の都合などにより乳幼児を養育することができない場合など，一時的に短期入所することが認められている短期入所生活援助（ショートステイ）事業，夜間養護等（トワイライト）事業，また育児相談事業などがあります。

▷1　短期入所生活援助（ショートステイ）事業
　　　子育て短期支援事業の一つ。保護者が病気，出産，出張，育児疲れなどの理由で，子どもを養育することが困難なとき，乳児院や児童養護施設などに子どもを預けることができる。短期間（7日以内）であるが，宿泊が可能である。
▷2　夜間養護等（トワイライト）事業
　　　子育て短期支援事業一つ。残業等で保護者の帰宅が恒常的に遅い場合や休日に不在の場合等で，子どもを養育することが困難なとき，乳児院や児童養護施設などで，おおむね午後10時まで子どもを預かり，夕食，入浴の提供など生活の援助を行う。

近年では，虐待による入所児が増加しており，虐待を受けるなど心に深い傷をもつ子どものうち，特別なケアを必要とする子どもに対して，小規模なグループによるケアを行う小規模グループケアが実施されています。

主な職員として，医師または嘱託医，看護師，個別対応職員，家庭支援専門相談員（ファミリーソーシャルワーカー），栄養士，調理員などを置くこととされています。

（3）母子生活支援施設

母子生活支援施設は，「配偶者のない女子又はこれに準ずる事情にある女子及びその者の監護すべき児童を入所させて，これらの者を保護するとともに，これらの者の自立の促進のためにその生活を支援し，あわせて退所した者について相談その他の援助を行うことを目的とする施設」（「児童福祉法」第38条）です。

母子生活支援施設は，従来の母子を保護するという施設から，子どもの養育とともに母親の精神的なケアや自立支援を視野に入れた積極的な支援活動が行われています。具体的には，就労支援，生活支援，子育て支援などを行い，施設内保育サービス，学童保育，緊急一時保護，ショートステイ事業，また地域に対する子育て支援（母子家庭等子育て支援室）なども行っています。

母子生活支援施設は，2001年度から，市町村が行う措置による措置施設から，利用者が選択し利用できる利用契約による施設になりました。

主な職員として，母子支援員，嘱託医，少年を指導する職員，調理員が配置されています。また，心理療法が必要と認められる母または子ども10人以上に心理療法を行う場合は，心理療法担当職員が配置されています。

▷3　育児相談事業
　　地域の子育て支援の拠点として，地域の住民に対して，育児負担，育児ストレス，育児一般など子どもの養育に関する相談に応じ，助言を行う。

（4）保育所

　保育所は,「保育を必要とする乳児・幼児を日々保護者の下から通わせて保育を行うことを目的とする施設」とし，さらに「前項の規定にかかわらず，特に必要があるときは，保育を必要とするその他の児童を日々保護者の下から通わせて保育することができる」(「児童福祉法」第39条) とされています。

　保育所は，親の就労や病気などの理由で家庭での養育が困難な場合に，保護者に代わって一日のうちの一定時間だけ預かる，家庭の養育機能の補完的機能と考えられていましたが，今日，核家族化，少子高齢化，女性の社会参加などが急速に進むなか，保育所は子育て支援活動として不可欠な施設となっています。

　1997年の「児童福祉法」の改正に伴い，措置制度から保護者が保育所を自由に選択できる制度に改められ，利用者が主体的に保育所を選択できるようになりました。

　働く女性のために，延長保育，夜間保育，一時保育などが展開されてきましたが，さらに障害児保育や小学校の児童の保育（学童保育），子育て支援の活動拠点として，子育てに悩む親の相談を受けるなど地域の子育て支援も積極的に進められています。

　主な職員として，保育士，嘱託医，調理員（調理業務の全部を依託しているところは不要）が配置されています。

（5）幼保連携型認定こども園

　幼保連携型認定こども園は，「義務教育及びその後の教育の基礎を培うものとしての満3歳以上の幼児に対する教育及び保育を必要とする乳児・幼児に対する保育を一体的に行い，これらの乳児又は幼児の健やかな成長が図られるよう適当な環境を与えて，その心身の発達を助長することを目的とする施設」(「児童福祉法」第39条の2) です。さらに，幼保連携型認定こども園に関しては，この法律に定めるもののほか，認定こども園法の定めるところによるとされて

います。

　子ども・子育て関連3法の施行に伴い，2012年の改正児童福祉法が施行され，児童福祉施設として新たに「幼保連携型認定こども園」が加わりました。幼保連携型認定こども園は，児童福祉法上の児童福祉施設であり，教育基本法上の学校という位置づけになります。

　幼保連携型認定こども園では，保護者が働いている，いないにかかわらず就学前の子どもを受け入れ，教育・保育を一体的に行うことになります。さらに，すべての子育て家庭を対象に，子育て不安に対応した相談活動や，親子の集いの場の提供などを行うことになります。教育・保育を行う職員として，「幼稚園教諭免許状」と「保育士資格」の両方を有している「保育教諭」を配置する必要があります。

　主な職員として，保育教諭，養護教諭，栄養教諭，事務職員，調理員（調理業務の全部を委託しているところは不要）などが配置されています。

（6）児童厚生施設

　児童厚生施設は，「児童遊園，児童館等児童に健全な遊びを与えて，その健康を増進し，又は情操をゆたかにすることを目的とする施設」（「児童福祉法」第40条）です。

　児童厚生施設の種類と内容について，次のように分類されます。

①児童館

　児童館は，地域における健全育成の総合的な役割を担っています。子どもに安全で創造的な遊びを提供し，子どもの健康を増進し，母親クラブ，子ども会などの地域組織活動の育成・指導も行います。

　児童館には，児童の遊びを指導する者が配置され，規模と機能によって次のように分類されています。

【小型児童館】

　小地域を対象として，子どもに健全な遊びを提供し，健康の増進や情操を豊かにするとともに，母親クラブ，子ども会などの地域組織活動の育成・指導を

図る等，子どもの健全育成に関する総合的機能をもちます。

【児童センター】

小型児童館の機能に加え，遊びを通して体力増進を図る指導機能をもつ児童館です。また，大型児童センターでは，年長児童（中学生・高校生等）に対する育成機能ももちます。

【大型児童館】

大型児童館は，原則として都道府県内や広域の子どもたちを対象とした活動を行い，3つに区分されます。

《A型児童館》

児童センターの機能に加え，都道府県内の小型児童館，児童センター，その他の児童館の指導や連絡調整などを行う中枢的機能をもちます。

《B型児童館》

自然環境に恵まれた一定の地域（こども自然王国）内に設置され，子どもが宿泊しながら自然を生かした遊びを通じた健全育成を行うため，宿泊設備があります。

《C型児童館》

現在は存在しませんが，広域を対象として，子どもに健全な遊びを提供し，健康を増進し，情操を豊かにする機能に加え，芸術，体育，科学など総合的な活動を行うことができる児童館のことです。子どもの多様なニーズに対応できるように，劇場，ギャラリー，屋内プール，コンピュータープレイルーム，歴史・科学資料展示室，宿泊研修所，児童遊園が適宜付設されます。

②児童遊園

児童遊園は，屋外型の児童厚生施設で，主に幼児，小学校低学年児童を対象としています。さらに，都市公園法に基づく街区公園と相互に補完的役割も担っています。児童遊園には，広場，ブランコなどの遊具設備と，便所，水飲場などを設置することが規定され，さらに児童厚生員が配置されています。

（7）児童養護施設

　児童養護施設は，「保護者のいない児童（乳児を除く。ただし，安定した生活環境の確保その他の理由により特に必要のある場合には，乳児を含む。以下この条において同じ。），虐待されている児童その他環境上養護を要する児童を入所させて，これを養護し，あわせて退所した者に対する相談その他の自立のための援助を行うことを目的とする施設」（「児童福祉法」第41条）です。

　1997年の「児童福祉法」の改正によって，それまでの「養護施設」は，「児童養護施設」と改名され，施設の目的規定に「自立支援・自立促進」が位置づけられました。児童養護施設は，子どもたちの日常生活の場の提供と学習指導・生活指導や，職業に就くための自立支援などが行われています。

　対象となるのは満1歳から18歳に達するまで（必要がある場合は満20歳に達するまで延長，在所可能）の子どものうち，両親の死亡や離婚などで保護者からの養護を受けることができない子ども，父母からの放任・虐待などで家庭での生活が困難な子どもです。2004年の「児童福祉法」の改正で，特に必要な場合には，乳児も入所させることができるようになりました。

　主な職員として，児童指導員，嘱託医，保育士，個別対応職員，家庭支援専門相談員（ファミリーソーシャルワーカー），心理療法担当職員（対象者10人以上に心理療法を行う場合），栄養士（入所児童41人以上），調理員，職業指導員などが配置されています。

（8）障害児入所施設

　2010年の「児童福祉法」の一部改正によって，障害児施設が一元化され，これまでの入所型施設は障害児入所施設に，通所型施設は児童発達支援センターにまとめられました。

　障害児入所施設は，「区分に応じ，障害児を入所させて，当該各号に定める支援を行うことを目的とする施設」（「児童福祉法」第42条）と規定されています。具体的には，障害児入所施設は，「福祉型障害児入所施設」と「医療型障害児

入所施設」に区分され,「福祉型障害児入所施設」で行われる支援は,「保護,日常生活の指導及び独立自活に必要な知識技能の付与」を行う施設と定められ,従来の知的障害児施設,盲・ろうあ児施設,肢体不自由児療護施設などが対象となります。

「医療型障害児入所施設」で行われる支援は,「保護,日常生活の指導,独立自活に必要な知識技能の付与及び治療」を行う施設と定められ,従来の肢体不自由児施設,重症心身障害児施設などが対象となります。

(9) 児童発達支援センター

児童発達支援センターとは,「区分に応じ,障害児を日々保護者の下から通わせて,当該各号に定める支援を提供することを目的とする施設」(「児童福祉法」第43条)と規定されています。

具体的には,「福祉型児童発達支援センター」と「医療型児童発達支援センター」に区分され,「福祉型児童発達支援センター」で行われる支援は,「日常生活における基本的動作の指導,独立自活に必要な知識技能の付与又は集団生活への適応のための訓練」と定められ,機能訓練,日常生活介護,職業指導などが行われます。従来の知的障害児通園施設,難聴幼児通園施設などが対象となります。「医療型児童発達支援センター」で提供される支援は,「日常生活における基本的動作の指導,独立自活に必要な知識技能の付与又は集団生活への適応のための訓練及び治療」と定められ,診療から機能訓練,日常生活介護,職業指導など医学的ケアを含めた総合的なケアが行われます。対象となるのは,従来の肢体不自由児通園施設などです。

(10) 児童心理治療施設

児童心理治療施設は,「家庭環境,学校における交友関係その他の環境上の理由により社会生活への適応が困難となつた児童を,短期間,入所させ,又は保護者の下から通わせて,社会生活に適応するために必要な心理に関する治療及び生活指導を主として行い,あわせて退所した者について相談その他の援助

を行うことを目的とする施設」(「児童福祉法」第43条の2)です。その対象は,保護者等による虐待,家庭や学校での人間関係等が原因となって心理的に不安定な状態に陥ることにより,社会生活が困難になっている子どもです。従来は12歳未満の子どもが対象でしたが,1997年の「児童福祉法」の改正で,年齢要件が撤廃され,18歳未満まで対象が拡大され,必要がある場合には20歳までの在所が可能になりました。

近年では,子ども虐待の増加に伴って,被虐待児の占める割合が増加しており,また摂食障害,家庭内暴力などの問題をもつ思春期の子どもへの対応も必要となっています。

おおむね6か月以内の期間で,医学的・心理学的療法による治療とともに,施設での生活全般を通じて社会的適応能力を高め,家族との調整等を図りながら,施設退所後の健全な社会生活のための支援が行われています。

主な職員として,医師,児童指導員,保育士,心理療法担当職員,個別対応職員,家庭支援専門相談員(ファミリーソーシャルワーカー),看護師,栄養士,調理員などが配置されています。

(11) 児童自立支援施設

児童自立支援施設は,「不良行為をなし,又はなすおそれのある児童及び家庭環境その他の環境上の理由により生活指導等を要する児童を入所させ,又は保護者の下から通わせて,個々の児童の状況に応じて必要な指導を行い,その自立を支援し,あわせて退所した者について相談その他の援助を行うことを目的とする施設」(「児童福祉法」第44条)です。

児童自立支援施設は,設立当初,非行問題児を入院させて教護するための教護院という施設でしたが,1997年の「児童福祉法」の改正で,「児童自立支援施設」と名称が改められ,子どもの自立支援に対する方向性が位置づけられ,児童養護施設と同様に,施設の目的に「自立を支援」(「児童福祉法」第44条)することが明記されました。これにより,対象が家庭環境その他の環境上の理由により指導を要する児童まで拡大され,入所だけでなく通所による指導も行う

ことになりました。さらに子どもの自立支援に対する方向性が位置づけられ，対象児童の自立を支援することになりました。

児童自立支援施設には，児童相談所が学校や警察署からの通報や保護者からの相談を受け，施設での支援が必要であるとの判断から入所措置がとられた子どものほか，罪を犯した少年，将来罪を犯すおそれがある少年，または刑罰法令にふれるおそれがある少年についても家庭裁判所の保護処分の決定に従って入所措置がとられた子どもも入所しています。

主な職員として，児童自立支援専門員，児童生活支援員，嘱託医，精神科の診療の経験を有する医師または嘱託医，栄養士，調理員，家庭支援専門相談員（ファミリーソーシャルワーカー），個別対応職員，心理療法担当職員（対象者10人以上に心理療法を行う場合）などが配置されています。

(12) 児童家庭支援センター

児童家庭支援センターは，「児童に関する家庭その他からの相談のうち，専門的な知識及び技術を必要とするものに応じ，必要な助言を行うとともに，市町村の求めに応じ，技術的助言その他必要な援助を行うほか，第26条第1項第2号及び第27条第1項第2号の規定による指導を行い，あわせて児童相談所，児童福祉施設等との連絡調整その他厚生労働省令の定める援助を総合的に行うことを目的とする施設」（「児童福祉法」第44条の2）です。

児童家庭センターは，1997年の「児童福祉法」の改正により創設された児童福祉施設で，乳児院，母子生活支援施設，児童養護施設，児童心理治療施設，児童自立支援施設など児童福祉施設に附置されることになりましたが，2008年の「児童福祉法」の改正により，児童福祉施設への附置要件が廃止されました。

主な職員としては，相談・支援職員（相談員），心理療法担当職員（心理士）などが配置されています。

児童家庭支援センターの業務として，次のような事業が行われています（「児童家庭支援センター設置運営要綱」）。

① 地域・家庭からの事業に応じる事業

地域の子どもに関する様々な問題について、専門的な知識や技術を必要とする内容に応じて、必要な助言を行っています。また、里親及びファミリーホームからの相談にも応じ、必要な支援を行います。

② 市町村の求めに応じる事業

市町村からの依頼に応じて、乳児健診、家庭訪問事業、発達障害児への支援教室への職員の派遣、教員研修への講師派遣などを行っています。

③ 都道府県又は児童相談所からの受託による指導

児童相談所において、施設入所までは要しないが、保護の必要がある子ども、また施設を退所後間もない子どもなど、継続的な指導措置が必要な場合に児童相談所から委託され相談援助を行っています。

④ 関係機関等との連携・連絡事項

子どもや家庭をめぐる問題は、複雑・多様化しており、問題が深刻化する前に、早期発見・早期対応など迅速かつ的確な支援が必要となります。そのため、児童相談所、福祉事務所、児童福祉施設、要保護児童対策地域協議会、民生委員など関係機関との連携を図るために、情報交換や連絡調整を行っています。

参考文献

水田和江・中野菜穂子編『子どもの養護――その理念と実践』みらい、2006年。
松本峰雄『保育者のための子ども家庭福祉』萌文書林、2007年。
児童福祉法規研究会監修『児童福祉六法 平成24年版』中央法規出版、2012年。
ミネルヴァ書房編集部編『社会福祉小六法2017（平成29年版）』ミネルヴァ書房、2017年。
山縣文治編『よくわかる子ども家庭福祉（第9版）』ミネルヴァ書房、2014年。
財団法人資生堂社会福祉事業財団監修『ファミリーソーシャルワークと児童福祉の未来』中央法規出版、2008年。
厚生労働統計協会『国民の福祉と介護の動向 2017/2018』厚生労働統計協会、2017年。

第6章 子ども家庭福祉サービス

子どもが心身共に健やかに成長していくための、子ども家庭福祉サービスは、多様な分野において展開されています。この章では、虐待を受ける子ども、養護を必要とする子ども、ひとり親家庭、障害のある子ども、母子保健、健全育成において、それぞれの現状、現在提供されているサービス、今後の課題などについて学習します。

1 虐待の防止と支援

(1) 子ども虐待とは

子ども虐待とは、「児童虐待の防止等に関する法律」(以下、「児童虐待防止法」)第2条において、保護者がその監護する児童(18歳に満たない者をいう)に、次に掲げる行為を行うことをいいます。

1 児童の身体に外傷が生じ、又は生じるおそれのある暴行を加えること。
2 児童にわいせつな行為をすること又は児童をしてわいせつな行為をさせること。
3 児童の心身の正常な発達を妨げるような著しい減食又は長時間の放置、保護者以外の同居人による前二号又は次号に掲げる行為と同様の行為の放置その他の保護者としての監護を著しく怠ること。
4 児童に対する著しい暴言又は著しく拒絶的な対応、児童が同居する家庭における配偶者に対する暴力(配偶者(婚姻の届出をしていないが、事実上婚姻関係と同様の事情にある者を含む。)の身体に対する不法な攻撃であって生命又は身体に危害を及ぼすもの及びこれに準ずる心身に有害な影響を及ぼす言動をい

図表6-1　子ども虐待の種類

一	身体的虐待	・打撲傷，あざ（内出血），骨折，頭蓋内出血などの頭部外傷，内臓損傷，刺傷，たばこなどによる火傷などの外傷を生じるような行為 ・首を絞める，殴る，蹴る，叩く，投げ落とす，激しく揺さぶる，熱湯をかける，布団蒸しにする，溺れさせる，逆さ吊りにする，異物をのませる，食事を与えない，戸外にしめだす，縄などにより一室に拘束するなどの行為 ・意図的に子どもを病気にさせる　など
二	性的虐待	・子どもへの性交，性的行為（教唆を含む） ・子どもの性器を触る又は子どもに性器を触らせるなどの性的行為（教唆を含む） ・子どもに性器や性交を見せる ・子どもをポルノグラフィーの被写体などにする　など
三	ネグレクト	・子どもの健康・安全への配慮を怠っているなど 　例えば， 　(1)重大な病気になっても病院に連れて行かない 　(2)乳幼児を家に残したまま外出する　など 　なお，親がパチンコに熱中したり，買い物をしたりするなどの間，乳幼児等の低年齢の子どもを自動車の中に放置し，熱中症で子どもが死亡したり，誘拐されたり，乳幼児等の低年齢の子どもだけを家に残したために火災で子どもが焼死したりする事件も，ネグレクトという虐待の結果であることに留意すべきである ・子どもの意思に反して学校等に登校させない，子どもが学校等に登校するように促すなどの子どもに教育を保障する努力をしない ・子どもにとって必要な情緒的欲求に応えていない（愛情遮断など） ・食事，衣服，住居などが極端に不適切で，健康状態を損なうほどの無関心・怠慢　など 　例えば， 　(1)適切な食事を与えない 　(2)下着など長期間ひどく不潔なままにする 　(3)極端に不潔な環境の中で生活をさせる　など ・子どもを遺棄したり，置き去りにする ・祖父母，きょうだい，保護者の恋人などの同居人や自宅に出入りする第三者が一，二又は四に掲げる行為を行っているにもかかわらず，それを放置する　など
四	心理的虐待	・ことばによる脅かし，脅迫　など ・子どもを無視したり，拒否的な態度を示すこと　など ・子どもの心を傷つけることを繰り返し言う ・子どもの自尊心を傷つけるような言動　など ・他のきょうだいとは著しく差別的な扱いをする ・配偶者やその他の家族などに対する暴力や暴言 ・子どものきょうだいに，一〜四の行為を行う　など

資料：厚生労働省『子ども虐待対応の手引き』2013年。

う。）その他の児童に著しい心理的外傷を与える言動を行うこと。

このように，子ども虐待の種類として，「1　身体的虐待」「2　性的虐待」「3　ネグレクト」「4　心理的虐待」の4つがあります（図表6-1）。

さらに，「児童虐待防止法」第2条は，子ども虐待の主体を，「保護者（親権を行う者，未成年後見人その他の者で，児童を現に監護するもの）」としており，子どもを育てている祖父母，親戚等による虐待は，「児童虐待防止法」の対象となります。また，子どもを監護しているとはいえない，きょうだい，親権者の恋人などからの虐待については，親権者が第三者による虐待を放置している場合，親権者が「保護者としての監護を著しく怠っている」として，「児童虐待防止法」の対象となります。

なお，「児童虐待防止法」第3条は，「何人も，児童に対し，虐待をしてはならない」と定めており，保護者に限らず，あらゆる者からの子どもに対する虐待行為を禁じています。2020年4月から施行された「改正児童虐待防止法」と「改正児童福祉法」では「親権者のしつけ名目の体罰の禁止」について明文化されました。「児童虐待防止法」第14条では，親権者は「児童のしつけに際して，体罰を加えることその他民法第820条の規定による監護及び教育に必要な範囲を超える行為により当該児童を懲戒してはならない」と明記されました。「児童福祉法」では，「児童相談所長による体罰の禁止」「施設長・ファミリーホームの養育者・里親による体罰の禁止」が盛り込まれ，保護者からの虐待だけではなく，施設の職員や養育者，里親についても禁止することが規定されました。

（2）子ども虐待の現状

近年の子どもをめぐる諸問題のなかで，最も重要とされているのは子ども虐待でしょう。虐待は，子どもへの人権侵害であり，心身の成長および人格形成に重大な影響を与える深刻な暴力です。

図表6-2は，1990年から現在までの全国の児童相談所における虐待相談対応件数の推移ですが，虐待件数の急激な増加の背景として，実際の虐待数が増加している可能性も否定できませんが，もともと存在していた子ども虐待が，

第6章 子ども家庭福祉サービス

図表6-2 虐待相談対応件数の推移

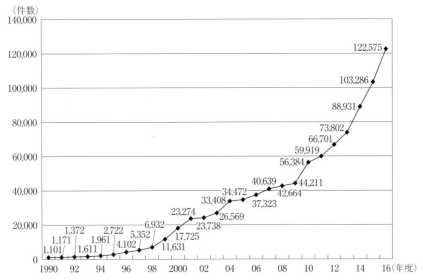

注：2010年度は，東日本大震災の影響により，福島県を除いた数値。
出所：厚生労働省「福祉行政報告例」より作成。

「虐待」という言葉が社会的に認知され，子ども虐待に対する関心や認識が高まったために急増したともいわれています。しかし，この数値は児童相談所への相談や通告が行われた数で，氷山の一角といえます。

2016年度の児童相談所における虐待相談件数は，12万2,575件で，毎年増加しています。そのうち虐待の内容別でみると，身体的虐待（26.0％），ネグレクト（21.1％），心理的虐待（51.5％），性的虐待（1.3％）と，心理的虐待が最も多い割合となっています。これまで多かった身体的虐待は減少しており，逆に心理的虐待が増加しています（図表6-3）。また，主たる虐待者は，実母が最も多く48.5％，次に実父38.9％となっています（図表6-4）。被虐待児の年齢をみると，虐待を受けた子どものうち，学齢前の子どもの割合が全体の45.1％と，4割を超えています（図表6-5）。つまり幼稚園，保育所，保健所，医療機関等，子どもに関わる機関での対応は，虐待の予防や早期発見につながる重要な役割があるといえます。

図表6-3　児童相談所における虐待の内容別相談件数の推移

(件, %)

区　分	総　数	身体的虐待	ネグレクト	性的虐待	心理的虐待
1997年度	5,352	2,780(51.9)	1,803(33.7)	311(5.8)	458(8.6)
2000	17,725	8,877(50.1)	6,318(35.6)	754(4.3)	1,776(10.0)
2005	34,472	14,712(42.7)	12,911(37.5)	1,052(3.1)	5,797(16.8)
2010	56,384	21,559(38.2)	18,352(32.5)	1,405(2.5)	15,068(26.7)
2012	66,701	23,579(35.4)	19,250(28.9)	1,449(2.2)	22,423(33.6)
2014	88,931	26,181(29.4)	22,455(25.2)	1,520(1.7)	38,775(43.6)
2016	122,575	31,925(26.0)	25,842(21.1)	1,622(1.3)	63,186(51.5)

注：ネグレクト：保護の怠慢・拒否。2010年度は，東日本大震災の影響により，福島県を除く。
出所：図表6-2に同じ。

図表6-4　児童相談所虐待相談における主たる虐待者の推移

(件, %)

区　分	総　数	父		母		その他
		実父	実父以外	実母	実母以外	
1997年度	5,352	1,445(27.0)	488(9.1)	2,943(55.0)	203(3.8)	273(5.1)
2000	17,725	4,205(23.7)	1,194(6.7)	10,833(61.1)	311(1.8)	1,182(6.7)
2005	34,472	7,976(23.1)	2,093(6.1)	21,074(61.1)	591(1.7)	2,738(7.9)
2010	56,384	14,140(25.1)	3,627(6.4)	34,060(60.4)	616(1.1)	3,941(7.0)
2012	66,701	19,311(29.0)	4,140(6.2)	38,224(57.3)	548(0.8)	4,478(6.7)
2014	88,931	30,646(34.5)	5,573(6.3)	46,624(52.4)	674(0.8)	5,414(6.1)
2016	122,575	47,724(38.9)	7,629(6.2)	59,401(48.5)	739(0.6)	7,082(5.8)

注：その他は，祖父母，兄弟姉妹，叔父叔母など。2010年度は，東日本大震災の影響により，福島県を除く。
出所：図表6-2に同じ。

図表6-5　児童相談所虐待相談における被虐待児童の年齢構成の推移

(件, %)

区　分	総　数	0～2歳	3～6歳	7～12歳	13～15歳	16～18歳
1997年度	5,352	1,034(19.3)	1,371(25.6)	1,923(35.9)	741(13.9)	283(5.3)
2000	17,725	3,522(19.9)	5,147(29.0)	6,235(35.2)	1,957(11.0)	864(4.9)
2005	34,472	6,361(18.5)	8,781(25.5)	13,024(37.8)	4,620(13.4)	1,686(4.9)
2010	56,384	11,033(19.6)	13,650(24.2)	20,584(36.5)	7,474(13.3)	3,643(6.5)
2012	66,701	12,503(18.7)	16,505(24.7)	23,488(35.2)	9,404(14.1)	4,801(7.2)
2014	88,931	17,479(19.7)	21,186(23.8)	30,721(34.5)	12,510(14.1)	7,035(7.9)
2016	122,575	23,939(19.5)	31,332(25.6)	41,719(34.0)	17,409(14.2)	8,176(6.7)

注：2010年度は，東日本大震災の影響により，福島県を除く。
出所：図表6-2に同じ。

（3）子ども虐待に関する法的整備

　2000年に施行された「児童虐待の防止等に関する法律」（以下，「児童虐待防止法」）は，子ども虐待の禁止，虐待の防止に関する国や地方公共団体の責務，児童の保護や自立の支援のための措置などが定められています。

　2004年に「児童虐待の防止等に関する法律の一部を改正する法律」と「児童福祉法の一部を改正する法律」が成立しました。「児童虐待防止法」改正では，子ども虐待の定義の見直し，国および地方公共団体の責務等の強化，子ども虐待の通告義務の範囲の拡大，警察署長に対する援助要請等，面会の通信制限規定の整備，虐待を受けた子ども等の学業の遅れに対する支援，進学・就職の際の支援等に関する規定の整備が図られました。

　「児童福祉法」改正では，保護を要する子ども（以下，要保護児童）の適切な保護を図るため，関係機関，関係団体および児童の福祉に関連する職務に従事する者その他の関係者により構成される要保護児童対策地域協議会が設置されることになりました。さらに，児童福祉施設，里親等の見直し，要保護児童に関する司法関与の見直しなども行われました。

　さらに，2004年12月に制定された「子ども・子育て応援プラン」においても，虐待防止ネットワークの設置など，具体的な目標を設置し施策を推進していくことになりました。

　2007年には，2度目の「児童虐待防止法」の改正と「児童福祉法」の改正が行われました。改正の主な内容として，子どもの安全確認等のための立入調査等の強化，保護者に対する面会・通信等の制限の強化などが図られました。また，児童相談所の業務，要保護児童発見者の通告義務などに関わる内容が規定されました。

　2008年の「児童福祉法」の改正では，施設内虐待等の予防と対応，社会的養護の質の向上，子どもの権利擁護の観点から，被措置児童等虐待防止のための枠組みが規定されました（2009年4月施行）。具体的には，被措置児童等虐待の定義，被措置児童等虐待に関する通告等，通告を受けた場合に都道府県等が講

ずるべき措置，被措置児等の権利擁護に関して都道府県児童福祉審議会の関与に関する事項が規定されました。

児童虐待の防止等を図り，児童の権利利益を擁護するために親権に関する制度の見直しが行われました。2011年，親権の停止制度を新設し，法人または複数の未成年後見人を選任することができるようにするために，民法の改正が行われたほか，未成年後見制度等の見直しとして，里親等委託中および一時保護中の児童相談所所長の親権代行などについて，児童福祉法の改正が行われました（2012年度から施行）。

しかし，子ども虐待防止に向けた制度的な充実が図られてきたにもかかわらず，全国の児童相談所における子ども虐待の相談件数は増加し続け，子どもの生命が奪われるなど重大な子ども虐待の事件も後を絶ちません。そのため，政府は子ども虐待防止に向けた効果的な対策と，就労しながらも経済的に厳しい状況にあるひとり親家庭・多子世帯等の自立を図るために検討を進め，2015年子どもの貧困対策会議において，「ひとり親家庭・多子世帯等自立応援プロジェクト」と「児童虐待防止対策強化プロジェクト」から構成される「すべての子どもの安心と希望の実現プロジェクト（すくすくサポート・プロジェクト）」が決定しました（第2章，図表2-1参照）。

「児童虐待防止対策強化プロジェクト」によって，新たに子ども虐待への対応の方向性が下記のように示されました。

① 「児童虐待の発生予防」として
- 子育て世代包括支援センターの法定化・全国展開や，支援を要する妊婦の情報の把握など，妊娠期から子育て期までの切れ目ない支援の推進
- 孤立しがちな子育て家庭へのアウトリーチ支援の実施

② 「発生時の迅速・的確な対応」として
- 児童相談所の体制や専門性を計画的に強化する，「児童相談所強化プラン」の策定や市町村の要保護児童対策地域協議会の機能強化
- 関係機関における早期発見と適切な初期対応，児童相談所等における迅速・的確な対応

③「被虐待児への自立支援」として
- 親子関係再構築の支援
- 里親委託等の家庭的養護の推進
- 施設入所児への自立支援

　これらを踏まえて，子ども虐待について発生予防から自立支援まで一連の対策の強化等を図るため，「児童福祉法等の一部改正」が2016年に成立，公布されました（一部を除き2017年度から施行）。

　その概要は，児童福祉法の理念の明確化等，妊娠期から子育て期にわたる切れ目ない支援を行う子育て世代包括支援センター（母子健康包括支援センター）の全国展開（母子保健法），市町村による支援拠点整備の努力義務，市町村の要保護児童対策地域協議会の機能強化，弁護士の配置など児童相談所の体制強化，特別区への児童相談所の設置，里親委託の推進，18歳以上の者に対する支援の継続，自立援助ホームの対象者の拡大などを内容とする改正が行われました（第3章，図表3-1参照）。「児童虐待防止法」においては，しつけを名目とした児童虐待の禁止が規定されました。

　この改正の附則で，裁判所の関与について検討するとされたことを受けて，2017年6月に，司法関与を強化する児童福祉法及び児童虐待防止法等の改正が成立しています。虐待を受けている子ども等を保護者の意に反して施設に入所させる場合，児童相談所が保護者を指導するよう家庭裁判所が勧告するなど司法関与が規定されました。また，一時保護について，親権者の意に反して2か月を超える場合には，家庭裁判所の承認が必要となります。さらに，接近禁止命令を行うことができる場合の拡大，子ども虐待防止対策に重要な役割を担う者の例示に歯科医師等を追加するなど拡充され，子ども虐待発見・保護の強化が図られました。

（4）児童相談所における虐待対応の流れ

　児童相談所における被虐待児への対応は，図表6-6のとおりです。

図表 6-6　被虐待児救出の流れ（児童相談所が主となってかかわる場合）

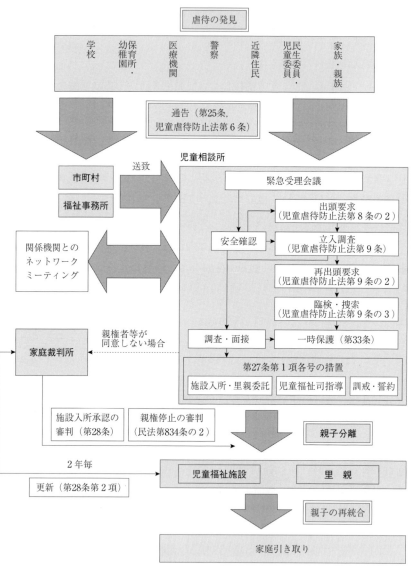

注：条文で、特に明記のないものは児童福祉法をさす。
出所：日本弁護士連合会子どもの権利委員会『子どもの虐待防止・法的実務マニュアル（第5版）』明石書店、2012年、24ページ。

①相談・通告

　子ども虐待は，家庭という密室のなかで発生し，潜在化しやすいことから，なるべく早く発見し，児童相談所などの関係機関に通告することが重要となります。

　「児童福祉法」第25条が，「要保護児童を発見した者は，これを市町村，都道府県の設置する福祉事務所若しくは児童相談所‥‥（中略）‥‥に通告しなければならない」と規定しています。さらに，「児童虐待防止法」第6条でも「児童虐待を受けたと思われる児童を発見した者は，速やかに」児童相談所等に通告することを義務づけています。また，同法第5条において，保育士などの児童福祉施設の職員や，学校の教職員，医師，保健師，弁護士など，児童福祉に関わる者の虐待の早期発見に努める義務が規定されています。

②調　査

　通告により子ども虐待が明らかになった場合は，「児童虐待防止法」第8条において，児童相談所は速やかに児童の安全確認が求められています。また，「児童相談所運営指針」では，安全確認の方法として，直接目視によることを基本とし，加えて，保護者に対する出頭要求，臨検・捜索等の制度も設けられています。

　さらに，要保護児童を発見した場合は，「児童福祉法」第11条第1項第2号ハにおいて，「児童及びその家庭につき，必要な調査並びに医学的，心理学的，教育学的，社会学的及び精神保健上の判定を行うこと」と定められ，対応を検討するための調査を行うことが業務に含まれています。具体的には，関係機関から虐待の種類と程度，虐待の事実と経過，子どもの状態，保護者の状態，子どもと保護者の関係，養育環境，その他関係者に関する状況等に関する情報や関係機関からの情報収集を行います。また，対象者の協力を得て任意に調査する方法（任意調査），あるいは立入調査権を行使して強制的に調査する方法（立入調査）を行います。

③一時保護

　保護者といることで，子どもの生命，身体の安全が脅かされる危険がある場合や，親子を分離して事情を聴き取るなどの調査を行う必要があると認められ

た場合は，子どもを一時的に保護することができます。一時保護の期間は，原則2か月以内で，一時保護所や児童福祉施設等での生活を通じて，行動観察や生活指導を行います。また，面接，心理療法を担当する者による心理検査や精神科の診察等も並行して実施されます。

④判定・援助方針の決定

　調査内容に基づき，社会診断，心理診断，医学診断，子どもが一時保護されている場合は行動診断が行われ，それらの診断結果をもとに総合的見地から判定が行われます。子どもを在宅のまま援助を行うか，親子分離し，児童福祉施設への入所措置や里親委託措置を行うなどの，援助を決定します。

　在宅援助は，虐待がそれほど重度ではなく，子どもの安全性についての問題が軽微であり，幼稚園・保育所などに通っており，子どもの状況確認が可能であるなどの条件が満たされた場合，子どもを保護者のもとにおいて，在宅のまま援助が行われます。

　児童福祉施設入所措置・里親委託措置の場合は，子どもの生命，身体，成長発達の安全に危険があり，在宅による支援では子どもの安全・安心が確保できない場合に，児童養護施設，乳児院，児童自立支援施設，児童心理治療施設などへの入所措置，および里親委託が行われます。子どもの施設入所，あるいは里親委託を保護者が同意しない場合は，家庭裁判所に施設入所措置の承認申立てを行い，承認されれば，保護者の同意なしに子どもを施設入所させることができます。

　さらに，子どもが法律上の親子関係を今後も維持することが望ましくない場合，家庭裁判所に親権喪失宣告請求を行い，承認されると，親権者は親権を失うことになります。

⑤援　　助

　虐待について具体的な援助計画の策定が行われます。具体的援助計画は，子どもやその保護者が有するそれぞれの問題点や課題などについて，家庭環境調整を含めた援助の目標，援助方法，その他留意事項を短期的，長期的に明確にし，他の関係機関や施設等と連携し，それぞれの機関・施設等の役割を明確に

します。

　施設入所の場合，施設における子どもに対する援助の具体的方向性，配慮事項などについて具体的な援助計画が作成されます。さらに，児童福祉施設入所の場合は，施設における心理・社会的自立のための自立支援計画が作成されます。それらの計画に基づき，被虐待児および保護者に対する心理的・社会的ケア，家庭環境調整を行うための援助が行われます。具体的には，児童養護施設・乳児院などにおける被虐待児の心理的ケアや，保護者に対する心理職や家庭支援専門相談員（ファミリーソーシャルワーカー）によるカウンセリングやソーシャルワーク援助等を行う家庭の再構築に向けた援助などです。

　在宅援助の場合は，定期的に児童相談所に通所しながら，保護者や被虐待児に対する，児童福祉司による心理療法やカウンセリングなどの面接指導を受けたり，家庭訪問を中心とした児童福祉司指導，要保護児童対策地域協議会を活用した定期的な家庭訪問等があります。さらに，子どもや保護者が所属する地域の保育所・幼稚園・小学校・中学校などとの連携や，民生・児童委員などによる日常の細かな援助によって，家庭状況の把握と変化の観察，緊急時の対応など，必要に応じて児童相談所と連携を図りつつ対応していきます。その他にも，保護者の育児に対する不安やストレスを解消するため「一時保育」など地域の子育て支援事業の活用や，ドメスティック・バイオレンス（DV）・配偶者等からの子どもへの虐待から逃れるためのシェルター的な「母子生活支援施設」での援助も行われています。

（5）子ども虐待防止対策の取り組み

　子ども虐待は，子どもの心身の発達および人格の形成に重大な影響を与えるため，子ども虐待の防止に向けて，虐待の「発生予防」から「早期発見・早期対策」，さらには，虐待を受けた子どもの「保護・自立支援」に至るまでの総合的な支援体制を整備し充実していく必要があります。

　このため，発生予防に関しては，生後4か月までの乳児のいるすべての家庭を訪問し，子育て支援に関する情報提供や養育環境などの把握を行う「乳児家

庭全戸訪問事業」(こんにちは赤ちゃん事業)や,養育支援が必要な家庭に対して,訪問による育児・家事の援助や技術支援等を行う「養育支援訪問事業」の推進,子育て中の親子が相談・交流できる「地域子育て支援拠点事業」など地域子育て支援拠点の整備などが行われています。

　2016年の児童福祉法等の一部改正により,法定化された子育て世代包括支援センターを中心に,地域の産婦人科・小児科の医療機関等と関係機関と連携しながら,妊娠期から子育て期までの切れ目ない支援を提供する仕組みを全国展開していく予定です。また,医療機関,児童福祉施設,学校等が特に支援を必要とする妊婦や子ども等を把握した場合には,当該者の情報を市町村に提供するよう努めるなど,虐待の発生予防の施策が図られています。

　さらに,早期発見・早期対応に関しては,2016年の児童福祉法等の一部改正によって市町村における「要保護児童対策地域協議会」(虐待防止ネットワークを含む)の機能強化として,専門職の配置や研修を受けることが義務づけられ,児童相談所の体制強化として,児童福祉司,児童心理司,弁護士などの専門職の配置や,児童相談所の設置を特別区に拡大するなど整備が行われています。また,虐待をした保護者自身への再発防止対策として,家族再統合や家族の養育機能の再生・強化に向けた取り組みを行う保護者支援の推進などが行われています。子ども虐待を受けたと思われる子どもを発見した時にためらわずに児童相談所に通告・相談ができるように児童相談所全国共通ダイヤル「189」が設置されています。

　保護・自立支援に関しては,児童養護施設等の小規模ケアの推進,被虐待児個別対応職員や心理療法担当職員,家庭支援専門相談員(ファミリーソーシャルワーカー)の配置等,ケア担当職員の質的・量的充実,里親委託の推進,18歳以上の者に対する支援の継続,身元保証人を確保するための事業などの取り組みが行われています。2007年度からは,義務教育終了後,児童養護施設等を退所し,就職する子どもに対して援助を行う自立援助ホームの充実や,これらの子どもが就職,アパートの賃借をする時に影響を受けないように「身元保証人確保対策事業」が実施されています。

また、親権に関わる制度の見直しも行われました。児童虐待の防止等や児童の権利を擁護するために、親権の停止制度を設け、法人または複数の未成年後見人を選任することができるようにするために、民法や児童福祉法などの法律が一部改正されました。さらに、里親委託中等の親権者等がいない児童の親権を児童相談所長が行うことや、施設長等が行う監護等の措置について、親権者が不当に妨げてはならないなどの規定が定められました。

さらに、学校においても児童虐待の早期発見・早期対応の体制の充実が図られています。2007年には、養護教諭の児童虐待への対応の充実を図るため、「養護教諭のための児童虐待の手引き」が作成されました。2010年には、学校等と児童相談所の相互の連携を図るため、学校等から児童相談所に児童に関する情報提供等の実施に関する指針が策定され、実施状況等の検証、結果の公表など取り組みが行われています。

児童虐待防止に向けた普及啓発も行われています。2004年から毎年11月を「児童虐待防止推進月間」と位置づけ、子ども虐待問題に対する社会的関心を高めるため、関係府省庁や地方公共団体、関係団体等と連携した集中的な広報・啓発活動を実施しています。また、民間団体（児童虐待防止全国ネットワーク）が中心となって実施している「オレンジリボン運動を」を後援しています。

このように、国や地方自治体によって、子ども虐待の防止から虐待を受けた子どもの自立支援までの総合的な支援体制の整備が図られています。それに加えて、地域の一般の方、保育所、企業、特定非営利活動法人（NPO）、PTA団体なども参加し、子ども虐待の予防、早期発見、自立支援において、それぞれが果たす役割を見つけ、連携しながら支援を行う必要があります。

(6) 課　題

①児童相談所、施設の人的・質的体制の整備

　子ども虐待の対応の中枢を担う児童相談所は、子ども虐待の相談件数が急増するなか、虐待以外の子どもに関する相談やその他の業務など多種多様の業務に追われています。

また，首都圏の一時保護所は子どもの安全確保のために慢性的に定員超過の状態で，多種多様な問題を抱える子ども一人ひとりの個別対応が充分に保障されるには厳しい状況であるといわざるを得ません。
　このように，児童相談所の業務量と比べて，人員配置が充分とはいえない状況です。また，相談内容と子どもが抱える問題が複雑深刻化することから，医療的，心理的な関わりを必要とするケースが増加しています。それらに対応するために，児童相談所の専門性は不可欠です。児童福祉法等の一部改正により児童福祉司，児童心理司，児童相談員，医師，保健師，弁護士等の専門職員が配置され，児童福祉司は研修が義務づけられました。また，児童相談所の特別区への設置も可能となり，専門職員の増員も今後進められる予定です。
　また，社会的養護が必要な子どもの保護・自立支援をする施設においても，環境整備，人的配置，専門性の向上が求められています。児童養護施設においては，入所児童数の増加にともない，被虐待児のケアだけでなく，一人ひとりの子どもにあった養育や自立支援など多種多様な業務が求められています。乳児院においても同様で，障害のある子どものケアなどきめ細やかな養育が求められています。法改正よって，人員配置など整備が図られましたが，充分とはいえない状況です。人材確保と専門性の向上，職員の待遇等改善が必要です。

②周産期からの養育支援
　子ども虐待防止対策について，「児童虐待防止法」や「児童福祉法」の改正，また民法等の改正によって制度的な充実が図られてきました。しかし，子ども虐待に関する相談対応件数は増加の一途をたどっています。しかし，これは氷山の一角であり，相談に結びつかない子どもや，厳しい状況にある子どもたちの存在は予想を超えた数字であると考えられます。また，子ども虐待による死亡事件も毎年100件程度発生しており，子ども虐待は社会全体で取り組む重要な課題となっています。
　2004年度から「児童虐待要保護事例の検証に関する専門委員会」において分析・検証されてきた児童虐待による死亡事例等によると，死亡例の多くは乳幼児期の子どもであり，0歳0か月の虐待死亡案に注目し，その7割が「望まな

い妊娠」であったことが報告されました（「子ども虐待による死亡事例等の検証結果等について　第10次報告」2014年9月）。さらに，虐待死は，0～3歳の乳幼児，特に0歳児に集中しています。0歳児虐待死を防止するためには，妊娠・周産期から対応をすることが重要になります。また，未受診で出産する妊婦と0歳児虐待死には，ある類似性が指摘されてきました。少子化により，妊婦や核家族世帯での子どもの養育の孤立化が指摘され，さらに望まない妊娠や未受診による飛びこみ出産など，子どもを出産し育てていく環境が厳しさを増すなか，今後の子育てへの影響が懸念されます。そのために，子ども虐待の未然防止にむけた妊産期，周産期からの母子保健における支援の充実，早期対応が重要とされ，「子育て世代包括支援センター」の設置や支援を必要とする妊婦等に関する情報提供などの取り組みが進められています。子どもと家族の支援は身近な地域社会で展開される必要があるため，自治体の支援体制強化と支援機能の拡大が求められます。

③家族再統合に向けた援助体制の強化

　2004年に行われた「児童虐待防止法」の改正では，「虐待を行った保護者に対する親子再統合の促進への配慮」をした適切な指導・支援が自治体の責務として位置づけられました。さらに2007年の同法の改正では，施設入所や里親委託を解除するにあたっては，保護者に対してとられた措置の効果や，虐待の予防のためにとられる措置について，見込まれる効果等を勘案しなければならないとされています。虐待によって施設で保護されていた子どもが家庭復帰し，適切な養育環境で生活できるようにする，あるいは在宅援助を受けた場合も，その家庭が適切な養育状況になるためには，「家族再統合」に向けた保護者への援助が必要となります。しかし，援助の中心を担う児童相談所では，虐待通告への初期対応に追われ，施設においても被虐待児など複雑で困難なニーズをもつ子どもの入所が増加するなか，子ども一人ひとりのニーズにきめ細やかに対応するのが困難な状況もあり，多大な時間と労力が求められる家族再統合援助に及ばないといった実情があります。「子どもの最善の利益」を保障するためにも，児童相談所あるいは施設において，家族再統合援助のプログラムや体

制が強化され実施されていくことが求められます。さらに，家庭復帰後のフォローアップとして，児童相談所と連携して，地域の関係機関のネットワークを強化しながら支援する体制の整備も求められます。

2　養護を必要とする子どもへの施策

（1）養護を必要とする子どもの現状

　戦後のわが国の要保護児童施策は，1948年の終戦当時約12万3,000人いたといわれる戦災孤児を児童福祉施設で保護救済することから始まりました。従来，要保護児童施策は，貧困や親の死亡などの理由により，保護を要する子ども（以下，要保護児童）を施設に入所させて保護・養育することを中心に行われてきました。
　しかし，共働き家庭の一般化，少子化の進行，家庭や地域の子育て機能の低下，子ども虐待の問題など，近年の子どもを取り巻く環境は大きく変化し，児童養護をめぐる問題は複雑・多様化してきました。さらに核家族化の進行，社会関係の希薄化など多様な要因が影響し，特定の子どもや家庭の問題ではなくなっています。子どもの養育は個々の家庭だけで行うのではなく，保護者の養育を援助する社会的な支援が必要になってきています。
　さらに，子どもは，家庭において保護者の愛情のもとで養育されることが望ましいとされますが，病気や死亡などで保護者がいない，あるいは保護者がいても家庭において適切な養育を受けることが難しいなどの理由で，子どもが生まれた家庭で育つことができない場合があります。このような子どもについては，家庭に代わる環境を提供し，子どもの健全な育成と自立を支援することが重要になります。このように，要保護児童を保護，養育し，その自立を支援する仕組みが制度化されたものを社会的養護といいます。
　このような状況をふまえ，1997年に，保育施策，要保護児童施策，母子家庭施策の3点を中心課題として検討され，「児童福祉法」の改正が行われました。

この改正のなかで、子どもの発達保障の概念として「自立支援・自立促進」が示され、要保護児童を施設に入所させて保護・養育するだけでなく、子ども一人ひとりが個性豊かにたくましく、自立した社会人として生きていくことができるよう支援していくことを基本理念として、児童福祉施設の名称や機能が見直され、施設の目的に「自立を支援すること」が明記されました。

2004年の「児童福祉法」改正では、社会的養護に関わる内容として、乳児院、児童養護施設の入所児の年齢要件の見直しが行われました。特に必要がある場合は、乳児院に幼児を入所させることができ、児童養護施設に乳児を入所させることができるようになりました。さらに、児童福祉施設の目的として、施設を退所した者に対する相談やその他の自立援助を行うことが加えられました。また、児童福祉施設の長と同様に、監護、教育、懲戒に関する権限が明確化されるとともに、里親に対する定義規定が設けられました。さらに、要保護児童対策地域協議会の設置促進および機能強化が図られました。

2008年の「児童福祉法」の一部改正では、困難な状況にある子どもや家庭に対する支援の強化として、①里親制度の改正、②小規模住居型児童養育事業の創設、③義務教育終了児童等の自立支援策の見直し、④施設内虐待(被措置児童等虐待)の防止などが規定され、一部を除いて2009年4月から施行されています。

2010年に策定された「子ども・子育てビジョン」では、社会全体で子育てを支えることが基本的考えとされ、すべての子どもに良質な生育環境を保護し、子どもを大切にする社会の実現が求められています。特に保護者からの適切な養育を受けられない子どもを社会の公的責任で保護養育し、子どもが心身とも

▷1　社会的養護

　要保護児童を保護、養育し、その自立を支援する仕組みが制度化されたものを社会的養護という。社会的養護は、「施設養護」と「家庭養護」に分けられる。「施設養護」とは、児童福祉施設での施設養護が中心となる。「家庭養護」は、家庭の機能を代替する里親養育やファミリーホームなどがある。従来「家庭的養護」という表現も用いられてきたが、2012年1月の厚生労働省資料では、「施設養護」に対する言葉として「家庭養護」を用いるよう、用語の整理がなされた。また、施設において家庭的な養育環境をめざす小規模化の取り組みについては「家庭的養護」を用い、「家庭養護」と「家庭的養護」を合わせていうときは、従来の「家庭的養護の推進」を用いることとしている。

に健康に育つ基本的な権利を保障することが重要となります。

　このように法律の改正や施策が行われているにもかかわらず，社会的養護を必要としている子どもの数は増加し，里親，ファミリーホーム，施設（乳児院，児童養護施設，児童心理治療施設，児童自立支援施設，母子生活支援施設，自立援助ホーム），小規模グループケア，地域小規模児童養護施設での養護を必要とする子どもは，約4万5,000人となっています（2016年10月現在）（図表6-7）。さらに，要保護児童の多くが被虐待児で，児童養護施設に入所している子どものうち，約6割は虐待を受けています（厚生労働省雇用均等・児童家庭局「児童養護施設入所児童等調査結果（2013年2月1日現在）」2015年）。また，社会的養護を必要とする子どもにおいては，障害等のある子どもが増加しており，進学や就職に関しても一般家庭の子どもと比較すると，高校卒業後の進学率は低く，就職が多い結果が出ています。

　要保護児童や被虐待児の増加，さらに，子どもが抱える問題の複雑・多様化などに対応するために，2011年に「児童福祉施設最低基準（現・児童福祉施設の設備及び運営に関する基準）」等の改正が行われました。具体的には，家庭支援専門相談員や個別対応職員などの配置が義務づけられ，乳児院における看護師等の配置数なども明記されるようになりました。設備に関しては，居室面積の下限が引き上げられ，居室定員の上限が引き下げられ，相談室の設置が義務づけられました。

　さらに，児童養護施設等の社会的養護の子どもの健やかな育ちと，一般家庭の子どもと平等に社会のスタートラインに立つことができるよう，社会的養護の充実が求められています。そこで，2011年1月から「児童養護施設等の社会的養護の課題に関する検討委員会」を開催し，同年7月に「社会的養護の課題と将来像」を取りまとめました。これに沿って，家庭的養護の推進，里親支援の推進，施設運営の質の向上，親子関係の再構築の支援，自立支援の充実，子どもの権利擁護などが進められました。

　このように，社会の変化に応じて改正が行われてきましたが，根本的な改善には至らず限界が生じていました。そのため「社会的養護の課題と将来像」の

図表6-7　社会的養護の現状（施設数，里親数，児童数等）

○保護者のない児童，被虐待児など家庭環境上養護を必要とする児童などに対し，公的な責任として，社会的に養護を行う。対象児童は，約4万5千人。

里親	家庭における養育を里親に委託		登録里親数	委託里親数	委託児童数	ファミリーホーム	養育者の住居において家庭養護を行う（定員5〜6名）	
			10,679世帯	3,817世帯	4,973人			
	区　分（里親は重複登録有り）	養育里親	8,445世帯	3,043世帯	3,824人		ホーム数	287か所
		専門里親	684世帯	176世帯	215人			
		養子縁組里親	3,450世帯	233世帯	222人		委託児童数	1,261人
		親族里親	505世帯	495世帯	712人			

施　設	乳児院	児童養護施設	児童心理治療施設	児童自立支援施設	母子生活支援施設	自立援助ホーム
対象児童	乳児（特に必要な場合は，幼児を含む）	保護者のない児童，虐待されている児童その他環境上養護を要する児童（特に必要な場合は，乳児を含む）	家庭環境，学校における交友関係その他の環境上の理由により社会生活への適応が困難となった児童	不良行為をなし，又はなすおそれのある児童及び家庭環境その他の環境上の理由により生活指導等を要する児童	配偶者のない女子又はこれに準ずる事情にある女子及びその者の監護すべき児童	義務教育を終了した児童であって，児童養護施設等を退所した児童等
施設数	136か所	603か所	46か所	58か所	232か所	143か所
定　員	3,877人	32,613人	2,049人	3,686人	4,779世帯	934人
現　員	2,901人	27,288人	1,399人	1,395人	3,330世帯 児童5,479人	516人
職員総数	4,793人	17,137人	1,165人	1,743人	2,080人	604人

小規模グループケア	1,341か所
地域小規模児童養護施設	354か所

※里親数，FHホーム数，委託児童数は福祉行政報告例（2016年3月末現在）
※施設数，ホーム数（FH除く），定員，現員，小規模グループケア，地域小規模児童養護施設のか所数は家庭福祉課調べ（平成2016年10月1日現在）
※職員数（自立援助ホームを除く）は，社会福祉施設等調査報告（2016年10月1日現在）
※自立援助ホームの職員数は家庭福祉課調べ（2016年3月1日現在）
※児童自立支援施設は，国立2施設を含む

資料：厚生労働省「社会的養育の推進に向けて（平成29年9月）」2017年。

見直しの必要性と，2016年の改正児童福祉法に「子どもの権利」「子どもの最善の利益」が明記されたことを受け，2017年8月に新たな社会的養育の在り方に関する検討会で「新しい社会的養育ビジョン」が示され了承されました。

　この「新しい社会的養育ビジョン」は，「社会的養育」とあるように，社会

的養護（代替的養護）のみでなく，子どもを養育する家庭への養育支援も含めたすべての子ども家庭を支援する在り方を整備していくためのものです。家庭養育を優先とし，親子分離が必要な場合は，一時保護も含めた代替養育のすべての段階において，子どものニーズに合った養育の保障と，代替養育においては，「できる限り良好な家庭的な養育環境」を提供し，短期の入所が原則とされました。家庭に近い環境での養育を推進するため，養子縁組や里親・ファミリーホームへの委託を一層進めることが重要になってきます。そのため，児童相談所が行う里親制度に関わる業務の質の向上や強化，民間団体も担えるようフォスタリング機関事業の創設，代替養育に関しては永続的解決を見据えたソーシャルワークの実施などが掲げられています。

（2）養護を必要とする子どものための児童福祉施設

社会的養護が必要な子どもの施設は，乳児院，児童養護施設，児童心理治療施設，児童自立支援施設，母子生活支援施設，自立援助ホームがあります。また，児童養護施設等においてきめ細やかなケアを提供していくために少人数のグループを対象とした，小規模グループケアと地域小規模児童養護施設があります。さらに，家庭的な環境で子どもを養育する，里親制度と小規模住居型児童養育事業（ファミリーホーム）があります。

1）乳児院

2013年厚生労働省が行った「児童養護施設入所児童等調査」から，乳児院における養護問題発生理由をみると「父母の精神疾患等」（22.2％），「父母の放任・怠惰」（11.1％），「両親の未婚」（6.2％），が上位を占めています。さらに，一般的に「虐待」とされる「放任・怠だ」「虐待・酷使」「棄児」「養育拒否」を合計すると27.1％になり，虐待を理由に入所しているケースが多いといえます。入所児の虐待経験について，乳児院では35.5％（2008年調査，32.3％）の子どもが虐待を受けています。そのなかでも特にネグレクトが最も多く73.9％を占めています。

また，入所児の心身の状況や罹患傾向については，障害等がある子どもは28.2％，罹患傾向がある子どもは65.3％で，身体虚弱，障害児も少なくありません。

さらに，入所児の今後の見通しについて，現在の乳児院での養育が42.1％，児童養護施設への入所が19.7％で約6割の子どもが施設での生活を余儀なくされています。保護者のもとに復帰できる見通しは23.4％にしかすぎません。

乳児院では，1999年に家庭支援専門相談員（ファミリーソーシャルワーカー）を配置し，入所児の保護者への支援を図り，できる限り早期に子どもの家庭復帰をめざした支援とともに，2012年4月より，里親支援専門相談員（里親支援ソーシャルワーカー）が配置され，里親支援の充実が図られています。

乳児院での養育においては，集団での養育や職員の交替制勤務といった養育体制の問題と，被虐待児の増加や治療的養育の必要な子どもの増加による精神保健に関わる問題が重要な課題となっています。さらに，ソーシャルワーカーによる支援が行われていますが，保護者のもとへの復帰の見通しは困難な状況が見られます。家庭支援専門相談員による家庭の再統合と子どもの家庭復帰をめざした取り組みも今後の課題となるでしょう。

2）児童養護施設

2013年厚生労働省が行った「児童養護施設入所児童等調査」では，養護問題発生の理由として，「父母の虐待・酷使」18.1％，「父母の放任・怠だ」14.7％，「父母の精神疾患」12.3％が上位を占めています。虐待とされる「父母の放任・怠だ」「父母の虐待・酷使」「棄児」「養育拒否」が38.0％（2008年調査，33.1％）を占めています。さらに，児童養護施設入所時の保護者の状況では，「両親又は一人親」の割合が81.7％となっており，保護者がいるにもかかわらず，父母の放任や虐待などにより家庭での養育が困難となり入所する子どもが増加しています。また，「虐待経験あり」の割合は59.5％（2008年調査，53.4％）と，半数以上の子どもが虐待を受けた経験があります。

このように，虐待が理由で児童養護施設に入所する子どもが増加したため，

図表6-8 養護問題発生理由別児童数（2013年）

	児　童　数							構成割合（％）						
	里親委託児	養護施設児	情緒障害児	自立施設児	乳児院	ファミリーホーム児	援助ホーム児	里親委託児	養護施設児	情緒障害児	自立施設児	乳児院	ファミリーホーム児	援助ホーム児
総　　　数	4,534	29,979	1,235	1,670	3,147	829	376	100.0	100.0	100.0	100.0	100.0	100.0	100.0
父の死亡	113	142	6	14	2	8	2	2.5	0.5	0.5	0.8	0.1	1.0	0.5
母の死亡	403	521	13	17	24	22	8	8.9	1.7	1.1	1.0	0.8	2.7	2.1
父の行方不明	99	141	1	6	4	6	1	2.2	0.5	0.1	0.4	0.1	0.7	0.3
母の行方不明	388	1,138	10	17	79	36	9	8.6	3.8	0.8	1.0	2.5	4.3	2.4
父母の離婚	97	872	33	133	56	50	18	2.1	2.9	2.7	8.0	1.8	6.0	4.8
両親の未婚	*	*	*	*	195	*	*	*	*	*	*	6.2	*	*
父母の不和	18	233	18	30	41	8	2	0.4	0.8	1.5	1.8	1.3	1.0	0.5
父の拘禁	47	419	4	9	18	8	3	1.0	1.4	0.3	0.5	0.6	1.0	0.8
母の拘禁	130	1,037	14	26	121	31	2	2.9	3.5	1.1	1.6	3.8	3.7	0.5
父の入院	27	180	—	2	7	7	1	0.6	0.6	—	0.1	0.2	0.8	0.3
母の入院	131	1,124	9	9	96	32	3	2.9	3.7	0.7	0.5	3.1	3.9	0.8
家族の疾病の付添	*	*	*	*	11	*	*	*	*	*	*	0.3	*	*
次子出産	*	*	*	*	19	*	*	*	*	*	*	0.6	*	*
父の就労	44	963	11	22	11	10	1	1.0	3.2	0.9	1.3	0.3	1.2	0.3
母の就労	109	767	12	65	123	16	—	2.4	2.6	1.0	3.9	3.9	1.9	—
父の精神疾患等	16	178	9	17	13	—	2	0.4	0.6	0.7	1.0	0.4	—	0.5
母の精神疾患等	356	3,519	179	127	686	94	33	7.9	11.7	14.5	7.6	21.8	11.3	8.8
父の放任・怠だ	46	537	27	77	9	13	8	1.0	1.8	2.2	4.6	0.3	1.6	2.1
母の放任・怠だ	431	3,878	133	268	340	84	17	9.5	12.9	10.8	16.0	10.8	10.1	4.5
父の虐待・酷使	124	2,183	161	152	82	58	45	2.7	7.3	13.0	9.1	2.6	7.0	12.0
母の虐待・酷使	249	3,228	214	129	186	73	35	5.5	10.8	17.3	7.7	5.9	8.8	9.3
棄児	94	124	5	6	18	19	1	2.1	0.4	0.4	0.4	0.6	2.3	0.3
養育拒否	750	1,427	78	65	217	71	28	16.5	4.8	6.3	3.9	6.9	8.6	7.4
破産等の経済的理由	249	1,762	12	13	146	28	10	5.5	5.9	1.0	0.8	4.6	3.4	2.7
児童の問題による監護困難	69	1,130	*	*	19	33	74	1.5	3.8	*	*	0.6	4.0	19.7
その他	392	3,619	156	172	547	60	57	8.6	12.1	12.6	10.3	17.4	7.2	15.2
特になし	*	*	91	202	*	*	*	*	*	7.4	12.1	*	*	*
不詳	152	857	39	92	77	62	16	3.4	2.9	3.2	5.5	2.4	7.5	4.3

注：＊は、調査項目としていない。
資料：厚生労働省「児童養護施設入所児童等調査（2013年）」2015年。

第6章 子ども家庭福祉サービス

図表6-9　被虐待経験の有無及び虐待の種類（2013年）

	総　数	虐待経験あり	虐待経験の種類（複数回答）				虐待経験なし	不　明
			身体的虐待	性的虐待	ネグレクト	心理的虐待		
里親委託児	4,534 100.0%	1,409 31.1%	416 29.5%	71 5.0%	965 68.5%	242 17.2%	2,798 61.7%	304 6.7%
養護施設児	29,979 100.0%	17,850 59.5%	7,498 42.0%	732 4.1%	11,367 63.7%	3,753 21.0%	10,610 35.4%	1,481 4.9%
情緒障害児	1,235 100.0%	879 71.2%	569 64.7%	70 8.0%	386 43.9%	275 31.3%	318 25.7%	38 3.1%
自立施設児	1,670 100.0%	977 58.5%	590 60.5%	45 4.6%	525 53.8%	287 29.4%	589 35.3%	104 6.2%
乳児院児	3,147 100.0%	1,117 35.5%	287 25.7%	1 0.1%	825 73.9%	94 8.4%	1,942 61.7%	85 2.7%
母子施設児	6,006 100.0%	3,009 50.1%	1,037 34.5%	102 3.4%	617 20.5%	2,346 78.0%	2,762 46.0%	235 3.9%
ファミリーホーム児	829 100.0%	459 55.4%	189 41.2%	45 9.8%	292 63.6%	134 29.2%	304 36.7%	66 8.0%
援助ホーム児	376 100.0%	247 65.7%	131 53.0%	38 15.4%	124 50.2%	96 38.9%	89 23.7%	38 10.1%

注：総数には，不詳を含む。
資料：図表6-8に同じ。

図表6-10　心身の状況別児童数（2013年）

	総　数	障害等あり	障害等あり内訳（重複回答）									
			身体虚弱	肢体不自由	視聴覚障害	言語障害	知的障害	てんかん	ADHD	LD	広汎性発達障害	その他の障害等
里親委託児	4,534 100.0%	933 20.6%	76 1.7%	27 0.6%	35 0.8%	33 0.7%	359 7.9%	46 1.0%	149 3.3%	35 0.8%	200 4.4%	224 4.9%
養護施設児	29,979 100.0%	8,558 28.5%	584 1.9%	101 0.3%	221 0.7%	298 1.0%	3,685 12.3%	369 1.2%	1,384 4.6%	352 1.2%	1,576 5.3%	2,319 7.7%
情緒障害児	1,235 100.0%	900 72.9%	7 0.6%	3 0.2%	3 0.2%	6 0.5%	173 14.0%	17 1.4%	243 19.7%	23 1.9%	367 29.7%	442 35.8%
自立施設児	1,670 100.0%	780 46.7%	16 1.0%	2 0.1%	4 0.2%	2 0.1%	225 13.5%	12 0.7%	255 15.3%	36 2.2%	246 14.7%	230 13.8%
乳児院児	3,147 100.0%	889 28.2%	526 16.7%	90 2.9%	87 2.8%	83 2.6%	182 5.8%	67 2.1%	5 0.2%	1 0.0%	41 1.3%	235 7.5%
母子施設児	6,006 100.0%	1,056 17.6%	116 1.9%	20 0.3%	24 0.4%	65 1.1%	268 4.5%	38 0.6%	123 2.0%	65 1.1%	225 3.7%	364 6.1%
ファミリーホーム児	829 100.0%	314 37.9%	24 2.9%	7 0.8%	11 1.3%	17 2.1%	114 13.8%	11 1.3%	59 7.1%	34 4.1%	85 10.3%	119 14.4%
援助ホーム児	376 100.0%	139 37.0%	8 2.1%	—	1 0.3%	—	37 9.8%	3 0.8%	24 6.4%	5 1.3%	24 6.4%	69 18.4%

資料：図表6-8に同じ。

図表6-11　罹患傾向別児童数（2013年）

	総数	罹患傾向あり	罹患状況内訳（重複回答）					
			ひきつけたことがある	下痢をしやすい	よく熱をだす	風邪をひきやすい	湿疹が出やすい	その他
里親委託児	4,534 100.0%	638 14.1%	36 0.8%	35 0.8%	84 1.9%	194 4.3%	119 2.6%	299 6.6%
養護施設児	29,979 100.0%	6,227 20.8%	361 1.2%	442 1.5%	736 2.5%	1,720 5.7%	1,328 4.4%	2,709 9.0%
情緒障害児	1,235 100.0%	224 18.1%	5 0.4%	31 2.5%	13 1.1%	41 3.3%	55 4.5%	107 8.7%
自立施設児	1,670 100.0%	305 18.3%	12 0.7%	44 2.6%	23 1.4%	37 2.2%	71 4.3%	154 9.2%
乳児院児	3,147 100.0%	2,056 65.3%	193 6.1%	287 9.1%	511 16.2%	924 29.4%	617 19.6%	663 21.1%
母子施設児	6,006 100.0%	2,054 34.2%	164 2.7%	199 3.3%	404 6.7%	946 15.8%	283 4.7%	711 11.8%
ファミリーホーム児	829 100.0%	247 29.8%	16 1.9%	24 2.9%	32 3.9%	79 9.5%	57 6.9%	92 11.1%
援助ホーム児	376 100.0%	115 30.6%	3 0.8%	12 3.2%	9 2.4%	30 8.0%	18 4.8%	63 16.8%

資料：図表6-8に同じ。

図表6-12　児童の今後の見通し別児童数（乳児院児）（2013年）

	総数	保護者のもとへ復帰	親類等の家庭への引き取り	現在の乳児院で養育	児童養護施設へ	母子生活支援施設へ	養子縁組又は里親委託	その他	不詳
乳児院児	3,147 100.0%	736 23.4%	29 0.9%	1,324 42.1%	621 19.7%	5 0.2%	266 8.5%	155 4.9%	11 0.3%

資料：図表6-8に同じ。

　これらの子どもに対する適切な体制を整えるために，2006年度から，心理療法を行うための心理療法担当職員が常勤配置されるようになりました。また，2011年度から，心理療法担当職員と，個別に対応が必要な子ども・保護者への援助等を行う個別対応職員の配置が義務づけられました。
　また，1997年の「児童福祉法」の改正によって，それまでの「養護施設」は，「児童養護施設」と改名され，「自立支援・自立促進」が児童養護の施設のその目的規定に位置づけられました。それにより，「児童自立生活援助事業（自立

図表6-13 委託（入所）時の保護者の状況別児童数（2013年）

	総数	両親又は一人親	両親ともいない	両親とも不明	不詳
里親委託児	4,534 100.0%	2,369 52.2%	1,924 42.4%	183 4.0%	58 1.3%
養護施設児	29,979 100.0%	24,489 81.7%	4,790 16.0%	517 1.7%	183 0.6%
情緒障害児	1,235 100.0%	1,087 88.0%	131 10.6%	12 1.0%	5 0.4%
自立施設児	1,670 100.0%	1,444 86.5%	197 11.8%	16 1.0%	13 0.8%
乳児院児	3,147 100.0%	3,040 96.6%	87 2.8%	19 0.6%	1 0.0%
ファミリーホーム児	829 100.0%	558 67.3%	222 26.8%	31 3.7%	18 2.2%
援助ホーム児	376 100.0%	269 71.5%	94 25.0%	9 2.4%	4 1.1%

資料：図表6-8に同じ。

援助ホーム）」（第2種社会福祉事業）として位置づけられることとなりました。主に自立援助ホームでは，義務教育終了後，施設を退所し，就職する子どもに対して，共同生活を通じて就職先の開拓や仕事上・日常生活上の相談に応じるなど社会的自立に向けた支援が行われています。

　児童養護施設は，従来「大舎制」で運営され，集団養護が中心でした。しかし，近年では一人ひとりの子どもの人権を擁護しながら，個々の子どもに応じた発達の保障と自立に向けた支援，さらに家族の再統合をめざした支援体制と役割が求められるようになり，施設の養護形態の見直しが行われてきました。

　施設形態も，子ども一人ひとりの状況に応じた丁寧な養育を実現するという視点からも，一般の家庭に近い環境で生活することは子どもの生活の場として適切であるという考えが主流となりつつあります。施設における子どもの生活単位の小規模化・地域化に向けた取り組みは進められ，児童養護施設では，地域小規模児童養護施設[2]や小規模グループケア[3]の取り組みが始められました。

▷2　地域小規模児童養護施設
　　児童養護施設に入所している子どもが，家庭復帰が見込めない場合，本体施設とは別の住宅を利用して，家庭的な環境のなかで養護を実施し，入所している子どもの社会的自立を促進するもの。家庭復帰困難児童等を対象に6名定員として，児童指導員または保育士が配置されている。

児童養護施設では，虐待による入所児の増加により，心理的ケアなど被虐待児の対応に向けた取り組みや支援が行われています。しかし，2012年3月現在では，5割が大舎制です。特に思春期における個々の子どものプライバシーを尊重できる環境が整備されているとはいえません。また，家庭的養護の推進のため，施設の小規模化を図る必要があります。さらに一人ひとりの子どもに合った養育と自立支援を行うためには，それに対応する職員の増員も必要となります。年齢の高い子どものケアと自立支援，進学に関する問題もみられます。環境整備，職員の増員，心理的ケアの充実，子どもの権利擁護などの課題があります。

3）母子生活支援施設

　離婚件数の増加に伴い，母子家庭・父子家庭などの「ひとり親世帯」が増加しています。ひとり親世帯の抱える主な問題は，子育てと生計を立てる役割の両立だといえます。特に母子家庭の場合は，就労をめぐる問題は重大です。専業主婦だった場合，離婚後の子どもを抱えての再就職は大変厳しく，たとえ就業しても非正規雇用など不安定な雇用条件となる場合が多く，収入も低いため経済的にも困難な場合が多くみられます。離婚による母子家庭や，様々な理由によって未婚で子どもを出産する人生を選択する女性もいますが，子どもの健やかな成長と発達を保障するためには，母子家庭になった理由や環境にかかわらず，母親と子どもの保護と支援は重要であり，そのニーズは高まっています。

　近年の入所理由で多いのは，従来の離婚または死別による母子家庭や，未婚の母などの理由に加え，ドメスティック・バイオレンス（DV）の被害にあった母子の入所が増加しています。2013年に厚生労働省が行った「児童養護施設

▷3　小規模グループケア
　児童虐待を受けた子どもに対して，家庭的な環境のなかで，個別的な関係を重視したきめこまかなケアを提供する目的で，小規模なグループによるケア。児童養護施設，乳児院，児童心理治療施設及び児童自立支援施設において，実施されている。定員は原則として，児童養護施設では6人以上8人以下，乳児院では4人以上6人以下，児童心理治療施設及び児童自立支援施設では5人以上7人以下。

第6章　子ども家庭福祉サービス

図表6-14　入所理由別母子生活支援施設入所世帯数（2013年）

総　数	入所前の家庭内環境の不適切による	母親の心身の不安定による	職業上の理由による	住宅事情による	経済的理由による	配偶者からの暴力	その他	不　詳
3,725	323	139	10	594	696	1,702	178	83
100.0%	8.7%	3.7%	0.3%	15.9%	18.7%	45.7%	4.8%	2.2%

資料：図表6-8に同じ。

入所児童等調査」では、母子生活支援施設入所理由として、配偶者からの暴力が45.7%（2008年調査、40.8%）で最も多く、経済的理由18.7%、住宅事情15.9%と続いています。

　そのため母子生活支援施設では、母子の生活支援、母親の就労支援、施設内保育サービス・学童保育など子育て支援、心理治療や生活指導など子どもへの支援、DVによる入所への対応、家庭環境調整、地域との関係づくりなど多様な援助が行われています。

4）児童自立支援施設

　児童自立支援施設への入所理由はさまざまですが、窃盗、家出や徘徊、学校内や家庭内の暴力などがあげられます。近年は家庭裁判所の保護処分によって入所してくる児童が増加しています。

　これらの子どもたちは、親の離別や不安定な生活環境、親からの虐待や養育拒否などによって、心に深い傷を負う状況のなか、反社会的・非社会的行為を日常化させてしまった子どもたちです。入所児の多くは家庭環境やその影響が大きく、家庭から分離することで援助や支援の効果が高いものが対象となっています。

　2013年の厚生労働省による「児童養護施設入所児童等調査」では、児童自立支援施設における養護問題発生理由は、虐待とされる「放任・怠惰」「虐待・酷使」「棄児」「養育拒否」を合計すると、41.7%（2008年調査、45.8%）となっています。さらに、「虐待経験あり」の子どもは、58.5%と高い割合を占めています。

児童自立支援施設では，職員と日常生活を共にしながら，生活指導，学習指導，作業指導等の援助や支援が行われています。生活指導では，日常生活を通して，規則正しい生活習慣と，子どもの人間性や社会性を養うことを目的としています。学習指導においては，中学校の段階までは施設内で学校教育を受けることになります。学力にばらつきのある子どもやこれまでの生活の影響で基礎学力が身についていない子どもも多く見られるため，個々の状態にあった学習内容に配慮し教育が行われています。また，職業指導として，子どもの適性や能力に応じて自立できるように支援が行われています。しかし，中卒での就職の困難な状況や，就職しても学力不足や人間関係の形成等の問題によって離職する子どもの問題も見られます。さらに，家族との関係や家庭環境を改善する必要がある場合には，その調整を行い家庭復帰に向けた支援を行っていきます。

　近年の家庭や地域における養育機能の低下や，環境の変化に伴う子どもの問題の深刻化に対応するための，児童自立支援施設の役割として，2006年，厚生労働省から『児童自立支援施設のあり方に関する研究会報告書』が出されました。児童自立支援施設の今後のあり方に関する具体的内容として，①自立支援機能の充実・強化，②リービングケア▷4およびアフターケア▷5の充実，③学校教育の取り組みの強化，④非行と向き合う修正的プログラム，⑤施設機能の強化，⑥関係機関との連携，⑦各児童自立支援施設の地域におけるセンター化やブロック化などが取り上げられています。

▷4　リービングケア
　　退所準備ケア。子どもが入所している施設からの自立に向けた準備の取り組みのこと。施設退所後の生活に円滑に移行し，自立した社会生活を送るために，社会生活に必要な生活技術を身につけるトレーニングや実際に自立した生活体験を積むこと。

▷5　アフターケア
　　2004年の「児童福祉法」改正で，新たに施設目的に加えられた。入所施設退所後の子どもの自立生活を見通し，支援の内容・方法が計画されなければならない。地域の関係機関との連携や，退所後に施設職員などが行う通信（メール，電話，手紙），家庭訪問や職場訪問，など子どもが地域社会で一定程度自立するまで継続的な支援を行うこと。

5）児童心理治療施設

　児童心理治療施設（旧・情緒障害児短期治療施設）の設立当初は，年少の非行少年を早期発見し適切な処遇をとることが目的でしたが，1980年代後半では不登校の子どもが占める割合が高くなっていました。そして今日では被虐待児の割合が急増しています。

　この施設には，子ども虐待によるPTSDなどの情緒不安定，不登校，ひきこもりなど非社会的な状況にある子どもや，反社会的な問題行動をもつ子どもなど，家族と分離し治療的ケアが必要な子どもが入所しています。しかし，近年は虐待を受けた子どもの治療的ケアが中心になっています。2013年の厚生労働省による「児童養護施設入所児童等調査」では，児童心理治療施設入所児童の養護問題発生理由のうち50.0％（2008年調査，47.9％）が「父母の放任・怠だ」「父母の虐待・酷使」「養育拒否」「棄児」となり，また「虐待経験あり」の子どもは71.2％（2008年調査，71.6％）で他の施設と比較しても，最も高い割合となっています。虐待によって心身に傷を負う子どもの入所が増加していることがわかります。

　施設の援助内容として，生活指導では，基本的生活習慣を確立し，健全な社会生活が営めるように，集団のなかで役割を認識して行動するといった社会生活上必要な行動を身につけることができるよう支援が行われます。さらに，心理的支援として，カウンセリングなどによる心理療法が行われ，子どもの成長・発達と自立を支援しています。また，教育の保障や家族との関係を調整し家庭復帰を目指した支援も行われています。

　児童心理治療施設は，2016年10月1日現在，46か所設置されています。被虐待児が増加し，情緒的な問題をもつ子どもが増加する状況のなか，適切な対応・援助を行うためにも施設数の拡充は緊急な課題といえます。

（3）児童自立生活援助事業（自立援助ホーム）

　「児童自立生活援助事業」とは，義務教育終了後，児童養護施設や児童自立支援施設などを退所し就職する児童等に対して，自立援助ホームでの共同生活

をとおして，日常生活上の援助および生活指導並びに就業の支援が必要な子どもに，その支援を行う事業のことをいいます。対象児童は，義務教育を終了した15〜18歳未満の子ども，または20歳未満のもので，①里親に委託する措置，児童養護施設・児童心理治療施設・児童自立支援施設の入所措置，小規模住居型児童養育事業を行う者に委託する措置を解除されたもの，②都道府県知事または指定都市市長が当該児童の自立のために援助および生活指導が必要と認めたもの，の①②いずれかに該当するものとなっています。加えて，2017年度からは，大学等に就学中の場合には，22歳に達する日の属する年度の末日まで支援の対象となりました。

主な援助内容は，就労への援助，職場での対人関係についての援助・指導，健康管理，金銭管理，その他日常生活についての援助・指導，子どもの家庭の状況に応じた家庭環境の調整，児童相談所などの関係機関との連携などです。

（4）里親制度

里親制度とは，要保護児童を自らの家に引き取り，家族として共に生活をすることで，互いを理解しながら子どもの成長をめざすものです。

里親とは，児童福祉法第6条の4において次の3種類とされています。
① 要保護児童を養育することを希望する者（研修を修了し，その他の厚生労働省が定める要件を満たす者）のうち，養育里親名簿に登録されたもの（養育里親）
② 要保護児童を養育することを希望する者及び養子縁組によって養親となることを希望する者（研修を修了した者）のうち，養子縁組里親に登録されたもの（養子縁組里親）
③ 要保護児童の親族であって，要保護児童を養育することを希望する者のうち，都道府県知事が規定により児童を委託する者として適当と認めるもの（親族里親）

2016年の児童福祉法の改正によって，養子縁組里親が法定化され，欠格要件を設け，研修が義務づけられました。

「養育里親」は，実親が育てられるようになるまでの期間，あるいは子ども

図表6-15　里親の種類

種類	養育里親	専門里親	養子縁組を希望する里親	親族里親
対象児童	要保護児童（保護者のない児童または保護者に監護させることが不適切であると認められる児童）	次に掲げる要保護児童のうち、都道府県知事がその養育に関し特に支援が必要と認めたもの ①児童虐待等の行為により心身に有害な影響を受けた児童 ②非行のあるまたは非行に結び付くおそれのある行動をする児童 ③身体障害、知的障害または精神障害がある児童	要保護児童（保護者のない児童または保護者に監護させることが不適切であると認められる児童）	次の要件に該当する要保護児童 ①当該扶養義務者およびその配偶者の親族であること ②児童の両親その他当該児童を現に監護する者が死亡、行方不明等の状態となったことにより、これらの者による養育が期待できないこと

出所：社会福祉の動向編集委員会編『社会福祉の動向2017』中央法規出版，2017年，150ページ。

が社会的に自立できるようになるまでの間、実親に代わって子どもを養育するものです。「専門里親」は、養育里親に含まれ、虐待を受けた子ども、非行傾向のある子ども、知的障害のある子どもなどを養育の対象とします（図表6-15参照）。「養子縁組里親」は、養子縁組を前提とした里親で、養子縁組を目的としない「養育里親」とは区別されます。「親族里親」は、両親が死亡・行方不明等で児童を養育できないときに、子どもの3親等以内の者が代わって養育するものです。

　2013年の「児童養護施設入所児童等調査」によると、里親の養護問題発生理由は、「養育拒否」16.5％、「父又は母の死亡」11.4％となっています。「放任・怠だ」「父母の虐待・酷使」「棄児」「養育拒否」を合計すると、全体の37.3％（2008年調査，36.7％）が「虐待」を理由としています。さらに、里親委託時の保護者の状況を見ると、「両親又は一人親」（52.2％）、「両親ともいない」42.4％、「両親とも不明」4.0％、「不詳」（1.3％）で、他の施設入所児よりも、保護者がいない、行方不明の割合が高くなっています。

　里親になることを希望する者は、児童相談所に相談申し込みを行い、申請書を提出します。その後児童相談所による調査や児童福祉審議会の意見聴取を経て、都道府県知事による認定・登録を受けます。児童相談所によって里親委託が適当と判断された児童について、①里親と児童に適合性の判断に基づく組み合わせ、②委託の打診と、子どもと里親の面会、③交流によりある程度の関係を構築した後に委託、という流れになります。

子どもが家庭的環境で健やかに育つ権利は，「児童憲章」や「子どもの権利条約」にも示されています。家庭は，子どもを保護し養育する基本的な場であり，家族による温かい愛情や信頼できる人間関係は，安定した子どもの情緒の発達や自己肯定感を育むために不可欠なものです。施設養育において，できるだけ家庭的環境に近い形での子どもの保護・養育が行われていますが，施設での集団生活や，職員の交代勤務等，家庭とは異なる条件であることは否めません。そのため，里親による養育は，家庭的環境のもとで要保護児童の成長と発達を保障すると同時に，何らかの問題や課題を抱える子どもに対して，愛着関係の形成や基本的生活習慣の形成など，子どもの自立支援を行うという観点からも，子どもの健全な育成を保障する制度といえます。

　近年里親数は微増し，子どもの委託数も増加傾向にあります。2016年3月末現在，里親登録されているのは1万679世帯で，子どもが委託されている里親数は3,817世帯です。また，そこに委託されている子どもの数は，4,973人です（厚生労働省「社会的養育の推進に向けて」）。しかし，里親委託率は，自治体間の格差が大きく，里親制度が充分とは言えない状況です。

　里親制度の拡充を図るために，里親手当の引き上げや，里親に対する相談支援を行う「里親支援機関事業」が実施されています。また，2011年には，里親委託優先の原則を明示した「里親委託ガイドライン」を策定し，2012年度より里親支援専門相談員を児童養護施設と乳児院に配置し，里親の孤立防止など里親支援の体制を整備しながら，里親委託を推進しています。

　また，2017年度から里親制度の普及啓発から里親の選定，里親と子どもの調整，子どもの養育に関する計画策定までの里親支援と，養子縁組に関する相談，情報提供，助言などの援助が都道府県（児童相談所）の業務として位置づけられました。

　しかし，里親制度が拡充しない背景には，①里親制度に対する社会的認知度が低く，委託可能な登録里親が少ない，②児童相談所が里親委託業務に充分に関わることができず，個別の里親への支援が行き届いていない等の課題があります。里親制度の重要性について社会的理解を広め，里親が子どもを養育する

ための充分な整備など，諸課題に取り組む必要があるでしょう。

（5）小規模住居型児童養育事業（ファミリーホーム）

様々な事情で実の親と暮らせない子どもたちを引き取り，家庭で養育する「里親ファミリーホーム」と呼ばれる取り組みが行われていましたが，2008年の「児童福祉法」改正により新たに国によって事業化され，「小規模住居型児童養育事業」が実施されることになりました。養育者の住居において5〜6人の要保護児童を養育することになります。新たに養育者の要件等事業に関わる規定や，都道府県の監督などに関わる規定が定められました。

里親が大幅に増えない現実のなかで，社会的養護が必要な子どもたちの多くは施設での生活を送っています。施設の小規模化，子どもの生活の質の向上，虐待等による治療的ケア等を図るために，施設，里親に次ぐ第3の選択肢として期待されています。

（6）社会的養護に関する課題

1）人材確保と専門性をもつ養育者の養成

児童福祉施設等の現状については，入所している子どもの増大や，被虐待児など複雑で困難なニーズをもつ子どもの入所が増加するなか，被虐待児など心理的に特に配慮したケア，家族再統合のための家族支援，子どもの自立支援，退所後のフォローアップ，里親やグループホームへの支援など求められる業務内容は多様化・高度化しています。しかし，子どもを保護し，守っていく受け皿である施設の実態は，職員配置基準なども含めて万全とはいいがたい状況です。2011年の「児童福祉施設最低基準（現：児童福祉施設の設備及び運営に関する基準）」の一部改正（2012年施行）によって，改善が図られていますが，都道府県の条例で定める内容が「最低基準」となるため，地域によって差が生じることが考えられます。また，施設の運営の差が大きいことから，各施設種別ごとに保育所保育指針に相当する施設運営指針を策定し，施設等の運営の質を保障することが必要となります。

また，被虐待児への心理的ケアや発達障害のある子どものケア，家庭関係支援，自立支援など，高度な専門性が求められるようになっています。そのため，家庭的な環境での養育だけではなく，多様な専門性をもつ養育者が必要とされるため，人材確保と専門性の高い職員の養成が今後の課題といえます。さらに施設職員の疲弊，待遇向上についても改善が図られる必要があります。

2）家庭的養護の充実

　一人ひとりの子どもの人権擁護と，個々の子どもに応じた発達の保障と自立に向けた支援，家族の再統合をめざした支援という視点から，家庭的養護の拡充が求められています。具体的には，里親数を増やす取り組みや里親への支援など里親制度の拡充，小規模なグループケアの実施，ファミリーホームの設置，などが進められています。

　現在，日本の社会的養護は，約8割が乳児院や児童養護施設，約2割が里親やファミリーホームとなっています。今後は，里親及びファミリーホーム，グループホーム，本体施設ケア（児童養護施設はすべて小規模ケア）がそれぞれ3分の1になるよう変革が求められています。

　しかし，子ども虐待の増加とともに，特に都市部では受け入れる施設が不足しています。そのため，半数以上の子どもは大舎施設での生活となっています。また，家庭的養護の実施も地域格差が見られます。施設の小規模化を進めるとともに，地域格差の是正も課題となります。

　さらに，里親制度の拡充が進まない背景には，里親制度に対する認知度の低さ，里親登録数が少ない，里親に対する個別指導が不充分など様々な要因が考えられ，里親制度の重要性について社会的理解を広め，里親が子どもを養育するための充分な整備など，諸課題に取り組む必要があります。

　2016年の「児童福祉法」改正では，社会的養護のあり方についても明記され，里親を含む「家庭養護」を原則とし，これが適当でない場合に施設入所とする，その場合も「家庭的環境」での養育を義務とする内容となっています。代替的養育を受ける子どもへの適切なケアは，子どもの権利保障の観点からも重要で

あり，公的責任において実施されなければなりません。子どもの福祉の視点からも，里親制度の充実強化，施設の小規模化と機能強化は大きな課題です。

3) 子どもの自立支援

1997年の「児童福祉法」の改正によって，子どもの自立支援に対する方向性が位置づけられ，児童養護施設などの施設の目的に「自立を支援すること」ということが明記されました。また，自立援助ホームが「児童自立生活援助事業」として位置づけられました。退所後の子どもが安心して自立していくための支援は必要なことですが，そのための制度的な整備はまだ不充分だといえます。

施設で生活している子どもの進学率は，一般の家庭の子どもと比較しても低く，さらに中卒・高校中退者の就職難，身元保証人確保の問題，就職しても収入が低く自立生活が困難な子どもも多く見られます。さらに，「児童福祉法」では，18歳まで児童福祉施設に在所させる措置が規定されており，必要な場合のみ20歳まで措置延長が可能となっています。そのため進学後の措置延長の問題も見られます。こうした子どもたちを受け入れる施設として，自立援助ホームがありますが，量的にも充分とはいえません。

施設で生活している子どもが社会的に自立していく時点で，一般の家庭で育った子どもと差がない状態で巣立つことができるように，その能力に応じた高等教育や職業訓練を受けられるよう保障する必要があるでしょう。さらに，児童養護施設退所後の自立援助ホームの拡大や通所児童等アフターケアの充実，措置延長が弾力的に必要に応じて行われることが求められます。

3 ひとり親世帯の施策

ひとり親家庭の福祉施策の基本法は，1964年7月に制定された「母子福祉法」です（1981年に「母子及び寡婦福祉法」に改称）。この法律では，母子家庭を中心として展開されてきましたが，近年は父子家庭の問題も注目されるように

なりました。そのため，2014年10月に「母子及び父子並びに寡婦福祉法」と改称されました。この法律においては，「母子家庭等」と「寡婦」を対象としています。「母子家庭等」とは，「母子家庭」および「父子家庭」のことをいい，「父子家庭」は母子福祉施策の一部として実施されるようになりました。

（1）ひとり親世帯の現状

「2011年度全国母子世帯等調査結果」では，「母子世帯」は123万8,000世帯，「父子世帯」は22万3,000世帯となっています（図表6-16）。1988年には母子世帯数84万9,000世帯，父子世帯17万3,000世帯であったのが，約25年間で母子世帯は1.5倍に，父子世帯は1.3倍に増加しています。ひとり親家庭になった理由では，2011年では離婚によるものが最も多く，母子世帯は全体の80.8％，父子世帯は74.3％になっています。また，死別によるものが，母子世帯7.5％，父子世帯16.8％，未婚によるものでは，母子世帯7.8％，父子世帯1.2％となっています。1988年と比較すると，離婚母子が約20ポイント増加しており，未婚の母も約4ポイント増加しています[6]。

ひとり親家庭の就業状況を見ると，母子世帯の80.6％が就業しています。そのうち正規の職員は39.4％，パート・アルバイトなどは47.4％となり，平均年間就労収入は181万円です。一方，父子世帯の場合は，91.3％が就業しており，正規の職員は67.2％，パート・アルバイト等は8.0％で，平均年間就労収入は360万円となっています。この結果からは，父子世帯に比べると，母子世帯のほうが経済的に厳しい状況にあることがわかります。しかし，一般世帯の平均給与所得（「労働力調査（平成26年）」「民間給与実態統計調査（平成22年分）」）は，女性269万円，男性507万円です。さらに生活保護受給率では，全世帯は3.22％，母子世帯14.4％，父子世帯8.0％ということからも，母子世帯・父子世帯とも経済面での問題を抱えていることがわかります。

ひとり親家庭の養育費受取率を見ると，養育費の取り決めをしているのは，母子世帯で37.7％，父子世帯で17.5％です。受給状況は，母子世帯で19.7％，

▷6　厚生労働省「ひとり親家庭等の現状について」2015年。

図表6-16　母子世帯と父子世帯の状況（2011年）

		母子世帯	父子世帯
1	世帯数（推計値）	(115.1) 123.8万世帯	(24.1) 22.3万世帯
2	ひとり親世帯になった理由	離婚80.8%（79.7） 死別 7.5%（ 9.7）	離婚74.3%（74.4） 死別16.8%（22.1）
3	就業状況	(84.5) 80.6%	(97.5) 91.3%
	うち正規の職員・従業員	(42.5) 39.4%	(72.2) 67.2%
	うち自営業	(4.0) 2.6%	(16.5) 15.6%
	うちパート・アルバイト等	(43.6) 47.4%	(3.6) 8.0%
4	平均年間収入（世帯の収入）	(213) 291万円	(421) 455万円
5	平均年間就労収入 （母又は父の就労収入）	(171) 181万円	(398) 360万円

注：1）（　）内の値は，前回（2006年度）の調査結果を表している。
　　2）「平均年間収入」及び「平均年間就労収入」は，2010年の1年間の収入。
資料：厚生労働省「全国母子世帯等調査結果の概要（平成23年度）」2012年。

父子世帯で4.1％です。離婚した父親からの養育費の需給状況は，「現在も受けている」が19.7％で，平均月額は3万2,238円なっています。子どもは母親に引き取られるケースが多いため，母子家庭の多くが子どもの養育費を負担していることがわかります。

　子どもの進学に関しては，子どもの最終進学目標を「大学・大学院」とする親は「母子世帯」で38.5％，「父子世帯」で35.5％となっています。しかし，実際の進学状況は，全世帯では高校等への進学率は96.5％，大学等は53.7％ですが，ひとり親家庭では高等学校等93.9％，大学等23.9％となっています（「学校基本調査（平成26年度）」）。ひとり親家庭の子どもの大学等への進学は，厳しい状況にあるといえます。

（2）ひとり親世帯施策

　ひとり親家庭に対する支援は，「母子及び父子並びに寡婦福祉法」などに基づき，①子育て・生活支援，②就業支援，③養育費確保支援，④経済的支援，を柱として総合的な自立支援が行われています。

1）子育て・生活支援

　ひとり親家庭が自立した生活を送るため，安心して子育てと仕事の両立ができるように支援する必要があります。

　「ひとり親家庭等日常生活支援事業」では，母子家庭，父子家庭および寡婦が修学や傷病などによって，一時的に介護・保育等の日常生活を営むのに支障がある場合に，家庭生活支援員を派遣して家事援助や保育サービスなど日常生活の世話が行われています。

　また，自治体によって，「ひとり親家庭等生活向上事業」として，母子家庭，父子家庭，および寡婦の生活における諸問題の解決や育児・健康管理など生活の安定を図るために，「ひとり親家庭等相談支援事業」や「生活支援講習会等事業」，「学習支援ボランティア事業」，「児童訪問援助事業」，「ひとり親家庭情報交換事業」など地域の実情に応じて実施しています。

　「子育て短期支援事業」として，保護者の残業や疾病などの理由で，一時的に子どもの養育が困難になった場合，育児不安や育児疲れなどの場合に子どもを児童養護施設等で一時的に預かる「短期入所生活援助（ショートステイ）事業」が行われています。また，保護者が，仕事その他の理由により平日の夜間または休日に不在となった場合，児童を児童養護施設等において生活指導や，食事の提供などを行う「夜間養護等（トワイライト）事業」も行われています。

　また，保育所への優先入所も配慮されています。保育所の入所に際して，ひとり親家庭が経済的自立のため就労せざるをえない事情であることを充分留意し，ひとり親家庭等の福祉が増進されるよう特別な配慮が行われています。

　住宅についても，ひとり親家庭が，安心して子育てと就業又は就業のための

訓練との両立ができるよう安定した居住を確保し，生活面での支援体制を整備することも重要です。そのため，地方公共団体が公営住宅の供給を行う場合，ひとり親家庭等の福祉が増進されるよう特別の配慮が行われています。自治体によって実施方法が異なりますが，優先的に入居できる母子世帯枠の確保，収入が低い場合の家賃の減免制度などがあります。

2）就業支援
①マザーズハローワーク事業
　全国のハローワーク（公共職業安定所）において，母子家庭の母等を含み，就職を希望する子育て女性等に対する就職支援サービスの提供を行っています。支援サービスの内容は，職業相談・職業紹介や，仕事と子育てが両立しやすい求人情報の収集・提供等，さらに保育サービス関連情報の提供等などが実施されています。

②母子家庭等就業・自立支援センター事業
　2003年度から，都道府県，指定都市・中核市において，母子家庭等就業・自立支援センターを設置し，母子家庭等の母親等に対して，就業相談，就業支援講習会の実施，就職情報の提供など一貫した就業支援サービスや養育費相談など生活支援サービスを提供しています。

③母子・父子自立支援プログラム策定事業
　児童扶養手当受給者の自立支援のため，福祉事務所等に自立支援プログラム策定員を配置し，ハローワーク等関係機関との連携の下，それぞれのケースに応じた母子・父子自立支援プログラムを策定する事業が開始されました。また，就労支援のためにハローワークと福祉事務所等が連携して，児童扶養手当受給者の状況，ニーズ等に応じたきめ細やかな就労支援を行う生活保護受給者等就労自立促進事業も実施されています。

④自立支援教育訓練給付金
　母子家庭の母及び父子家庭の父が教育訓練講座を受講し，修了した場合に，その受講料の一部を支給する自立支援教育訓練給付金事業が実施されています。

実施主体は，都道府県，市等の地方公共団体です。受給対象者は，児童扶養手当の支給を受けているか同等の所得水準で，雇用保険の教育訓練給付の受給資格がない，適職に就くため教育訓練が必要とみとめられた母子・父子家庭の母・父です。

⑤高等職業訓練促進給付金

　看護師，保育士，介護福祉士，理学療法士など，母子・父子家庭の母・父が就職に必要な資格取得をするために養成機関において2年以上のカリキュラムを修業する場合，生活費の負担を軽減するために高等職業訓練促進給付金が都道府県等から支給されます。支給対象期間は2年が上限となります。

⑥高等学校卒業程度認定試験合格支援事業

　ひとり親家庭の親が高卒認定試験合格のための講座（通信講座を含む）を受講し，修了した時及び合格した時に受講費用の一部（最大6割，上限15万円）が支給されます。ひとり親の学び直しを支援することで，より良い条件での就職や転職に向けた可能性を広げ，正規雇用を中心とした就業に繋げていくために2015年度に創設されました。

3）養育費確保支援

　「養育費」とは，社会的，経済的に自立していない子どもが自立するまでにかかる費用のことですが，離婚しても親は子どもに対して扶養義務があります。しかし，現実には「養育費」を受給している母子世帯は多くありません。

　「全国母子世帯等調査結果報告」(2011年)（厚生労働省雇用均等・児童家庭局）によると，養育費の取り決め状況は，「取り決めをしている」のは，母子家庭で37.7％，父子家庭では17.5％です。離婚した父親からの養育費の需給状況は，「現在も受けている」が19.7％で，平均月額は3万2,238円となっています。

　養育費の支払い状況を改善するために，2007年10月から「養育費相談支援センター事業」が開始され，養育費相談支援センターが設置されました。ここでは，相談受付，養育費専門相談員を対象とした研修，ホームページや情報誌の配布等による情報提供が行われます。

また，2011年「民法」改正によって，協議離婚で定めるべき「子の監護について必要な事項」の具体的例として，養育費の分担と親子の面会交流が明示されています。

4）経済的支援
①遺族基礎年金・遺族厚生年金
死別により母子家庭が受給できる年金は，国民年金制度による「遺族基礎年金」と厚生年金制度による「遺族厚生年金」があります。死別父子家庭は，遺族厚生年金の対象となるのは55歳以上の場合で，受給するには遺族の範囲や納付期間等について，一定の要件があります。

②児童扶養手当
父と生計を同じくしていない児童に手当てを支給し，その家庭の生活の安定を図ることにより，子どもの福祉の増進に寄与することを目的として「児童扶養手当法」が1961年1月に施行されました。

児童扶養手当は，父母の離婚等による母子世帯あるいは父子世帯などを支給対象としています。公的年金各法による年金給付を受けることができるときは支給されません。詳細は，第3章を参照してください。

③母子・父子福祉資金，寡婦福祉資金の貸付
母子・父子家庭の経済的自立を図る制度として，母子・父子福祉資金，寡婦福祉資金の貸付制度があります。母子福祉資金貸付制度が1952年に創設され，1969年に寡婦福祉資金の貸付制度が制定されました。また，2014年10月から，父子家庭を対象とした父子福祉資金貸付制度が創設されました。

母子・父子福祉資金制度の実施主体は，都道府県・指定都市・中核市で，貸付対象は20歳未満の子どもを扶養している配偶者のいない女子・男子あるいは子ども本人です。

寡婦福祉資金制度は，寡婦（配偶者のない女子であって，かつて母子家庭の母であったもの）と，40歳以上の配偶者のない女子であって母子家庭の母および寡婦以外のものを対象としています。貸付の内容等は母子福祉資金制度と同様で

すが，扶養する子どものいない寡婦，40歳以上の配偶者のない女子には，所得制限（203万6,000円）が設けられています。また，2014年10月からは，法改正により，制度の対象が，父子家庭の父親と子ども本人にも拡大されました。

（3）施設等に関する支援

母子福祉関係施設として，「児童福祉法」による「母子生活支援施設」と，「母子及び父子並びに寡婦福祉法」による母子・父子福祉施設として，「母子・父子福祉センター」，「母子・父子休養ホーム」があります。

母子生活支援施設は，1997年の「児童福祉法」改正によって，「母子寮」から「母子生活支援施設」に改称されました。母子家庭に住居を提供し，母子を保護するだけではなく，母子家庭の自立に向けてその生活を支援していく機能を備えています。

母子・父子福祉センターは，無料または低額な料金で，母子・父子家庭に対し各種の相談や，生活指導，就業の指導等を行う施設です。また，母子・父子休養ホームは，母子・父子家庭に対しレクリエーションその他休養などのために利用できます。

（4）ひとり親家庭・多子世帯等自立応援プロジェクト
　　　（すくすくサポート・プロジェクト）

これまで述べたひとり親家庭等に対する支援は，「母子及び父子並びに寡婦福祉法」等に基づき実施されてきました。しかし，経済的に厳しい状況に置かれたひとり親家庭は増加傾向にあります。それらの家庭が自立するためには，①支援が必要な者に行政のサービスを充分に行き届けること，②複数の困難な事情を抱えている者が多いため，一人ひとりに寄り添った支援が必要，③一人で過ごす時間が多い子どもたちに対し，学習支援も含めた温かい支援が必要，④安定した就労による自立の実現など，相互的な支援が必要です。そのため，2015年12月に「ひとり親家庭・多子世帯等自立応援プロジェクト」と「児童虐待防止対策強化プロジェクト」をまとめた「すくすくサポート・プロジェク

ト」が策定されました（第2章，図表2-1参照）。このプロジェクトは，自立に向けた就業支援を基本とし，子育て・生活支援，学習支援などの総合的な支援を充実することとしています。

　具体的には，①支援に繋がる，②生活を応援，③学びを応援，④仕事を応援，⑤住まいを応援，⑥社会全体で応援という6つの柱にそって次のような施策が推進されています。
- 自治体の相談窓口のワンストップ化の推進
- 放課後児童クラブ等の終了後に，ひとり親家庭の子どもの生活習慣の習得・学習支援や食事の提供等を行うことができる居場所づくり
- 児童扶養手当の機能の充実
- 教育費の負担軽減など子どもの学習支援の充実
- 就職に有利な資格の取得の促進
- ひとり親家庭等に対する住居確保支援
- 「子どもの未来応援国民運動」の推進　など

児童扶養手当の機能の充実については，第2子・第3子以降の加算額が最大で倍増され，2016年8月から施行されています（同年12月から支給）。

（5）課　題

　先に述べたように，経済的に厳しい状況に置かれたひとり親家庭の自立のためには，就業支援に加え，子育て・生活支援，養育費の確保支援，経済的支援を含めた総合的な支援が必要になります。さらに，貧困の連鎖を防止するための教育費負担の軽減や子どもの学習支援，個々の家庭が抱える課題に対応した寄り添い型支援が求められています。

　ひとり親家庭支援について，子育て・生活支援，就業支援など様々な支援施策が実施されていますが，必要な支援がひとり親家庭に知られておらず，支援を充分活用できていない現状があります。さらに，複数の困難を抱えているひとり親家庭に対して，個々の課題に適切に対応し支援に繋いでいく質の高い相談がなされているとはいえない状況です。そのため，支援を必要とするひとり

親が相談窓口に繋がるように認知度を高めること，また，相談窓口で，子育て・生活に関する内容から就業に関する内容まで，ワンストップで相談に応じることができる体制の整備が求められます。

　子どもの教育に関しても支援が必要となります。子どもの進学率については，ひとり親家庭では全世帯と比較しても低い割合になっています。子どもが生育環境に左右されず，健やかに育成されるような環境整備，教育の機会均等を図る必要があります。そのためには学習支援，養育相談，子どもの居場所づくりなど総合的・包括的な支援が必要となります。また，子どもの進学に必要な費用の貸付など経済的支援の充実が求められます。

　経済的支援に関しては，2016年12月から児童扶養手当予算額を拡充させるなど，機能の充実が図られています。養育費の確保支援については，さらに取り組みが必要です。養育費を負担するのは父母の共同責任ですが，子どもは母親に引き取られるケースが多く，父親から養育費を受け取っているのはわずか2割にすぎません。2007年から「養育費相談支援センター事業」が開始されたにもかかわらず，養育費の受給は伸びていません。わが国の離婚の9割は，協議離婚によるものですが，養育費を決めることは求められていません[▷7]。そのため，離婚前における養育費の取り決めを促すために，地方自治体における弁護士による養育相談の実施を支援し，パンフレットなどで養育費に関する法的な知識を解説するなどの取り組みも検討されています。

4　障害のある子どもへの施策

（1）障害児福祉施策

　「児童福祉法」によると，障害児とは，身体に障害のある児童，知的障害のある児童，精神に障害のある児童（発達障害児を含む）又は治療方法が確立して

▷7　2011年の「民法」改正によって，「面会交流」と「監護費用（養育費）の分担」が協議事項として明記されたが，これは離婚の条件ではない。

いない疾病その他の特殊の疾病がある児童が含まれます。

　具体的な障害児のためのサービスや支援については，母子保健施策における早期発見・予防施策，「障害児福祉施設」における専門的なサービスの提供，在宅での支援として「障害福祉サービス」があげられます。また，「障害者総合支援法」におけるサービス給付や，相談支援，療育支援，自立支援医療費の給付などがあります。

　障害者への支援や福祉サービスは，法律や制度の整備によって拡充されてきました。障害者に対する福祉の改正によって，2003年より，身体障害者，知的障害者におけるサービスが措置制度から利用契約制度が導入され，支援費支給方式に改正されました。それに伴い，障害がある子どもたちの在宅におけるサービスにも適用されました。「措置」から「契約」になったことで，サービスや事業者の選択が可能になるなど，サービス利用に関する自己決定や利用者本位という考え方が基本となりました。

　2006年に，障害者自立支援法[8]（2013年4月より「障害者総合支援法」に改正）が施行され，障害がある子どもたちの施設サービス，在宅関連の福祉サービス，自立支援医療，補装具の給付制度も利用契約制度となりました。

　2010年の「障害者自立支援法」「児童福祉法」などの一部改正によって，障害児への支援強化が図られました（2012年4月施行）。これまで「障害児」に含まれなかった精神に障害がある児童（発達障害児を含む）が障害児に含まれるようになりました。障害児施設の利用に関しても，入所施設の利用については，都道府県（児童相談所）が対応し，通所施設の利用と居宅サービスの利用については市町村の対応となります。さらに，相談支援の充実が図られ，新しく「障害児相談支援事業」が創設され，障害のある子どもの通所サービスについて，障害児支援計画を作成することが義務づけられました。障害のある子どもたちが，障害に応じた専門的な支援を受けられ，また，身近な地域で支援が受けられるように柔軟に対応できる仕組みになっています。

▷8　障害者自立支援法
　　第3章第3節（pp. 90-91）参照。

また，2013年4月から「障害者自立支援法」に代わる法律として「障害者の日常生活及び社会生活を総合的に支援するための法律（障害者総合支援法）」が施行されました（一部2014年施行）。これにともない，児童福祉法に基づく障害児に対する新たなサービスがスタートしました。これまで障害種別等に分かれていた障害児施設（通所・入所）が一元化され，「放課後等デイサービス」「保育所等訪問支援」の新たなサービスの創設，通所サービス実施主体を市町村に変更するなどの見直しが行われました。

　これまで障害として含まれなかった自閉症，学習障害（LD），注意欠陥多動性障害（ADHD）などの発達障害については，2004年に「発達障害者支援法」[▷9]が制定され，2005年に施行されました。「発達障害者支援法」では，自閉症，アスペルガー症候群その他の広汎性発達障害，学習障害（LD），注意欠陥多動性障害（ADHD）その他これに類する脳機能に障害のある発達障害者の心理機能の適切な発達および円滑な社会生活を図るために国及び地方公共団体の責務を明らかにしています。また，発達障害の定義と法的な位置づけの確立，乳幼児期から成人期までの地域における一貫した支援の促進，専門家の確保と関係者の緊密な連携の確保，学校教育における発達障害者の支援，発達障害者の就労への支援，発達障害者支援センター[▷10]などの指定が定められています。

　2016年の「発達障害者支援法」改正によって，発達障害者の定義が「発達障害がある者であって，発達障害及び社会的障壁により日常生活又は社会生活に制限を受けるもの」（同法第2条）と「社会的障壁」が加えられました。さらに，

▷9　発達障害
　「発達障害者支援法」第2条では，「発達障害」とは，自閉症，アスペルガー症候群その他の広汎性発達障害，学習障害（LD），注意欠陥多動性障害（ADHD）その他これに類する脳機能の障害であってその症状が通常低年齢において発現するものとされている。

▷10　発達障害者支援センター
　「発達障害者支援法」第14条において，発達障害者支援センターは，①発達障害の早期発見，早期の発達支援等に資するよう，発達障害者及びその家族その他の関係者に対し，専門的に，その相談に応じ，又は情報の提供若しくは助言を行うこと，②発達障害者に対し，専門的な発達支援及び就労の支援を行うこと，③医療，保健，福祉，教育，労働等に関する業務を行う関係機関及び民間団体並びにこれに従事する者に対し発達障害についての情報提供及び研修を行うこと，④発達障害に関して，医療，保健，福祉，教育，労働等に関する業務を行う関係機関及び民間団体との連絡調整を行うこと，などが規定されている。

教育において国及び地方公共団体は個別の教育支援計画の作成やいじめ防止等のための対策の推進など必要な措置を講じることが新たに盛り込まれました。

教育現場における障害児支援では，2007年4月からの学校教育基本法の一部改正によって，障害をもつ子どもの教育は「特殊教育」から「特別支援教育」へ変更されました。これまでは，障害の程度や種類に応じて，盲・聾・養護学校や特殊学級と分類して教育が行われてきましたが，特別支援教育への変更により，従来の障害種別を越えて，全ての学校において，障害のある児童生徒を受け入れることになりました。また，地域の学校での特別支援教育コーディネーターの設置などが明示されました。さらに，新たに「学習障害（LD），注意欠陥多動性障害（ADHD），高機能自閉症等」の生徒もその対象となりました（図表6-17）。そのため本格的な受入れ態勢の整備が急務といえます。

2014年度に，厚生労働省「障害児支援の在り方に関する検討会」は，児童福祉法の一部改正等による障害児支援の体系の再編・一元化後の施行状況や，子ども・子育て支援法の施行等をふまえ，これからの障害児支援の在り方についてまとめた報告書を出しました。

報告書では，①地域における「縦横連携」を進めるための体制づくり，②「縦横連携」によるライフステージごとの個別の支援の充実，③特別に配慮された支援が必要な障害児のための医療・福祉の連携，④家族支援の充実，⑤個々のサービスの質のさらなる確保が内容とされます。これを踏まえて，児童発達支援センターの地域支援機能を強化し，学齢期の障害児を支援する「放課後等デイサービス」について，放課後等デイサービス事業所の質の向上や他の

▷11 特別支援教育コーディネーター
　　特別な教育ニーズを有する子どもやその保護者に対して適切な支援を行うため，地域の小・中学校に在籍する障害児に関する教育相談を受けるとともに関連諸機関との連携を調整する役割をもつ。また，教育支援計画の作成や保護者や担任へのカウンセリングなどを行う。

▷12 学習障害（LD），注意欠陥多動性障害（ADHD），高機能自閉症等
　　日本では，以前は学習障害（LD），注意欠陥多動性障害（ADHD），高機能自閉症は「軽度発達障害」と呼ばれていた。2005年の「発達障害者支援法」の制定を受けて，2007年3月15日に出された，文部科学省初等中等教育局特別支援教育課の通知によって，これまでの「軽度発達障害」から「発達障害者支援法」の定義による「発達障害」に統一され，教育でも支援対象として正式に位置づけられた。

図表6-17 特別支援教育の対象の概念図（義務教育段階）

特別支援教育の現状

(2016年5月1日現在)

義務教育段階の全児童生徒数　999万人　　減少傾向

特別支援学校
　視覚障害　知的障害
　聴覚障害　肢体不自由
　病弱・身体虚弱
　H17年比で1.3倍
　0.71%
　（約7万1千人）

小学校・中学校

　特別支援学級
　　視覚障害　　肢体不自由
　　聴覚障害　　病弱・身体虚弱
　　知的障害　　言語障害
　　自閉症・情緒障害
　（特別支援学級に在籍する学校教育法施行令第22条の3に該当する者：
　約1万8千人）
　H17年比で2.3倍
　2.18%
　（約21万8千人）

　増加傾向　3.88%（約38万7千人）

　通常の学級

　　通級による指導
　　　視覚障害　肢体不自由　　自閉症
　　　聴覚障害　病弱・身体虚弱　学習障害（LD）
　　　言語障害　情緒障害
　　　注意欠陥多動性障害（ADHD）
　　H17年比で2.3倍
　　0.98%
　　（約9万8千人）

　発達障害（LD・ADHD[※1]・高機能自閉症等）の可能性のある児童生徒
　6.5%程度の在籍率[※2]

（通常の学級に在籍する学校教育法施行令第22条の3に該当する者：約2,000人（うち通級：約400人））

※1　LD（Learning Disabilities）：学習障害。
　　 ADHD（Attention-Deficit/Hyperactivity Disorder）：注意欠陥多動性障害。
※2　この数値は，2012年に文部科学省が行った調査において，学級担任を含む複数の教員により判断された回答に基づくものであり，医師の診断によるものでない。
資料：文部科学省。
出所：内閣府『障害者白書（平成29年版）』佐伯印刷，2017年，64ページ。

事業との適切な役割分担を図るための取り組みが進められています。

　「障害者総合支援法」（2013年施行）の3年後の見直しにより，2016年に「障害者総合支援法」及び「児童福祉法」の一部改正が行われました。これにより，

障害児支援のニーズの多様化にきめ細かく対応するための支援の拡充とサービスの質の確保・向上を図るための環境整備等が規定され，2018年4月から施行される予定です（一部2016年から施行）。この改正では，居宅を訪問して発達支援を行う「居宅訪問型児童発達支援」が新設され，さらに保育所等の障害児に発達支援を提供していた「保育所等訪問支援」に，乳児院・児童養護施設の障害児も含まれることになりました。また，医療的ケアを必要とする障害児への適切な支援を行うため，自治体において保健，医療，福祉等の連携促進を図ることが努力義務とされ，2016年6月から実施されています。併せて障害児のサービス提供体制の計画的な構築を推進するため，自治体において障害児福祉計画を策定することが義務づけられるなど，ニーズの多様化に対応するための支援が図られます。

　サービスの質の確保・向上に向けて，これまで補装具の購入に対して支給されていた補装具費の支給範囲が拡大され，成長に伴い短期間で取り換える必要のある障害児の場合には貸与も支給対象となりました。さらに，障害児の福祉サービスに関する情報公開制度が創設され，利用者のニーズに応じたサービスを選択できる仕組みになります。

　2016年4月からは「障害を理由とする差別の解消の推進に関する法律（障害者差別解消法）」が施行され，行政機関等や事業者において，不当な差別的取り扱いの禁止や，合理的配慮の提供をはじめとする障害者差別の解消に向けた取り組みも進められています。

1）障害の予防・早期発見・早期療育

　身体障害が妊娠中または出産時が原因による場合，母子保健の向上により多くの障害が防止できるとされています。このため，「母子保健法」に基づく母子保健施策の充実強化と障害の予防と療育に関する研究が進められています。また，「母子保健法」に基づいた母子保健施策の一貫として妊産婦および乳幼児健康診査は，疾病や異常の早期発見の機会として重要です。保健所や医療機関・施設による，乳児，1歳6か月，3歳児健康診査等，また，早期新生児を

対象として先天性代謝異常検査の実施によりフェニールケトン尿症▷13やクレチン症▷14の早期発見も可能になりました。

　早期療育として,「母子保健法」に基づいた療育指導と「障害者自立支援法」(2013年4月より「障害者総合支援法」に改正)に基づいた自立支援医療(育成医療)の給付,児童発達支援センター,保育所における障害児保育などが行われています。

2）施設サービス

　障害のある子どもが利用する施設は,「児童福祉法」で規定された児童福祉施設です。2012年の施行された改正「児童福祉法」によって,障害種別ごとに分かれていた児童福祉施設が一元化され,障害の状態に応じた専門的な支援と,身近な地域で支援が受けられるよう柔軟に対応ができる仕組みになりました(図表6-18)。

　障害児入所支援では,これまでの知的障害児施設,盲・ろうあ児施設,肢体不自由児施設,重症心身障害児施設などの入所施設で行われる支援になります。利用者は施設サービスの利用を児童相談所に申請し,支給決定後に施設と直接契約を行うようになりました。

　障害児通所支援は,従来の「障害者自立支援法」における児童デイサービスと「児童福祉法」における障害児施設が一体となり,①児童発達支援,②医療型児童発達支援,③放課後等デイサービス,④居宅訪問型児童発達支援,⑤保育所等訪問支援となりました。

▷13　フェニールケトン尿症
　　アミノ酸のひとつであるフェニールアラニンをチロシンというたんぱく質に変える酵素が,先天的に欠損しているために起こる病気。生後3週間くらいで嘔吐や不機嫌が現れ,知能や運動機能の発達の遅れが出てくる。

▷14　クレチン症
　　生まれつき甲状腺ホルモンの分泌が少ない,先天性甲状腺機能低下症のこと。黄疸が続く,元気がない,体重が増えない,成長・発育の遅れが見られ,眼瞼が腫れぼったく,鼻は低く,いつも口をあけるなど顔つきに特徴が見られる。また,皮膚の乾燥,便秘などの症状も見られるが,これらの症状は乳幼児期以降に認められることが多い。ほとんどの場合,新生児期にマス・スクリーニング検査で発見される。

図表6-18　障害児施設・事業の一元化

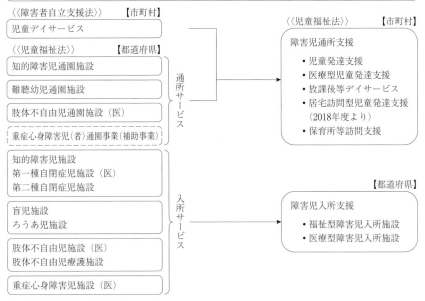

注：(医)とあるものは医療の提供を行っているものである。
出所：厚生労働統計協会『国民の福祉と介護の動向　2017/2018』厚生労働統計協会，2012年，142ページに一部加筆。

① 児童発達支援

障害児を児童発達支援センター等に通わせ，日常生活における基本的な動作の指導，知識技能の付与，集団生活への適応訓練等を行います。

② 医療型児童発達支援

上肢，下肢又は体幹の機能の障害がある子どもを，医療型児童発達支援センター，または指定医療機関に通わせ，児童発達支援や治療を行います。

③ 放課後等デイサービス

学校通学中の障害児に対して，放課後や夏休みなどの長期休暇において，児童発達支援センターやその他児童発達支援事業を行っている施設その他の通所施設において，訓練等を継続的に行うことによって，障害児の自立を促進する

とともに，放課後等の居場所づくりを推進します。

　④　居宅訪問型児童発達支援

　2016年の「障害者総合支援法」「児童福祉法」の一部改正によって，新設されました。2018年4月から施行されます。居宅訪問型児童発達支援は，重症心身障害児などの重度の障害児等で，児童発達支援等の障害児通所支援を受けるために外出するのが著しく困難な障害児に対して，居宅を訪問し発達支援を行うサービスです。日常生活における基本的な動作の指導や知識技能の習得などの支援を行います。

　⑤　保育所等訪問支援

　保育所等を利用している障害児，乳児院・児童養護施設に入所している障害児が，保育所等において集団生活に適応するための専門的な支援を必要とする場合に，保育所等を訪問して支援することにより，保育所等の安定した利用を促進します。支援の内容は，障害児本人に対して他の子どもとの集団生活への適応のための専門的な支援を行うとともに，当該施設の職員に対して障害児の特性に応じた支援内容や関わり方についての助言等を行います。

3）相談・支援等

　障害がある子どもに対する在宅サービスとして，相談・支援等があります。児童相談所，保健所，福祉事務所，知的障害者更生相談所，発達障害者支援センター，また，障害児等療育支援事業[15]や障害児相談支援事業[16]などで行われてい

▷15　障害児等療育支援事業

　　「障害者自立支援法（現・障害者総合支援法）」の施行に伴い，「地域生活支援事業」が創設された。市町村が実施する地域生活支援事業の一つである「相談支援事業」では，身体障害，知的障害，精神障害の3障害に対応した一般的な相談支援を実施し，都道府県が実施する地域生活支援事業では，「専門性の高い相談支援事業」として，「障害児等療育支援事業」が実施されることになった。訪問による療育指導，外来による専門的な療育相談などが行われる。

▷16　障害児相談支援事業

　　2010年の「児童福祉法」の一部改正により，「障害児相談支援事業」が創設され，障害児支援利用援助および継続障害児支援利用援助が実施されている。障害児の通所サービスについて，障害児支援利用計画を作成し，さらにサービス利用に関する給付決定，関係者との連絡調整などを行う事業。障害児相談支援事業は市町村の管轄になるが，市町村が厚生労働省令で定める事業者に委託することができる。

ます。さらに，補装具の交付，特別児童扶養手当の支給，ホームヘルパーの派遣などがあります。

身体障害がある子どもは，障害の程度（1級から6級）に合わせて，申請すると身体障害者手帳が交付されます[17]。また，知的障害がある子どもは，申請すると一貫した指導・相談を行うとともに，各種の援助措置を受けやすくするため，療育手帳が交付されます。

4）自立支援医療（育成医療）

育成医療の給付については，2005年10月に障害者自立支援法が成立し，2006年4月1日に育成医療は，「児童福祉法」から「障害者自立支援法」の自立支援医療に再編され，併せて制度改正が行われました。現在は「障害者総合支援法」に基づいて実施されています。身体に障害のある障害児の健全な育成を図るために行われる医療で，その障害児の生活の能力を得るために必要な医療を利用します。対象等は育成医療と同様で，診察，治療，入院，通院，訪問看護等に関わるものです。原則として1割の定率負担となっていますが，低所得層や高額治療が継続する場合など一定の負担軽減措置が行われます。

5）居宅サービス

居宅で生活をする障害のある子どもに対する居宅サービスは，主に障害者総合支援法に基づき給付されます。障害者総合支援法における給付には，自立した日常生活を送ることができるようにするために提供される「自立支援給付」（以下，①〜⑤）と，地域の実情に応じて柔軟に行われる「地域生活支援事業」（以下，⑥，⑦）があります。下記は障害のある子どもに対する主な居宅サービスです。

---

[17] 障害の程度
　　身体障害者の定義は「身体障害者福祉法」第4条で別表で定めることとし，「身体障害者福祉法施行規則」第5条に基づく別表第5号で「身体障害程度等級表」で細目を示す。1〜6級までが，身体障害者手帳交付の対象となる。

①居宅介護

　重度の身体障害や知的障害又は精神障害・発達障害がある子どもに対して，居宅において入浴，排せつまたは食事の介護などのサービスを行います。訪問介護員を派遣し，家事・介護等日常の援助を送る上で必要なサービスを提供します。

②重度訪問介護

　重度の身体不自由で，常時介護を要する障害者に，居宅における入浴，排せつ，食事の介護その他の厚生労働省令で定める便宜および外出時における移動中の介護を総合的に提供するものです。

③行動援護

　知的障害又は精神障害・発達障害により行動上困難を有し，常時介護を必要とする障害児・者に対して，自傷，異食，徘徊などの危険等を回避するために必要な援護，外出時における移動中の介護サービスを提供するものです。

④短期入所（ショートステイ）

　保護者の疾病等で，居宅において介護が困難になった場合，一時的に障害児入所施設において，障害児が短期間入所し，その施設において，入浴，排せつ，食事などの介助，そのた必要な支援が利用できるサービスです。

⑤重度障害者等包括支援

　常時介護を必要とする障害者等で，その必要性が著しく高い者に，ケアマネジメント，24時間対応などのサービスを提供する事業者が「サービス利用計画」に基づいて複数のサービスを包括的に提供するものです。

⑥移動支援事業

　移動が困難な障害者（児）が充実した日常生活を営むことができるよう，社会参加等に必要な外出時の支援を行います。

⑦日中一時支援事業

　日中において監護する者がいないため，一時的に見守り等の支援が必要な障害者等の日中における活動の場を確保し，障害者等の家族の就労支援及び障害者等を日常的に介護している家族の一時的な休息を図ります。

6）補装具等を提供するサービス

身体機能の補完または代替，日常生活に必要な道具や設備等の給付として，補装具と日常生活用具等給付があります。

補装具とは，車いす，義肢，歩行器など身体的欠損や機能の障害を補い，日常生活の助長を図るものをいいます。身体障害者手帳を交付されている者に対して，補装具の購入，修理をすることとされています。

日常生活用具等給付とは，障害のある子どもを養育する家庭に対して，補助つえ，便器，点字器など日常生活に必要な道具や設備等の給付あるいは貸与です。

7）経済的支援

①特別児童扶養手当

特別児童扶養手当は，「特別児童扶養手当等の支給に関する法律」に基づき，20歳未満で精神または身体に中程度以上の障害がある子どもを家庭で養育している父母または養育者に対し支給される手当です。支給額は障害児1人につき，1級（重度）が月額5万1,450円，2級（中度）は月額3万4,270円です（2017年4月現在）。父母等が所得制限額以上の所得がある場合は支給されません。

②障害児福祉手当

障害児福祉手当は，特別児童扶養手当等の支給に関する法律に基づき，20歳未満で精神又は身体に重度の障害があり常時介護を必要とする障害児に対して手当てを支給することにより，福祉の増進を目的としたものです。支給額は，月額1万4,580円です（2017年4月現在）。児童入所施設又は社会福祉施設等に入所している者および障害を支給事由とする給付等（障害基礎年金等）を受けている場合は対象外となります。ただし，所得制限があります。

③特別障害者手当

特別障害者手当ては，20歳以上であって，身体・知的・精神の重度の障害により日常生活において常時特別の介護を要する状態にある人（障害基礎年金1級程度の障害が重複する方及びそれと同等程度以上と認められる人）に対して月2万

6,810円が支給されます（2017年4月現在）。ただし，対象となる障害者が身体障害者療護施設などの施設に入所している，および3か月をこえて病院等に入院している場合には支給されません。また，こちらも所得制限があります。

④心身障害者扶養共済（保険）制度

　障害者扶養共済（保険）制度とは，障害児を扶養する保護者の死亡後，残された障害児の生活の安定と福祉の向上を図るため，保護者が掛け金を払い，その死後，障害児に終身年金を支給する制度です。

（2）課　題

　「障害者総合支援法」の成立，改正「児童福祉法」によって，訪問型福祉サービスの提供，児童発達支援センター，児童発達支援事業，保育所等訪問支援，放課後等デイサービスなど，障害のある子どもを地域生活のなかで支援する法整備が行われてきました。また，「子ども・子育て支援新制度」に向けて，認定こども園・保育所・幼稚園での障害児の受け入れ，また放課後児童クラブや一時預かりなど「地域子ども・子育て支援事業」においても，障害のある子どもの受け入れが進められ，障害児への支援強化が図られています。

　障害のある子どもが身近な地域で支援が受けられるように障害児施設の一元化が図られましたが，それぞれの施設数には，都道府県格差，県内の市町村格差が見られます。たとえば，福祉型児童発達支援センターは，2015年10月1日現在では467か所，医療型児童発達支援センター（従来の肢体不自由児通園施設）は，106か所となっています（厚生労働省調べ）。そのため，広域に及ぶ支援が行われています。障害に応じた適切な支援・サービスが受けられるよう施設の充実が求められます。

　障害児支援の充実には，障害のある子どもの受け入れを進めると同時に，発達支援を必要とする子どもに対して，一人ひとりの個性と能力に応じた丁寧な支援を行う「専門性」「専門的支援」が必要となってきます。2012年度「保育所等訪問支援」が創設され，2015年10月1日時点で714か所が設置されました。しかし，実際に事業を行っているのは，375か所（利用者2,326人）にすぎず，

体制が整っているとは言えない状況です。保育所や放課後児童クラブ等の子育て支援施設において、保育所等訪問支援等を活用し、施設・事業所等がもつ専門的な知識・経験によって障害児支援をバックアップしていくことが重要です。また、障害児を担当する保育者が、子どもの育ちを保障し、発達を支援できるような施設の環境整備や、家族支援等も含めて適切に対応できる専門職の養成と確保が課題となります。

また、医療的にケアが必要な子どもへの支援が児童福祉法にもりこまれたことで、これまで「重症心身障害児」に見なされず充分な支援を受けることができなかった医療的ケア児への支援体制が整えられることを期待します。

障害のある子どもの育ちを支援するために、子どものライフステージに応じた一貫した支援を行っていく視点が必要となります。そのために、障害児や家族のライフステージに沿って、保健、医療、福祉、教育及び労働など地域のあらゆる関係機関や関係者と連携し、子どもと家庭を支援するネットワークの構築が求められます。

5　母子保健施策

（1）母子保健とは

「母子保健法」に基づき、母性および乳幼児の健康の保持・増進を図るために、保健指導、健康診査、医療援護その他のサービスを提供することで、国民保健の向上に寄与することを目的として取り組まれているものです。

わが国の母子保健は、乳幼児や妊産婦の死亡率の改善や疾病の予防を主な目的として、保健指導や健康診査、医療対策などの母子保健施策を強化し、展開してきました。その結果、わが国の母子保健は世界的にも高水準に達しました。

しかし、その一方で、核家族化や都市化、少子化、女性の社会進出の増加など、社会環境やライフスタイルは多様化し、新たな母子保健の課題も生じてきました。近年の増加する子ども虐待への対策として、母子保健施策が子ども虐

待の発生予防，早期発見に重要な役割を担うと考えられています。子どもが健やかに生まれ，育つための環境づくりを推進するため，社会環境の変化に応じた母子保健施策の充実が求められています。

（2）母子保健に関する法律・施策

母子保健に関する法律は，「母子保健法」を中心に，「児童福祉法」，「予防接種法」，「結核予防法」など種々の法律に基づき展開されています。母子保健は，児童福祉のなかで行われてきましたが，1965年に「母子保健法」が制定されました。

社会環境の変化に伴い，高まる新たな母子保健のニーズに対応するため，1994年には，住民により身近な母子保健サービスをめざして「母子保健法」が改正されました。さらに1997年には，3歳児健康診査などの基本的な母子保健サービスが市町村により提供されることになりました。

また，施策との関連として，少子化の進行や女性の社会進出など子どもを取り巻く環境の変化に対応するための施策として「今後の子育て支援のための施策の基本的方向について」（エンゼルプラン），「重点的に推進すべき少子化対策の具体的実施計画について」（新エンゼルプラン）などが策定されました。

1994年に策定された「エンゼルプラン」では，「安心して子どもを産み育てることができる　母子保健医療体制の充実」が掲げられ，地域における母子保健医療体制の整備などが取り組まれました。それに続く，1999年に策定された「新エンゼルプラン」では，「乳幼児健康支援一時預かり事業」[18]，周産期医療ネットワークの整備，不妊専門相談センターの整備等が盛り込まれました。

さらに，妊産婦死亡や乳幼児の事故死亡など残された課題や，思春期における健康問題，子ども虐待など親子の心の問題など新たな課題，小児医療や地域母子保健活動の水準の低下防止などの課題について整理が行われました。それ

---

[18]　乳幼児健康支援一時預かり事業
　　　乳幼児健康支援一時預かり事業は現在では病児保育事業へと名称が変更されている。病児保育事業については第7章参照。

によって，21世紀の新たな母子保健の取り組みの方向性が示され，2000年に国民運動計画として「健やか親子21」が策定され，2001年からスタートしました。

また2004年6月に閣議決定された「少子化社会対策大綱」に盛りこまれた施策を効果的に推進するため，少子化社会対策大綱に基づく重点施策の具体的計画として同年12月に「子ども・子育て応援プラン」が策定されました。その具体的計画のなかで，母子保健に関しては，①周産期，乳幼児期の安全が確保される，②全国どこでも子どもが病気の際に適切に対応できるようになることが盛り込まれていました（2009年度まで）。その後2010年に「子ども・子育てビジョン」が策定されました。2010年から2014年までの5年間でめざすべき施策内容として，安心して妊娠，出産ができるように①早期の妊娠届出の勧奨，妊婦検診の公的負担，②相談支援体制の整備，③不妊治療に関する相談や経済的負担の軽減，が掲げられました▷19。

2013年11月に「健やか親子21」の最終評価報告書が取りまとめられ，2015年4月からの10年間計画として「健やか親子21（第2次）」が策定されました。現在第2次計画（2015年～2024年度）では新たな指標及び目標を設け取り組みが進められています。

「健やか親子21（第2次）」を進める観点から，母子保健計画策定指針を示し，従来の市町村から都道府県にも母子保健計画の策定を求めることとなりました。さらに，2015年から始まった「子ども・子育て支援新制度」では，母子保健に関して妊婦健康診査が地域子ども・子育て支援事業の1つに位置づけられました。

子ども虐待の増加を背景に，子ども虐待の発生予防から自立支援までの強化を図るため2016年に児童福祉法等の一部改正が行われました。その改正では，「母子保健法」において，「子育て世代包括支援センター（法律上は母子健康包括支援センター）」の設置が努力義務として規定されました。この「子育て世代包括支援センター」を核として，医療機関等地域の関係機関と連携しながら，妊

▷19 「少子化社会対策大綱」，「子ども・子育て応援プラン」，「子ども・子育てビジョン」等については，第8章参照。

娠期から子育て期までの切れ目ない支援を提供する仕組みの全国展開が図られました。さらに，悩みをもつ妊産婦等を早期発見し相談支援につなぎ，子ども虐待の予防や早期発見につなげるよう，母子保健施策と子ども虐待防止対策との連携の強化が求められています。

（3）母子保健対策の現状

母子保健対策は，思春期から妊娠，出産，育児期，新生児期，乳幼児期，女性の更年期等を通じて，それぞれの時期に最もふさわしいサービスが提供できるよう，図表6-19に見られるように一貫した体系のもとに進められています。実施内容は主に健康診査，保健指導，医療対策等の基盤整備等が施策として展開されています。具体的な母子保健サービスを実施する主な機関は，保健所，市町村保健センター，母子健康包括支援センター[20]（旧・母子健康センター），子ども病院や小児医療センター等の乳幼児の総合的医療施設，さらに一般病院・診療所等があります。

1）健康診査等
①健康診査

妊産婦および乳幼児の健康診査は，妊産婦死亡や死産，乳児死亡の減少を図るとともに，リスクの早期発見による疾病などの発生を予防するうえでも重要です。

妊娠した女性および乳児については，市町村や保健センターで行われる集団健康診査と，一般病院や診療所などで行われる個人健康診査があります。委託された医療機関で健康診査を受けることができ，必要に応じて精密検査が行われます。

妊娠した女性の妊産婦健康診査は，母子の疾病・障害の予防，早期発見を目

---

[20] 母子健康包括支援センター
2016年の児童福祉法等の一部改正に伴い，「母子保健法」の改正が行われた。「母子保健法」第22条で定められている母子健康センターが，母子健康包括支援センターと改名し，さらにその名称を「子育て世代包括支援センター」として法定化された。

第6章 子ども家庭福祉サービス

図表6-19 母子保健施策の体系

(2016(平成28)年3月現在)

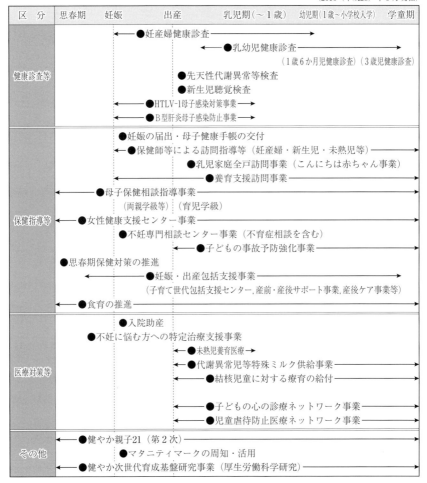

出所:厚生労働省『厚生労働白書(資料編)(平成29年版)』2017年,192ページ。

的に,市町村が委託する病院,診療所など医療機関または助産所において,必要な検査や保健指導を受けることができます。2008年度第2次補正予算で健康診査を必要な回数(14回程度)受けられるよう支援の拡充が図られました。

幼児については,1歳6か月児健康診査が市町村において行われます。ここ

では，心身障害の早期発見，むし歯の予防，栄養状態などを中心に健康診査が行われます（「母子保健法施行規則」第2条第1項）。3歳児では，市町村において3歳児健康診査が行われます。ここでは，身体の発育，精神発達面や言語障害，視聴覚障害の早期発見などを目的として健康診査が行われます（「母子保健法施行規則」第2条第2項）。

2001年度からは，1歳6か月児および3歳児健康診査においては，心理相談員や保育士が加配され，育児不安などに対する心理相談や親子のグループワークなどの育児支援対策が強化されています。さらに，2005年度からは，乳幼児健康診査において，「発達障害者支援法」の施行によって，子どもの発達障害の早期発見に留意することとされています。

②先天性代謝異常等検査

フェニールケトン尿症などの先天性代謝異常や先天性甲状腺機能低下症（クレチン症）などの検査が行われています。早期発見，早期治療を行うことで知的障害など心身障害の発生の予防につながるため，全ての新生児を対象として，血液や尿を用いてのマス・スクリーニング検査が行われています。

③感染対策・防止事業

母子感染防止対策として，B型肝炎，HTLV-1（ヒトT細胞白血病ウィルス-1型）の抗体検査，防止対策等が行われています。

2）保健指導等

保健指導として，「母子保健法」第9・10条に基づき，母性または乳児もしくは幼児の健康の保持および増進のため，妊娠，出産または育児に関して相談に応じ，個別的または集団的に，必要な指導および助言を行うなど，母子保健に関する知識の普及に努めています。また，妊産婦もしくはその配偶者または乳児もしくは幼児の保護者に対して，妊娠，出産または育児に関し，必要な保健指導を行うなど，保護者に対する保健指導や，生涯を通じた女性の健康支援等を行っています。

①妊娠届および母子健康手帳の交付

　妊娠した女性は，妊娠の届出を行い，これに対して母子健康手帳が交付されます（「母子保健法」第16条）。

　母子健康手帳は，妊娠，出産，育児に関する一貫した健康記録であり，また，妊娠と乳幼児に関する行政情報や，保健・育児情報を提供するものです。母子健康手帳は，妊婦から乳幼児まで一貫した母子保健対策を実施するために重要なものです。

②訪問指導

　「母子保健法」に基づき，必要に応じて，妊産婦，新生児，未熟児に対し，医師，助産師，保健師またはその他の職員が家庭を訪問して保健指導を行います。妊産婦に関しては，保健所等の医療機関で行われる結果に基づいて行われますが，保健衛生面に関する指導に加え，その家庭環境や生活環境からみて，妊産婦の健康の保持，増進に関する日常生活全般にわたる指導，栄養，疾病予防などの指導が妊産婦とその家族に対して行われます。

　さらに，すべての乳児のいる家庭が対象であり，子育て支援に関する情報提供や養育環境等の把握を行い，必要なサービスにつなげる事業として，「乳児家庭全戸訪問事業（こんにちは赤ちゃん事業）」[21]が実施されています。また，乳児家庭全戸訪問事業の実施結果等により，妊娠・出産・育児期に養育支援が特に必要と認められる家庭に対し訪問を行い，養育に関する指導・助言する「養育支援訪問事業」も行われています。

③生涯を通じた女性の健康支援事業

　「母子保健相談・指導事業」として，個別の相談・指導のほか，新婚学級，母親学級，両親学級，育児学級，了育て教室等，妊娠・出産・育児の不安の解消や育児仲間づくりを目的に，講義や参加者同士の交流によるグループ指導を行っています。

　また，「女性健康支援センター事業」として，思春期から更年期に至る女性

---

[21] 乳児家庭全戸訪問事業
　　第7章図表7-7（p.217）参照。

に対して，身体的・精神的な悩みに関する相談・指導が行われます。

④不妊専門相談センター事業

　不妊に悩む夫婦に対して，不妊に関する医学的・専門的な相談や不妊による心の悩み等について医師・助産師等の専門家が相談に対応したり，診療機関ごとの不妊治療の実施状況などに関する情報提供を行う「不妊専門相談センター事業」が実施されています。「子ども・子育てビジョン」において，2014年度までにすべての都道府県・指定都市・中核市に「不妊専門相談センター」を整備することが目標とされ，2014年度現在では62自治体に整備されています。

⑤妊娠・出産包括支援事業

　核家族化や地域のつながりの希薄化等により，地域において妊産婦やその家族を支える力が弱くなり，身近な場での妊産婦を支える仕組みが必要となっています。地域レベルで結婚から妊娠・出産，子育て期に至るまで切れ目ない支援を行うために，母子保健や子育てに関する悩みへの相談対応や支援を実施している関係機関につなぐための「母子保健相談支援事業」，妊産婦の孤立感や育児不安の解消を図る「産前・産後サポート事業」，出産直後に休養やケアが必要な産婦に対して心身のケアや育児サポート等の支援を提供する「産後ケア事業」の3事業から成る「妊娠・出産包括支援事業」が2014年度から実施されました。2015年度には，妊娠期から子育て期までの様々なニーズに対して総合的相談支援を提供するための，ワンストップ拠点（子育て世代包括支援センター）を立ち上げ，地域の特性に応じた妊娠期から子育て期にわたるまでの切れ目ない支援を行う事業を実施しました。2016年度の児童福祉法等の一部改正により，「子育て世代包括支援センター」を「母子保健法」に位置づけ2020年度末までに全国展開をめざし，市町村での設置が義務づけられました。法律上は「母子保健包括支援センター」となります。

　なお，「母子保健相談支援事業」は，2015年度より子ども・子育て支援新制度のもと創設された「地域子ども・子育て支援事業」において，新設された「利用者支援事業（母子保健型）」として実施されています。

⑥子どもの事故予防強化事業,食育の推進

「子どもの事故予防強化事業」は,子ども(特に乳幼児)の事故(風呂場で溺死する事故,階段等から転落する事故など)の大部分は,予防可能であることから,親に対する意識啓発を行い,子どもの事故の予防強化を図ります。

「食育の推進」では,子どもの健やかな食習慣を培い,豊かな人間性を育むため,食育推進連絡会を設置するなど保健センター,保育所,学校等関係機関の連携による取り組みを支援します。

3)医療対策等
①入院助産

児童福祉法(第36条)に基づき,保健上必要があるにもかかわらず,経済的理由により施設分娩を受けることができない妊産婦から申し込みがあったときは,助産施設において助産を実施することができます。

②小児慢性特定疾病医療費

フェニールケトン尿症,小児がんなどの11疾患群の小児慢性特定疾患に罹患している子どもに対して,医療の確立と普及促進を図り,医療費の軽減が図られてきました。

2014年に「児童福祉法の一部を改正する法律」と「難病の患者に対する医療等に関する法律」(難病法)が公布され,小児慢性特定疾病の患者に対する医療費助成が法定給付化されました。それにより,2015年1月から新たな助成制度が開始されました。新たな医療費助成制度において,給付の対象となるのは,14疾患群となりました。

また,都道府県は,小児慢性特定疾病児童等とその家族に,適切な療養の確保,情報提供などを行い,児童等の健康の保持・自立の促進を図る「小児慢性特定疾病児童等自立支援事業」を実施することとなりました。日常生活を営むのに著しく支障のある在宅の小児慢性特定疾病児童には,日常生活用具を給付する「小児慢性特定疾病児童日常生活用具給付事業」が実施されます。

③未熟児養育医療

　出生時の体重が極めて低い（2,000g以下）場合や，呼吸器系や消化器系などに異常がある場合など身体の発育が未熟なまま出生した乳児で，指定養育医療機関での入院治療が必要な場合，医療費の助成を行います（所得に応じて一部自己負担）。

④代謝異常児等特殊ミルク供給事業

　新生児マス・スクリーニングで発見されてくる先天性代謝異常症等の治療に必要な特殊調合をしたミルク（特殊ミルク）を安定提供し，必要量の確保を図り，障害の発生を予防する目的の事業です。特殊ミルクの品質の管理及び改良，並びに必要な情報の提供が行われています。

⑤結核児童に対する療育の給付

　長期の療養を必要とする結核児童を厚生労働大臣または都道府県知事が指定する病院に入院させ，適正な医療を行うとともに，学校教育を受けさせ，必要な学習用品が支給されます。また，療養生活に必要な物品も支給されます。

⑥不妊に悩む方への特定治療支援事業

　医療保険の適用がない高度な不妊治療（体外受精，顕微授精）を選ばざるを得ない場合の経済的負担の軽減を図るために，2004年度から，次世代育成支援の一環として，配偶者間のこれらの不妊治療に要する費用の一部を助成しています。給付内容として，2011年度からは，治療1回につき上限15万円まで，1年度あたり3回まで支給されます（対象期間として通算5年，通算10回を超えない）。

⑦子どもの心の診療ネットワーク事業

　被虐待児や発達障害児など，様々な子どもの心の問題に対応するために，医療機関や保健福祉機関等と連携した支援体制の構築を図るための「子どもの心の診療ネットワーク事業」が2011年度から実施されています。

　事業の内容は，①地域の医療機関や，関係機関から相談を受けた様々な子どもの心の問題や発達障害の症例に対する診療支援や医学的支援（アドバイス），②子どもの心の問題に関する地域の関係機関の連携会議の開催，③医師・関係専門職に対する研修の充実や関係機関・施設職員に対する講習会の開催，④専

門機関に対する情報提供，地域住民に対する普及啓発などです。

⑧児童虐待防止医療ネットワーク事業

　児童虐待の増加に伴い，小児救急現場でも身体的虐待が疑われる子どもの受診が多くみられます。しかし，医療機関では組織的対応の体制が整わない場合もあり，充分対応できていない状況です。このため，地域医療全体で児童虐待防止体制を整備するために「児童虐待防止医療ネットワーク事業」が実施されています。都道府県，指定都市の中核的な小児救急病院等に，児童虐待専門コーディネーターを配置し，地域の医療機関に対する研修，助言等を行い，地域の児童虐待対応体制の整備が図られています。

4）その他

①健やか親子21（第2次）

　2001年からスタートした「健やか親子21」の計画期間が2014年に終了することから，設定された4つの主要課題ごとに設けた69指標（74項目）について，目標の達成状況や関連する施策の取り組み状況などの評価が行われました。この評価をふまえて，2015年から次期計画「健やか親子21（第2次）」が開始されました。

　「健やか親子21（第2次）」では，今まで努力したが達成（改善）できなかったもの，今後も引き続き維持していく必要があるもの，21世紀の課題として取り組む必要があるものなどを観点に指標が設置され，10年後にめざす姿として「すべての子どもが健やかに育つ社会」を示しています。これは，①日本全国どこで生まれても一定の質の母子保健サービスを受けられ，生命が守られるという地域間の健康格差の解消，②疾病や障害，親の経済状況，個人の家庭環境の違いを超えて，多様性を認識して母子保健サービスを展開するという2つの視点から出されたものです。

　その実現に向けて3つの基盤課題と2つの重点的な課題が設定されました（図表6-20）。

図表6-20 「健やか親子21(第2次)」における課題の概要

課題名		課題の説明
基盤課題A	切れ目ない妊産婦・乳幼児への保健対策	妊娠・出産・育児期における母子保健対策の充実に取り組むとともに,各事業間や関連機関間の有機的な連携体制の強化や,情報の利活用,母子保健事業の評価・分析体制の構築を図ることにより,切れ目ない支援体制の構築を目指す。
基盤課題B	学童期・思春期から成人期に向けた保健対策	児童生徒自らが,心身の健康に関心を持ち,より良い将来を生きるため,健康の維持・向上に取り組めるよう,多分野の協働による健康教育の推進と次世代の健康を支える社会の実現を目指す。
基盤課題C	子どもの健やかな成長を見守り育む地域づくり	社会全体で子どもの健やかな成長を見守り,子育て世代の親を孤立させないよう支えていく地域づくりを目指す。具体的には,国や地方公共団体による子育て支援施策の拡充に限らず,地域にある様々な資源(NPOや民間団体,母子愛育会や母子保健推進員等)との連携や役割分担の明確化が挙げられる。
重点課題①	育てにくさを感じる親に寄り添う支援	親子が発信する様々な育てにくさ(※)のサインを受け止め,丁寧に向き合い,子育てに寄り添う支援の充実を図ることを重点課題の一つとする。 (※) 育てにくさとは:子育てに関わる者が感じる育児上の困難感で,その背景として,子どもの要因,親の要因,親子関係に関する要因,支援状況を含めた環境に関する要因など多面的な要素を含む。育てにくさの概念は広く,一部には発達障害等が原因となっている場合がある。
重点課題②	妊婦期からの児童虐待防止対策	児童虐待を防止するための対策として,①発生予防には,妊娠届出時など妊娠期から関わることが重要であること,②早期発見・早期対応には,新生児訪問等の母子保健事業と関係機関の連携強化が必要であることから重点課題の一つとする。

出所:厚生労働省「健やか親子21(第2次)について検討会報告書(概要)」2014年。

②マタニティマークの周知・活用

「健やか親子21」の課題の一つ「妊娠・出産に関する安全性と快適さの確保と不妊への支援」の解決に向けて,マタニティマークが作られました。これは,妊産婦が交通機関等を利用する際に身につけることで,周囲が妊産婦への配慮を示しやすくするものです。このマタニティマークの周知や活用が図られています。

③健やか次世代育成基盤研究事業(厚生労働科学研究)

乳児期の疾患の克服と障害の予防,母性及び乳幼児の健康の保持増進,並びに子ども家庭福祉の向上に資することを目的とする研究について,公募を行い,研究課題を決定しています。

（4）課題

1）「健やか親子21（第2次）」の取り組みの推進

　先に述べたように「健やか親子21（第2次）」の課題は，「すべての子どもが健やかに育つ社会」の10年後の実現に向け，3つの基盤となる課題と2つの重点的な課題が設定されています。2001年からスタートした「健やか親子21」から，継続的に国民運動計画として「健やか親子21（第2次）」の取り組みを充実させていく必要があります。

　そのためには，一人ひとりが親子を取り巻く温かな環境づくりへの関心と理解を深め，主体的に取り組むことがあげられます。これまでの計画では，「行政機関（国，地方公共団体）」と「健やか親子21推進協議会」を中心とした推進体制でしたが，「健やか親子21（第2次）」において掲げられた課題の達成に向けては，保健，医療，福祉，教育，労働等，幅広い分野の取り組みが重要です。このため，これまで参画してきた関係者だけに留まらず，民間団体等の多種多様な関係機関とも連携しつつ，国民運動としての機運を高め，取り組みを強化していく必要があります。

　また，「健やか親子21」の最終評価においては，国民運動計画として，毎年「健やか親子21全国大会」を開催する等の取り組みをしているにもかかわらず，広く国民への普及啓発が充分に行われていなかったことが主な課題としてあげられました。国民運動としてさらなる推進を図っていくためには，関係機関間の連携を図る体制を再構築するとともに，関係者だけでなく，広く一般の方にも「健やか親子21（第2次）」の取り組みを周知し，普及していくための広報啓発が求められます。

2）長期療養，医療的ケアを要する子どもと家族への支援

　小児がん等の小児慢性疾患により長期療養を必要とする子どもや，病気や障害のために医療的ケアを必要とする子どもたちの子どもの健全育成を図るための支援が求められています。

人間として成長し自立するために必要な「生きる権利」「育つ権利」「守られる権利」「参加する権利」が保障されるためには，病棟保育や院内学級など，治療により学校や地域，家族等から引き離される子どもの不安や苦痛を軽減するための支援や，その家族の精神的負担・経済的負担に対応する支援が求められてきました。2015年1月，小児慢性特定疾病児童等自立支援事業が実施され，経済的負担の軽減が図られています。

　また，これまで長期入院が必要だった子どもたちや障害をもった子どもたちが，医療処置を継続しながら，また医療機器を装着しながら，自宅での療養や保育所・学校，地域での活動に参加することが可能になってきました。そのため，2016年「児童福祉法」の一部改正によって，医療的ケアが必要な子どもへの支援として，地域の保健・医療・福祉等の連携促進の努力をすることとされました。しかし，病気や障害をもちながら家庭や学校，地域で暮らしていくには，子どもを取り巻く人々の理解と協力，さらに院内学級や特別支援学級，地域の学校などの連携・協力が不可欠です。自立を阻害されている子どもについて，地域による総合的な支援により自立の促進を図るための取り組みがさらに求められます。

3）児童虐待の発生予防と子どもの心の健康支援
　地域のつながりの希薄化などによって，妊産婦・母親の孤立感や負担感が高まるなか，妊娠期から子育て期までの支援は，関係機関が連携し，より身近な場所で妊産婦等を支えることが必要です。その対策として，「子育て世代包括支援センター」を立ち上げ，様々なニーズに対して総合的相談支援を提供し，妊娠期から子育て期にわたるまでの切れ目ない支援の強化を図る体制の構築に向けた取り組みが始まりました。しかし，「子育て世代包括支援センター」の設置は，現在は市町村の努力義務とされているため，地域によって妊娠期から子育て期までの切れ目ない支援の提供に格差が生じることが考えられます。子ども虐待の要因のひとつである，育児不安や孤立感を軽減するためにも保健師等の専門職が全ての妊産婦等の状況を継続的に把握し，適切な支援を提供する

体制を構築することが必要です。さらに，妊娠の届け出や乳幼児健診等の母子保健施策によって，悩みを抱える妊産婦等と接する機会が多くなり，それらの妊産婦等を早期に発見し相談支援につなぐことによって，子ども虐待の予防や早期発見に資することが可能になります。そのため，子ども虐待の予防・早期発見の施策として，母子保健施策と児童虐待防止対策の連携が一層重要となります。

また，様々な子どもの心の問題や子ども虐待，発達障害に対応できる小児科医や精神科医の養成も課題となっています。そのため，2005年度から2年間にわたり「子どもの心の診療医の養成に関する検討会」が開催され，2007年度には，子どもの心の診療医のための研修の実施やテキスト作成などが行われました。

さらに，2011年度から「子どもの心の診療ネットワーク事業」が実施されています。様々な子どもの心の問題，児童虐待や発達障害に対応するために，都道府県における拠点病院を中核として，地域の医療機関並びに児童相談所，保健所，市町村保健センター，要保護児童対策地域協議会，発達障害者支援センター，児童福祉施設及び教育機関等と連携した支援体制の構築が図られています。

6　健全育成

（1）健全育成の理念

子どもが心身共に健全に育成されるためには，子どもの生活の場として適正な家庭環境や，人間関係を形成するための遊び場，地域での交流の場の確保など，育成環境の整備が必要です。

しかし，近年の子どもを取り巻く社会環境は，人口の都市集中，公害，住宅，交通事故など様々な問題が生じています。家庭生活においても家族形態や就労形態の変化による親と子どもとの関係の希薄化，長時間労働による父親不在，

育児ストレスによる虐待など様々な問題が生じています。これらの問題に対応し，子育ての環境を整備していくことが重要な課題となっています。

わが国では，子どもの健全育成について，児童福祉の理念（「児童福祉法」第1条）に「全て児童は，児童の権利に関する条約の精神にのつとり，適切に養育されること，その生活を保障されること，愛され，保護されること，その心身の健やかな成長及び発達並びにその自立が図られることその他の福祉を等しく保障される権利を有する」と掲げられています。子どもの健全育成は，すべての子どもが身体的，精神的，社会的に良好な状態が確保され，一人ひとりの個性が尊重され，自己実現が図られることといえるでしょう。

さらに，「児童福祉法」第2条第3項には，国及び地方公共団体は，児童の保護者とともに，児童を心身ともに健やかに育成する責任を負うと明記されています。つまり，子どもが心身ともに健やかに育ち，また保護者が安心して子育てをしていくためには，国，地域，公共団体等が一体となり，子どもの健全育成に関わる施策を推進していく必要があります。

（2）子どもの健全育成支援施策

1）児童厚生施設

子どもが心身の健全な発達を図るうえで，「遊び」は欠かせない活動です。遊びによって，子どもは自発性・創造性を高め，また，遊びのなかで異年齢児の交流を図り友人との連帯感を育んでいきます。児童厚生施設は，遊びを通して子どもの心身の健全育成を図る場として設置されています。

児童館は，屋内での遊びを基本とし，その機能や規模により，大型児童館，児童センター，小型児童館にわかれています。子どもに健全な遊びを提供し，健康の増進や情操をゆたかにするとともに，母親クラブ，子ども会，健全育成相談などの子育て支援活動も行われています。また，体育設備を備えたものは児童センターと呼ばれています。

児童遊園は，屋外での遊びを基本とし，都市部の繁華街，住宅密集地など，子どもの遊び場が必要な地域に設置されています。主として幼児および小学校

低学年児童を対象としています。主な職員としては，児童の遊びを指導する者（児童厚生員）がサービスを提供しています。

児童厚生施設の目的や，それぞれの施設の分類や詳細については，第5章を参照してください。

2）放課後児童健全育成事業（学童保育・放課後児童クラブ）

小学生をもつ共働き家庭やひとり親家庭，働きながら子育てをしたいと願う保護者たちの声によって，「放課後児童健全育成事業」（放課後児童クラブ）がつくられ，広がってきました。1997年の「児童福祉法」の改正によって法定化され，第2種社会福祉事業として位置づけられました。この事業は「児童福祉法」第6条の3第2項では，「小学校に就学している児童であつて，その保護者が労働等により昼間家庭にいないもの」を対象とし，「授業の終了後に児童厚生施設等の施設を利用して適切な遊び及び生活の場を与えて，その健全な育成を図る」ことを目的としています。一般的には「学童保育」といわれています。

この事業は，「放課後児童健全育成事業の設備及び運営に関する基準」に基づき実施されています。実施場所は，児童館，学校の余裕教室，学校敷地内専用施設などが主です。放課後児童クラブには，放課後児童指導員が2名以上配置され（おおむね40人以下の利用者），保育士，社会福祉士等の資格（「児童の遊びを指導する者」の資格を基本）を有する者で，認定資格研修を修了した者をとされています。

放課後児童クラブの推進については，これまで様々な子育て支援の施策のなかに盛り込まれ，整備されてきました。放課後児童クラブの数の拡充を図るために，2008年に「新待機児童ゼロ作戦」が発表され，希望するすべての人が安心して子どもを預けて働くことができる社会をめざし，10年後の保育や放課後児童クラブの整備の目標が定められました。さらに，2010年1月に策定された「子ども・子育てビジョン」では，2014年度までに利用児童を111万人にするという目標がたてられていました。

2007年度からは，文部科学省と厚生労働省が連携し，総合的な放課後対策として，「放課後子どもプラン」[22]を策定しました。これは，2014年7月に施行された「放課後子ども総合プラン」[23]に移行しています。「放課後子ども総合プラン」は，2019年度末までに，放課後児童クラブについて，新たに約30万人分の整備をめざしています。詳細は第8章を参照してください。

3）地域組織活動

　子どもの健全な育成を図るための重要な役割として，地域住民の積極的参加による地域活動は欠かせません。これらの地域活動としては，子ども会等の児童の集団活動と，母親クラブ，親の会等の親による子どもの育成活動があります。

　子ども会は，小地域のすべての子どもが健全に育成されることを目的とした組織で，遊びが主体となる活動が行われています。その他，社会奉仕，文化，レクリエーションなども行われています。

　母親クラブ，親の会は，母親同士の話し合いや研修によって子どもの養育についての知識や技術を高め，これを家庭や地域社会で実践することを通して，子どもの健全な育成を図ることを目的としています。

　特に母親等による地域活動への参加は，地域全体で子どもを育成する体制を整えるために不可欠です。そのため，所定の要件を具備している母親クラブ等の地域組織に対し，活動費の一部補助が行われています。また，近年，子育てサークルや子育て支援NPOの活動が増加していることに伴い，幅広い地域組織への活動に対する支援を図っています。さらに，これらの地域組織活動は，

▷22　放課後子どもプラン
　　2007年4月に施行された。地域社会のなかで，放課後等に子どもたちの安全で健やかな居場所作りを推進するために，厚生労働省所管の「放課後児童健全育成事業」（学童保育）と，文部科学省所管の「放課後子ども教室推進事業」とを，一体的あるいは連携して実施する総合的な放課後対策。この「放課後子どもプラン」は，すべての小学校区での開設をめざし，基本的には教育委員会が主管部局となって福祉部局と連携して取り組むことになっている。

▷23　放課後子ども総合プラン
　　第8章第3節（p.239）参照。

ボランティアによって支えられるため，ボランティアと指導者の育成のために，指導者の研修事業に対しても費用の助成が行われています。

4）児童手当

児童手当は，子どもを養育している者に行政から支給される手当てのことです。児童手当を支給することにより，家庭における生活の安定に寄与するとともに，次代の社会を担う児童の健全な育成と資質の向上に資することを目的として，「児童手当法」(1971年制定) に基づき，1972年から開始されました。児童手当の詳細については，第3章を参照してください。

(3) 課　題

学童保育（放課後児童クラブ）は，1997年に法制化され，それ以降学童保育数も入所児数も急激に増加し続けています。その背景として，小学生の子どもをもつ家庭の共働き世帯の一般化や，ひとり親世帯の増加で学童保育を希望する世帯が増加していることがあげられます。しかし，急激に学童保育を必要とする子どもが増加しているために，学童保育の新設・増設が追いつかず，待機児童の増加と大規模化が進んでいます。

「全国学童保育連絡協議会」が2017年9月に発表した内容によると，2017年5月1日現在の学童保育（放課後児童クラブ）の利用は，2万9,271か所で実施され，111万7,855人が利用しています。学童保育数，利用児童数とも激増していますが，これには，「児童福祉法」の改正によって，対象年齢が小学6年生までと拡大されたことや，子ども・子育て支援新制度により，学童保育の国の制度・市町村の施策が変わったことが要因として考えられます。しかし，把握されている待機児童数は1万6,832人ですが，把握していない自治体もあり，地域に学童保育のない自治体もあるため実際には「潜在的待機児童」は40万人以上と推測されるなど，学童保育は不足しており，さらなる拡充が求められます。

量の拡大と同時に，質の向上も課題となります。学度保育を利用している子

どもは多様化しており,「全国学童保育連絡協議会（2012年）」の調べによると，障害のある子どもの入所希望は増加し，5年間で1.73倍に増加しています。さらに，家庭養育基盤が脆弱で特に配慮を必要とする子どもの増加など，多様な支援が必要となっています。今後，子どもの多様化により，特別な支援が必要な子どもを受け入れるための指導員の加配，研修，支援体制などの条件整備が進められる必要があります。

また，子ども・子育て支援新制度の施行により，学童保育の基準が省令で定められ，運営指針が策定されたことで，指導員の資格の規定，非正規職員が大半を占めた雇用から正規職員の配置，さらに賃金等の処遇改善が進められることになります。子どもたちが安心して生活できる学童保育を継続していくためには，指導員に関わる雇用環境の整備が早急に求められます。

地域における子どもの健全育成としての児童館は，利用者の増加と比較して児童館の数が少なく，地域によって普及率も格差が見られます。児童館は，子育て支援における健全育成のために0〜18歳のすべての子どもが利用できる施設としての機能をもつことからも，未就学児，および未就学児の親を中心とした保護者に対する子育て支援を積極的に行っていくことや，高学年児童や障害児など，地域のニーズに即した柔軟な受け入れ体制も求められています。

さらに，地域全体を子どもの育つ環境として整備し，児童委員，主任児童委員，母親クラブや子育てサークル，子育て支援NPOなど様々なグループによる子どもの健全育成活動を育てていく役割も求められています。そのためには，子どもの健全育成に携わる人材の養成・確保・専門性の向上等をどう進めていくかが今後の課題です。

参考文献

日本発達障害福祉連盟編『発達障害白書2009年版』日本文化科学社，2008年。
柏女霊峰『子ども家庭福祉論』誠信書房，2009年。
日本子どもを守る会編『子ども白書2006〜2008』草土文化，2006〜2008年。
庄司順一「社会的養護のもとに育つこどもたち」日本子ども家庭総合研究会編『日本

子ども資料年鑑2008』KTC中央出版，2008年。
水田和江・中野菜穂子『子ども家庭福祉の扉』学文社，2009年。
山内昭道監修『子育て支援用語集』同文書院，2005年。
松本峰雄『保育者のための子ども家庭福祉』萌文書林，2007年。
山野則子・金子恵美編『児童福祉』ミネルヴァ書房，2008年。
水田和江・中野菜穂子編『子どもの養護その理念と実践』みらい，2006年。
財団法人資生堂社会福祉事業財団監修『ファミリーソーシャルワークと児童福祉の未来』中央法規出版，2008年。
日本弁護士連合会子どもの権利委員会『子どもの虐待防止・法的実務マニュアル（第5版）』明石書店，2012年。
日本子ども家庭総合研究所編『子ども虐待対応の手引き』有斐閣，2005年。
国立特別支援教育総合研究所ホームページ
　　（http://www.nise.go.jp/portal/elearn/shiryou/byoujyaku/supportbooklet.html）
清水貞夫ほか『キーワードブック障害児教育』かもがわ出版，2007年。
内閣府『少子化社会対策白書（平成29年版）』日経印刷，2017年。
日本子ども家庭総合研究所編『日本子ども資料年鑑2015』KTC中央出版，2015年。
社会福祉の動向編集委員会編『社会福祉の動向2017』中央法規出版，2017年。
母子衛生研究所『わが国の母子保健（平成29年）』母子保健事業団，2017年。
厚生労働統計協会『国民の福祉と介護の動向　2017／2018』厚生労働統計協会，2017年。
厚生労働省『厚生労働白書（平成28年版）』日経印刷，2016年。
中央法規出版編集部編『改正児童福祉法・児童虐待防止法のポイント』中央法規出版，2016年。

第7章　保育サービス

　少子化の進行，核家族化，就労形態やライフスタイルの変化などによって子育て環境も多様化しています。そのなかでも保育ニーズは多様化し，これまで中心であった保育所における保育に欠ける子どもの保育だけでなく，すべての子どもと家庭への保育サービスが求められています。
　この章では，保育サービスの提供主体として中心的な役割を担っている保育所と，その他の保育施設，多様な保育サービスについて概説します。

1　保育サービスの多様化

　子どもの養育責任は，第一義的には保護者にありますが，その保護者が労働や疾病などの理由によって家庭において必要な保育を受けることが困難な乳幼児については，保護者に代わって社会的に養育する必要があります。わが国では，その保育サービスを提供する機関として保育所が中心的な役割を担ってきました。しかし，保護者の就労形態や家族形態の変化などにより，保育のニーズは多様化しています。そのため，保育所だけでは充足できない保育ニーズに対して，保育所以外の保育施設が保育サービスを提供しています。乳幼児の保育は，保育所以外に事業所内保育所やベビーホテルなどの認可外保育施設，あるいは，在宅型・個別型の保育であるベビーシッターや家庭的保育（保育ママ），ファミリーサポートなどによって行われていました。そして，2015年からスタートした「子ども・子育て支援制度」によって，保育施設として新たに認定こども園，地域の実情に応じて各自治体が認可した小規模保育なども保育サービスを行うこととなりました。
　これらの保育サービスや保育サービスを提供する機関に関する施策に大きな

変化が見られたのは,「仕事と子育ての両立支援」が少子化対策のひとつとして取り組みが始まったからです。「今後の子育て支援のための施策の基本的方向について」(エンゼルプラン) や「緊急保育対策等5か年計画事業」,「重点的に推進すべき少子化対策の具体的実施計画について」(新エンゼルプラン),「子ども・子育て応援プラン」,「子ども・子育てビジョン」などにより,様々な保育サービスが展開されていきました。

さらに,核家族化や世帯の小規模化,地域とのつながりの希薄化などによって,母親のみが子育てに対する負担を負わされることが多くなり,それに伴い母親と子どもの密室化,育児不安,育児ストレス,虐待など問題が生じてきました。これまでの働く母親のいる家庭だけでなく,専業主婦のいる家庭の子ども含めた,「すべての家庭への子育て支援」としての保育サービスのニーズが高まってきました。そして,これらの保育サービスのニーズに対応するための様々な施策が展開されていきました。

さらに進む少子化対策として,子どもと子育てを応援する社会の実現をめざす考え方に転換しましたが,保育所を利用したいと思っても,希望する保育所が満員で入所できない待機児童の発生など,仕事と子育ての両立ができる環境が整備されていない状況が問題となってきました。そのため,幼保一元化を含む,子どもや家庭を支援する新しい支え合いの仕組みとして「子ども・子育て支援新制度」がスタートし,すべての子どもと子育てをする家庭に対して,地域のニーズに応じ,質の高い幼児教育や保育を総合的に提供するシステムに転換されています。

2　待機児童問題への取り組み

女性の就業の増加や保育利用率の上昇などにより,2016年4月には,保育所等の定員が263万4,510人となり(図表7-1),就学前の子どもが保育所等を利用する割合(保育所等利用児童数÷就学前児童数)は,39.9%となります。

しかし,「保育が必要」な状態で保育所への入所を希望しているにもかかわ

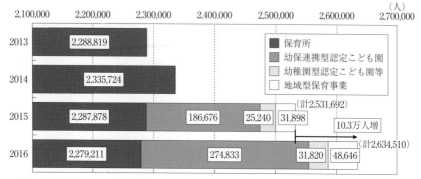

図表7-1　保育所等定員数の推移

2016年4月の保育所等の定員*は263万人（前年比10.3万人増）
※幼稚園型認定こども園等と地域型保育事業（2号・3号認定）を含む

注1：各年とも4月1日時点の数値。
　2：2015年4月以降の集計の対象は，新制度における給付の対象となる保育所（保育所型認定こども園の保育所部分含む。），幼保連携型認定こども園，幼稚園型認定こども園等及び地域型保育事業であり，2014年4月以前は，保育所運営費の対象である保育所（幼保連携型認定こども園及び保育所型認定こども園の保育所部分を含む。）となっている。

資料：内閣府資料。
出所：内閣府『少子化社会対策白書（平成29年版）』日経印刷，2017年，47ページ。

らず，入所できず入所待ちをしている「待機児童」も多く見られます。保育所等待機児童数は，2016年4月1日現在2万3,553人となっています。これは，前年比386人増加となります（図表7-2）。年齢別にみると，0～2歳の低年齢児の待機児童数は，全体の86.8%（2万446人）を占めています（図表7-3）。

この待機児童に対する施策は，1994年のエンゼルプラン策定以降，仕事と家庭の両立支援として具体的な取り組みが行われてきました。しかし，保育所の待機児童は増加し続けていました。そこで，2001年に「待機児童ゼロ作戦」を発表し，2004年には「子ども・子育て応援プラン」が策定され，2009年度までの目標として待機児童の多い市町村を中心に保育所受入児童数を増やし，待機児童の解消が図られました。

また，保育所受入児童数を増やすために，保育所の緊急整備や保育所の認可要件等の規制緩和も進められ，2008年2月には保育所利用児童の増加を見込んだ対策の方針を示した「新待機児童ゼロ作戦」も策定されました。

図表7-2 待機児童数と保育所等定員の推移

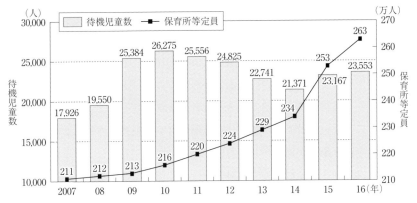

注:2015年より、幼稚園型認定こども園、地方裁量型認定こども園、特定地域型保育事業(小規模保育事業、家庭的保育事業、事業所内保育事業、居宅訪問型保育事業)を含む。
資料:厚生労働省資料。
出所:図表7-1に同じ、95ページに一部加筆。

図表7-3 年齢区分別待機児童数

2016年4月1日現在

	利 用 児 童		待 機 児 童	
低年齢児(0〜2歳)	975,056人	39.7%	20,446人	86.8%
うち0歳児	137,107人	5.6%	3,688人	15.7%
うち1・2歳児	837,949人	34.1%	16,758人	71.1%
3歳以上児	1,483,551人	60.3%	3,107人	13.2%
全年齢児計	2,458,607人	100.0%	23,553人	100.0%

資料:厚生労働省資料。
出所:図表7-2に同じ、97ページ。

　しかし、都市部を中心として待機児童の問題は解消されず、2010年に策定された「子ども・子育てビジョン」では、2014年度に3歳未満児の保育サービス提供割合35%をめざすなど、保育の定員を毎年約5万人ずつ増加する目標を設定し、予算においても保育所運営費の確保による保育の量的拡充などの取り組みが行われました。

　さらに、待機児童対策として、2010年には「待機児童解消先取りプロジェクト」がとりまとめられ、家庭的保育の拡充、質の確保された認可外保育施設へ

の公費助成などが実施されました。2013年には「待機児童解消加速化プラン」が発表され、2017年度末までに待機児童の解消をめざし、保育士の人材確保についての取り組みも進められています。このように保育所等定員数の増加など整備が進められていますが待機児童数は増加し続け、「待機児童解消加速化プラン」の保育の受け皿目標が40万人分から50万人分に上積みされました。

2015年から施行された「子ども・子育て支援新制度」では、この状況に対応するために、認定こども園の推進、小規模保育や家庭的保育等によって保育の量の拡大を図る施策が進められており、2016年度から実施している企業主導型保育事業によりさらに保育の受け皿拡大に取り組んでいます。

3　保育所における保育サービス

（1）保育の目的と入所の仕組み

保育所は、「児童福祉法」に基づいて設置・運営される認可保育所のことをいいますが、1947年に制定された「児童福祉法」によって児童福祉施設のひとつとして位置づけられています。保育所の設置主体は、市区町村および都道府県知事の設置認可を受けた社会福祉法人その他です。保育需要に対応するために、地域によっては企業、特定非営利活動法人（NPO）など多様な主体による保育所設置などの規制緩和も進められています。

保育所は「児童福祉法」第39条で、「保育所は、保育を必要とする乳児・幼児を日々保護者の下から通わせて保育を行うことを目的とする施設とする。②保育所は、前項の規定にかかわらず、特に必要があるときは、保育を必要とするその他の児童を日々保護者の下から通わせて保育することができる」と規定されています。

これまでは、「保育に欠ける」子どもが保育の対象でしたが、子ども・子育て支援新制度の施行によって、「保育を必要とする」子どもを対象とすることになりました。「保育を必要とする」基準として、以下の事由に該当するもの

図表7-4　教育・保育の利用について

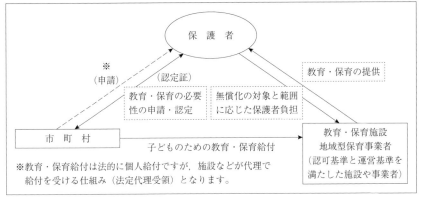

出所：国の資料に基づき、筆者作成。

とされています。

① パートタイム・夜間を含む就労
② 妊娠中、出産後間もない
③ 保護者の疾病・障害
④ 同居又は長期入院等している親族の介護・看護
⑤ 災害復旧
⑥ 求職活動（起業準備を含む）
⑦ 就学（職業訓練校を含む）
⑧ 虐待やDVのおそれがあること
⑨ 育休取得中に保育を利用し、継続利用が必要であること
⑩ その他市町村が定める事由

新制度によって、保育所で保育を受ける場合は、保護者は市町村による「保育の必要性」の認定を受けることになります（2号、3号）。認定を受けると、市町村から認定証が交付され、希望する施設を申し込みます。利用調整・入所選考により入所が決定後、契約をすることになります。2019年10月から幼稚園、保育所、認定こども園等を利用する3〜5歳児の保育料が無償となりました（子ども・子育て支援新制度対象外の幼稚園の保育料は、同制度の利用者負担額を上限

として無償化）。また，0～2歳までの子ども達の保育料については，住民税非課税世帯を対象に無償化となります（図表7-4）。

（2）保育所の設備・運営

保育所の設備・運営は，「児童福祉施設の設備及び運営に関する基準」に規定されており，子どもの発達特性を考慮して，2歳未満の乳幼児と2歳以上の幼児とに分けて，それぞれに必要な設備，面積，用具等が規定されています。また，職員については，保育士，嘱託医および調理員が必要となっています。保育士の配置基準は，乳児3人につき1人以上，1・2歳児6人に1人以上，3歳児20人に1人以上，4歳児以上30人につき1人以上となっています。

保育時間は，1日につき8時間を原則とし，保護者の労働や家庭の状況を考慮して開所時間の弾力化，延長保育，夜間保育など，保育所長が定めることとなっています。保育の内容については，保育所保育指針によって具体的に示されています。

（3）保育所保育指針

保育所における保育内容が，子どもの最善の利益と，子どもの健康や安全の確保，発達の保障などにおいて一定水準を保つために，保育所における保育の内容や，これに関連する運営等について定められたものを「保育所保育指針」といいます。「保育所保育指針」では，保育所の役割として「養護」および「教育」を一体的に行うことを特性とし，環境を通して子どもの保育を総合的に実施する役割と，保護者に対する支援を行うことが明記されています。

この保育指針に基づき，子どもの健康及び安全を確保し，子どもの一日の生活や発達過程を見通し，保育の内容を組織的・計画的に構成し保育を実施することになります。

（4）子育て支援事業

多様な保育ニーズに対応するため，保育所では，延長保育，一時預かり保育，

休日・夜間保育，病児保育などの推進が図られています。また，新制度の施行に伴い，「地域子ども・子育て支援事業」（図表7-7参照）など様々な保育サービスも行われています。以下は，保育所で行われる主な事業です。

①特定保育事業

　パートタイム勤務や育児短時間勤務など，保護者の就労形態の多様化に対応するために，保育所において子どもを一定程度（1か月あたりおおむね64時間以上）継続的に保育を行うサービスです。

②休日・夜間保育事業

　保護者の就労形態の多様化等により，保護者が日曜・祝日に勤務する場合など，休日において保育を必要とする子どもに対する保育サービスです。夜間保育事業は，夜間においても保育を必要とする子どもに対する保育サービスで，市町村または市町村が認めた夜間保育所等において実施されます。

③病児保育事業

　子育てと就労の両立支援の一環として，保育所を利用する乳幼児が病気の際に，保護者による家庭での育児が困難な場合，保育所，病院・診療所や乳児院に併設されたデイサービス施設で一時的に保育するほか，体調不良となった児童への緊急対応や病気の児童の自宅に訪問し，一時保育を行います。

④延長保育事業

　通常の保育所での保育時間は，「児童福祉施設の設備及び運営に関する基準」第34条で，1日8時間を原則としており，保護者の労働や家庭の状況を考慮して保育所長が定めることとなっています。近年の就業形態の変化や労働の長時間化などによって，保育時間の多様化が求められるようになってきました。そのため，就労形態の多様化等に対応するため，民間保育所が開所時間11時間を基本として，それを超えた時間で保育を行う場合に補助金が交付されます。

⑤地域子育て支援拠点事業

　1993年度から，地域の子育て家庭に対する育児支援として，保育所において地域の子育て家庭等に対する育児不安についての相談指導，子育てサークル等への支援を行う，「地域子育て支援センター事業」が実施されてきました。

さらに，2002年度から，おおむね3歳未満の乳幼児とその親が気軽に集まり，相談，情報交換，交流を行う「つどいの広場事業」が実施され，公共施設の余裕空間や，商店街の空き店舗などを利用して設置されました。

また，2007年度から，従来の「つどいの広場事業」や「地域子育て支援センター事業」を再編し，「地域子育て支援拠点事業」が創設されました。保育所等において，育児不安等に関する相談指導を行ったり，地域の関係機関や子育て支援活動を行う団体等と連携して，地域に出向いた地域支援活動を実施する「地域子育て支援拠点事業（一般型）」や児童福祉施設等多様な子育て支援に関する施設に親子が集う場を設け，子育て支援のための取り組みを実施する「地域子育て支援拠点事業（連携型）」の推進が図られています。

⑥一時預かり事業

一時預かり事業は，保護者の就労や，疾病・入院，あるいは家族の介護，リフレッシュなどによって緊急・一時的に保育が必要になった場合に保育所等で一時的に預かる事業で，1990年から国による特別保育事業の一つとして制度化されました。2008年の「児童福祉法」の改正により，児童福祉法上の事業として位置づけられています。

⑦障害児保育

保育所において集団保育が可能な中程度までの障害のある子どもを受け入れ，健常児との集団保育が適切に行われるように保育士の配置に必要な経費の補助が行われてきました。現在，保育所における障害のある子どもの受け入れは広く実施されています。また，2012年の「児童福祉法」改正によって，「保育所等訪問支援」が行われています。

4　認定こども園

（1）認定こども園創設の背景

日本では，就学前の子どもたちを保育する施設として，「保育が必要な」全

ての子どもを対象とした児童福祉施設である保育所と，3歳以上の子どもを対象とした教育施設である幼稚園が中心となっています。保育所は，待機児童対策としての規制緩和，定員の弾力化などが実施され，保育所数，保育所入所児数は増加しています。

幼稚園では，2000年から預かり保育を実施するようになり，幼稚園教育要領でも，その必要性が示されています。しかし，少子化の影響を受け，施設数等の減少が続いています。

このような保育施設の状況から，幼稚園・保育園の共用化・一体化が政策として検討されてきました。具体的には，幼稚園教育要領との整合性を図るための保育所保育指針の改定や，幼稚園教諭免許と保育士資格を同時に取得できる保育資格の養成課程の見直しなどが実施されてきました。

2003年の「経済財政運営と構造改革に関する基本方針2003」に基づき，「就学前の教育・保育を一体として捉えた一貫した総合施設」として認定こども園が創設されました。2005年にはモデル事業を実施し，2006年に「就学前の子どもに関する教育・保育等の総合的な提供の推進に関する法律」を成立し，2006年10月から認定こども園制度が実施されています。

（2）認定こども園の利用

認定こども園は，地域の実情に応じて「幼保連携型」「幼稚園型」「保育所型」「地域裁量型」の4つの種類が認められています。職員配置は，0～2歳については保育所と同様で，3～5歳については学級担任制を配置し（概ね子ども20～35人に1人），長時間利用時には個別対応が可能な体制をとっています。職員資格は，0～2歳には保育士資格，3～5歳児は幼稚園教諭免許と保育士資格をあわせもつことが望ましいとされています。「幼保連携型」については，2015年から施行の新制度によって「保育教諭」が配置されることになりました。子ども・子育て支援新制度により，認定こども園の利用については，3歳以上で教育を希望する場合（1号認定）は，認定こども園に直接申し込みを行い，園を通じて認定の申請・認定証の交付を行います。3歳以上で教育・保育を希

図表7-5　施設型給付費等の支給を受ける子どもの認定区分

○子ども・子育て支援法では，教育・保育を利用する子どもについて3つの認定区分が設けられ，これに従って施設型給付等が行われる（施設・事業者が代理受領）。

認定区分	給付の内容	利用定員を設定し，給付を受けることとなる施設・事業
満3歳以上の小学校就学前の子どもであって，2号認定子ども以外のもの（1号認定子ども）（第19条第1項第1号）	教育標準時間（※）	幼稚園 認定こども園
満3歳以上の小学校就学前の子どもであって，保護者の労働又は疾病その他の内閣府令で定める事由により家庭において必要な保育を受けることが困難であるもの（2号認定子ども）（第19条第1項第2号）	保育短時間 保育標準時間	保育所 認定こども園
満3歳未満の小学校就学前の子どもであって，保護者の労働又は疾病その他の内閣府令で定める事由により家庭において必要な保育を受けることが困難であるもの（3号認定子ども）（第19条第1項第3号）	保育短時間 保育標準時間	保育所 認定こども園 小規模保育等

注：（※）教育標準時間外の利用については，一時預かり事業（幼稚園型）等の対象となる。
出所：内閣府「子ども・子育て支援新制度について（平成27年7月）」2015年。

望する場合や3歳未満で保育を希望する場合は，保育所と同様に市町村による保育の必要の認定（2号，3号）を受ける必要があります（図表7-5）。また，利用時間も利用者のニーズに合わせて短時間利用，長時間利用が可能になります。

　内容については，幼稚園教育要領と保育所保育指針の目標が達成されるよう，教育・保育が提供されています。2014年に指針となる「幼保連携型認定こども園教育・保育要領」が告示されました（2017年に改訂）。

　制度についても「認定こども園法」の一部改正により，「幼保連携型認定こども園」制度の改善が行われました。これまで学校教育法に基づく幼稚園と児童福祉法に基づく保育所という2つの制度によって，それぞれの法に基づく認可や指導監督等が行われるため，二重行政が課題となっていました。そのため，4種類の認定こども園のうち，「幼保連携型認定こども園」について，2015年からの「子ども・子育て支援新制度」によって幼保連携型認定こども園の認可や指導監督を一本化することになりました。設置主体は，国・地方自治体・学校法人及び社会福祉法人に限定され，株式会社などの参入は認められていませ

第7章 保育サービス

図表7-6 認定こども園数の推移

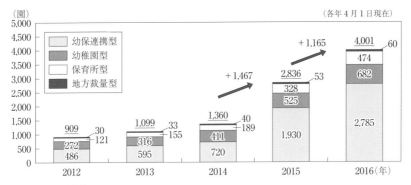

資料：内閣府資料。
出所：図表7-1に同じ，48ページ。

ん。職員については，学校教育・保育を行うものとして，幼稚園教諭免許と保育士資格をあわせもつ「保育教諭」が配置されます。経過措置として，新制度施行後5年間は，幼稚園教諭あるいは保育士資格どちらかの資格でも保育教諭になることができます。

認定こども園数は，2016年4月1日現在で4,001件で，施行前の2014年4月における1,360件に比べ，約3倍に増加しています（図表7-6）。

5 子ども・子育て支援新制度による保育サービス

子ども・子育て関連3法により2015年4月から「子ども・子育て支援新制度」が実施され，新たな体制として財源や給付など一元化が行われました。
これまでの保育・教育施設である認定こども園，幼稚園，保育所への「施設型給付」と，小規模保育，家庭的保育（保育ママ），事業所内保育等へ給付する「地域型保育給付」が新たに創設されました。「地域型保育給付」の対象となるのは，3歳未満児の保育の拡充を図るために，市町村の認可事業として新設した「地域型保育」で，その内容は，「家庭的保育（保育ママ）」，「事業所内保育」，「小規模保育」，「居宅訪問型保育」となっています。「家庭的保育（保育ママ）」

は，保育所等と連携しながら，保育者の居宅等において少人数（定員5人以下）の就学前の子どもを対象とした保育を行うものです。「事業所内保育」は，会社の事業所の保育施設などで，従業員の就学前の子ども・地域の子どもを保育するものです。「小規模保育」は，少人数（6〜19人）の就学前の子どもを対象に，家庭的保育に近い環境で保育を行うものです。「居宅訪問型保育」は，障害や病気などで集団保育が困難になり個別のケアが必要な場合や，保育所の閉鎖等により施設がない地域で保育を維持する必要がある場合などに，保護者の自宅で1対1の保育を行うものです。この「地域型保育」は，待機児童の多い都市部では待機児童問題の解消として期待されています。

　また，すべての子育て家庭を対象に地域のニーズに応じた多様な子育て支援を充実させるため，「地域子ども・子育て支援事業」が創設され，13の事業が行われています。それには，保育所で実施する「延長保育事業」「病児保育事業」，就学時に利用する「放課後児童クラブ」，「妊婦健診」，さらに「利用者支援事業」「地域子育て支援拠点事業」「一時預かり事業」「乳児家庭全戸訪問事業」等，市町村が地域の実情に応じ実施することになりました（図表7-7）。

　「子ども・子育て支援法」の一部改正によって，仕事と子育ての両立支援として国が実施する「仕事・子育て両立支援事業」が2016年度に新設されました（第8章，図表8-3）。その内容は「企業主導型保育事業」と，「ベビーシッター等利用者支援事業」となっており，「企業主導型保育事業」とは，企業が主導して設置する事業所内保育施設の整備・運営に関わる費用の一部を助成するものです。「ベビーシッター等利用者支援事業」とは，多様な働き方をしている労働者等が就労のためにベビーシッター派遣サービスを利用した場合に利用料金の一部を助成するものです。

　「地域子ども・子育て支援事業」に加え，新たな「仕事・子育て両立支援事業」によって，保育の受皿の整備を図るとともに，多様な働き方に応じた多様な保育サービスを提供することで，子ども・子育て支援の充実が進められています。

　保育所や幼稚園などの保育施設を利用していない低年齢の子どもをもつ保護者にとって，家庭での育児の孤立や不安など様々な悩みも少なくありません。

図表7-7 地域子ども・子育て支援事業の概要

事業名	概要
①利用者支援事業	子ども又はその保護者の身近な場所で，教育・保育・保健その他の子育て支援の情報提供及び必要に応じ相談・助言等を行うとともに，関係機関との連絡調整等を実施する事業
②地域子育て支援拠点事業	乳幼児及びその保護者が相互の交流を行う場所を開設し，子育てについての相談，情報の提供，助言その他の援助を行う事業
③妊婦健康診査	妊婦の健康の保持及び増進を図るため，妊婦に対する健康診査として，①健康状態の把握，②検査計測，③保健指導を実施するとともに，妊娠期間中の適時に必要に応じた医学的検査を実施する事業
④乳児家庭全戸訪問事業	生後4か月までの乳児のいる全ての家庭を訪問し，子育て支援に関する情報提供や養育環境等の把握を行う事業
⑤養育支援訪問事業，子どもを守る地域ネットワーク機能強化事業（その他要保護児童等の支援に資する事業）	養育支援が特に必要な家庭に対して，その居宅を訪問し，養育に関する指導・助言等を行うことにより，当該家庭の適切な養育の実施を確保する事業 ・子どもを守る地域ネットワーク機能強化事業（その他要保護児童等の支援に資する事業） 要保護児童対策地域協議会（子どもを守る地域ネットワーク）の機能強化を図るため，調整機関職員やネットワーク構成員（関係機関）の専門性強化と，ネットワーク機関間の連携強化を図る取組を実施する事業
⑥子育て短期支援事業	保護者の疾病等の理由により家庭において養育を受けることが一時的に困難となった児童について，児童養護施設等に入所させ，必要な保護を行う事業（短期入所生活援助事業（ショートステイ事業）及び夜間養護等事業（トワイライトステイ事業））
⑦ファミリー・サポート・センター事業（子育て援助活動支援事業）	乳幼児や小学生等の児童を有する子育て中の保護者を会員として，児童の預かり等の援助を受けることを希望する者と当該援助を行うことを希望する者との相互援助活動に関する連絡，調整を行う事業
⑧一時預かり事業	家庭において保育を受けることが一時的に困難となった乳幼児について，主として昼間において，認定こども園，幼稚園，保育所，地域子育て支援拠点その他の場所において，一時的に預かり，必要な保護を行う事業
⑨延長保育事業	保育認定を受けた子どもについて，通常の利用日及び利用時間以外の日及び時間において，認定こども園，保育所等において保育を実施する事業
⑩病児保育事業	病児について，病院・保育所等に付設された専用スペース等において，看護師等が一時的に保育等する事業
⑪放課後児童クラブ（放課後児童健全育成事業）	保護者が労働等により昼間家庭にいない小学校に就学している児童に対し，授業の終了後に小学校の余裕教室，児童館等を利用して適切な遊び及び生活の場を与えて，その健全な育成を図る事業
⑫実費徴収に係る補足給付を行う事業	保護者の世帯所得の状況等を勘案して，特定教育・保育施設等に対して保護者が支払うべき日用品，文房具その他の教育・保育に必要な物品の購入に要する費用又は行事への参加に要する費用等を助成する事業
⑬多様な事業者の参入促進・能力活用事業	特定教育・保育施設等への民間事業者の参入の促進に関する調査研究その他多様な事業者の能力を活用した特定教育・保育施設等の設置又は運営を促進するための事業

出所：内閣府「子ども・子育て支援新制度について（平成27年7月）」2015年をもとに筆者作成。

この「地域子ども・子育て支援事業」は，親の育児の負担感や不安を軽減するために，地域における子育て支援の役割が期待されています。

6　認可外保育サービス

認可外保育サービスとは，「児童福祉法」に規定された認可保育所以外の保育サービスのことを指します。形態としては，事業所内保育施設，企業委託型保育サービス，駅型保育事業，ベビーホテル等があります。また，東京都は2001年度から独自に「認証保育所」制度を導入しています。乳児保育や延長保育など多様なニーズに対応するために，民間企業を含む多様な事業者が保育サービスを提供し，運営費は行政が運営費の補助を行います。

この認可外保育サービスは，1965年頃から民間の保育施設として認可外保育所が設立され，乳児保育，延長保育を中心に，認可保育所が対応できない部分を補完し，女性労働者等を支援してきました。保育ニーズの増大，多様化に伴い，認可外保育施設は急速に増加しましたが，ベビーホテルにおける乳幼児の事故が多発し，その安全性や劣悪な保育環境などが問題となりました。しかし，さらなる保育ニーズの増大により，認可保育所では対応できず認可外保育施設への入所児童数は急増していきました。同時に認可外保育施設での子ども虐待や相つぐ死亡事故が社会問題となり，行政の指導のあり方が問われることになりました。このような背景から2001年の「児童福祉法」の一部改正では，認可外保育施設に対する監督の強化などが通知されました。さらに認可外保育施設の届出制を導入し，5人以下の乳幼児を預かる小規模施設等の一部を除き，事業者は必要事項をその市町村に届け出ることが2002年10月から義務づけられました。

また，待機児童問題の解消など保育需要の増加に対応するために，認可外保育の推進が図られています。「待機児童解消促進等事業」では，地域の保育資源として認可外保育施設が認可保育施設に移行するための必要な支援・指導が，また「待機児童解消先取りプロジェクト」により，質の確保された認可外施設

への公費助成が行われてきました。これまでは保育所と認定こども園だけが認可されてきましたが,「子ども・子育て支援新制度」では「地域型保育給付」▷の制度で認可の範囲が広くなりました。そのため,認可外保育施設が「地域型保育給付」の対象となる保育所,小規模保育事業等への移行も推進されています。

7　保育に関する課題

　2015年から施行された「子ども・子育て支援新制度」によって,待機児童解消やすべての子育てをする家庭への包括的支援など子育て支援の量と質の拡大が図られることとなりました。しかし同時にいくつかの課題も生じています。

　新制度によって新設される小規模保育事業や家庭的保育には,認可外保育施設やNPO,企業などの移行や新規参入が見込まれますが,同時に保育の質や子どもの発達の保障について検討する必要があります。事業の実施については地方自治体の認可が必要となりますが,「欠格事由に該当する場合や供給過剰による需給調整が必要な場合を除き,認可するものとする」として,積極的に認可が図られることとなります。様々な保育施設や事業が参入・移行することによって,保育の質の低下や子どもの保育の格差が生じることがあってはなりません。

　子ども・子育て支援新制度がスタートし,待機児童問題解消の施策が図られてきましたが,いまだ待機児童問題の解消には至っていません。保育所等の定員は増加しましたが,利用希望者数は増加し,待機児童は増加しています。その理由として,保育所不足に加え,新制度での解決策として期待されていた認定こども園や地域型保育が当初の想定ほど増加していないことがあげられます。また,待機児童数の把握について,特定の保育所を希望する場合などの取り扱いが自治体によって異なることも指摘されています。

　さらに,障害のある子ども,被虐待児など特別な配慮が必要な子どもへの支

▷「地域型保育給付」
　　本章の「5　子ども・子育て支援新制度による保育サービス」(p. 215) 参照。

援も進められています。そのため，保育に関わる職員や保育者は専門的な知識や経験が必要とされます。しかし，家庭的保育（保育ママ）に従事するための資格は，保育士，幼稚園教諭など一定の資格をもつ者，または子育て経験者や研修を修了した者とされており，保育士資格をもたなくても研修を受けた人が保育にあたることのできる仕組みとなっています。

　また，子どもが安全に安心して保育を受けられる施設の環境整備や，子どもの発達の保障という視点からも，適切なカリキュラムが計画され実施される必要があります。待機児童解消のために量の拡大だけでなく，子どもの福祉と発達を保障するためには，施設や職員，保育内容など適切な基準の設定が求められます。

　保育の量の拡大や質の向上には，保育士不足の問題が前提としてあげられます。保育士の離職率は高く，さらに保育士資格を保有しているが，保育の現場で働いていない潜在保育者は全国で約60万人といわれています。そのため2015年1月に「保育士確保プラン」が策定され，2017年度までに6万9,000人の保育士を獲得するための取り組みが行われています。継続した適切な教育・保育の質を確保するには，保育現場での保育者の労働環境の整備や，保育者の資質向上も求められます。そのためには，保育士の離職防止，就労支援，保育者の雇用形態・給与等の待遇改善，さらに保育者の研修や学びへの支援などが図られる必要があります。

参考文献

日本子どもを守る会編『子ども白書2006〜2008』草土文化，2006〜2008年。
柏女霊峰『子ども家庭福祉論』誠信書房，2009年。
千葉喜久也『児童福祉論』中央法規出版，2005年。
山内昭道監修『子育て支援用語集』同文書院，2005年。
山縣文治編『よくわかる子ども家庭福祉（第9版）』ミネルヴァ書房，2014年。
内閣府『少子化社会対策白書（平成29年版）』日経印刷，2017年。
東京都認証保育所協会ホームページ（http://www.toninhokyo.com/）
厚生労働統計協会『国民の福祉と介護の動向　2017/2018』厚生労働統計協会，2017年。

第8章 少子化対策と子育て支援

この章では，少子化対策として始まった，これまでの子育て支援の流れと具体的な施策について整理します。さらに，新しい少子化対策の方向性と子育てしやすい社会をめざした新たな子育て支援についてまとめます。

1 これまでの少子化対策の流れ

（1）子育て支援，保育サービスの展開

　日本の人口減少社会は，急速な出生率低下を背景に子どもが急減する社会です。合計特殊出生率（1人の女性が生涯に産む子どもの数の推計値）は戦後のベビーブームであった1947年の4.32をピークに，1950年以降急激に低下しました。その後，第2次ベビーブームを含め，ほぼ2.1台を保っていましたが，1975年に2.0を下回ってから再び低下傾向となり，2005年には，過去最低を更新し1.26を示しました。

　少子化に視点を当てた少子化対策は，1989年の合計特殊出生率が1.57と統計史上最低となった，いわゆる1.57ショックを機に始まります。当時は，国会で高齢化社会を乗り切るための基盤整備を目的とした福祉関連法の改正が行われており，高齢化社会を担うはずの子どもの減少は，政官界に大きなショックを与えました。これ以後，政府における少子化問題の捉え方は変化していきました（図表8-1）。

○「エンゼルプラン」・「新エンゼルプラン」策定

　最初の少子化対策の計画として，保育ニーズの多様化に対応するために，政府は1994年に「今後の子育て支援のための施策の基本的方向について」（エン

図表 8-1　これまでの少子化対策の取組

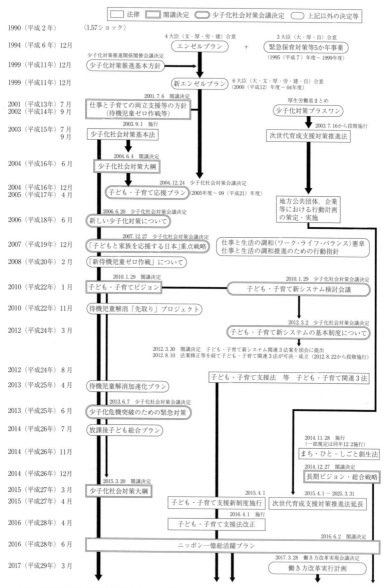

出所：内閣府『少子化社会対策白書（平成29年版）』日経印刷，2017年，46ページ。

ゼルプラン)を策定しました。エンゼルプランは，子育てを夫婦や家庭だけの問題と捉えるのではなく，国や地方自治体をはじめ，企業・職場や地域社会も含めた社会全体で子育てを支援していくことをねらいとして，今後10年間で取り組むべき基本的方向と重点施策を定めた計画でした。それを実施するために，保育所の量的拡大や低年齢児保育，延長保育など多様な保育サービスを充実させ，さらに「緊急保育対策等5か年事業」が策定され，整備が進められました。

1999年にはこれらを引き継ぐ「重点的に推進すべき少子化対策の具体的実施計画について」(新エンゼルプラン)が策定されました。これまでのエンゼルプランと「緊急保育対策等5か年事業」を見直し，2004年度までの5年間の達成目標値を設置し，低年齢児受け入れの拡大，延長保育・休日保育，放課後児童クラブなどの各種保育サービスの拡充を中心として，子どもを産み育てたいと希望する人々が生み育てやすいように，雇用，母子保健・相談，教育など幅広い子育て支援対策を推進しました。この結果，保育所受入れ児童数や多様な保育サービスを実施する保育所の数も増え，事業によっては，新エンゼルプランの目標値を上回る実績を上げるなど，取り組みの推進が図られました。

また，子育てを社会全体で支援していくため，新エンゼルプランに引き続き，様々な施策が展開されていきました。

母子保健に関する2010年までの国民運動計画として，2000年に「健やか親子21」が策定されました。また，社会問題である子ども虐待に対応するために，2000年「児童虐待の防止等に関する法律」が制定され，翌2001年には「配偶者からの暴力の防止及び被害者の保護等に関する法律」が制定されました。

以前は子育てを私的な出来事と捉えられ，支援や介入を控えるという考え方から，現在は，子育てを社会的な出来事と捉え必要な社会的支援と介入を行う方向へと転換しました。それは，子育ての支援を図る新エンゼルプランや，子育て・家庭内の出来事に介入する「児童虐待の防止等に関する法律」，「配偶者からの暴力の防止及び被害者の保護等に関する法律」の制定として現れています。

（2）新たな子育て支援施策の視点──次世代育成支援

　少子化に対応するための政策にもかかわらず，少子化に歯止めがかからず，もう一度子育て支援施策を見直す必要が出てきました。その背景として，さらに進む少子化，子ども虐待の社会問題化，凶悪な少年犯罪の増加など，子育ちや子育てが依然として厳しい現状にあることがあげられます。特に，先に述べたような夫婦の出生力の低下が確認され，それらをふまえた少子化対策が必要とされました。これまでの子育て支援サービスは，「福祉」としての保育に偏りすぎ，社会保障においても子育ち・子育て分野の割合も相対的に低いことが子育ての負担をいっそう大きくしていることが指摘され，さらに，現状の子育て支援施策，サービスは，地域子育て支援，母子保健，育児休業，保育，児童手当などそれぞれの支援制度，財源，実施主体が分断化されすぎて，総合的な対策が取りにくいことも問題となりました。

　このような問題認識から，次世育成支援という新しい考え方による少子化，子育て支援施策の推進が図られるようになりました。

○「少子化社会対策大綱」と「子ども・子育て応援プラン」

　少子化に歯止めをかけるため，2003年に少子化社会対策に関する基本法である「少子化社会対策基本法」が成立しました。それに基づき，少子化に対処するための基本指針として「少子化社会対策大綱」が策定されました。

　この大綱では，4つの重点課題として，①若者の自立とたくましい子どもの育ち，②仕事と家庭の両立支援と働き方の見直し，③生命の大切さ，家庭の役割等についての理解，④子育ての新たな支え合いと連帯，が提示されました。

　この重点施策を具体的に実施する計画として，2004年に「子ども・子育て応援プラン」が策定され，2009年3月までの5か年計画が立てられました。「子ども・子育て応援プラン」は，「少子化社会対策大綱」の掲げる4つの重点課題に沿って，国が地方自治体や企業等とともに計画的に取り組む必要のある事項について，2005～2009年度までの5年間に講ずる施策内容と目標を掲げています。

○「次世代育成支援対策推進法」

「少子化社会対策基本法」と同時に、2003年に成立したのが「次世代育成支援対策推進法」です。「次世代育成支援対策推進法」は、次代の社会を担う子どもが健やかに生まれ、かつ育成される環境の整備を図るため、次世代育成支援の基本的理念や、国、自治体、事業主による行動計画の策定などが規定されました。行動計画の観点は、男性を含む「働きながら子育てをしている人」への支援、「子育てをしているすべての家族」の子育て環境の整備と促進、「次世代を育む親となるため」の子ども養育についての支援です。国やすべての自治体および従業員301人以上の企業に対し10年間の集中的行動計画策定を義務づけ、2003年から段階的に実施されました。

2008年には、「次世代育成支援対策推進法」の一部改正が行われ、従業員101人以上の企業に対し、行動計画策定が義務づけられ、2011年より施行されました。当法により従来の保育施策中心の少子化対策から、労働環境を含めた男女参画の家庭対策による少子化対策となり、家庭や住民、企業が積極的に参加する取り組みが進められてきました。

さらに、子ども・子育て関連3法の施行にともない、2012年同法の改正が行われ、有効期限が2025年3月31日まで延長されました。また、これまで一定の要件を満たすと厚生労働大臣の認定（くるみん認定）が受けられましたが、改正によって、次世代育成対策の実施状況が特に優良な企業に対して、特例認定制度を創設しました（図表8-2）。

○子育て支援事業の法定化

2003年「次世代育成支援対策推進法」の制定と同時に「児童福祉法」の改正が行われ、「子育て支援事業」が法定化されました。これまでの保育所を中心とする施設サービスではなく、「放課後健全育成事業」や「子育て短期支援事業」など在宅福祉サービスも含め、「児童及びその保護者又はその他の者の居宅において保護者の児童の養育を支援する事業（育児家庭訪問支援事業など）」、「保育所その他の施設において保護者の児童の養育を支援する事業（放課後児童健全育成事業、子育て短期支援事業、特定保育事業など）」、「地域の児童の養育に関

図表8-2 次世代育成支援対策推進法に基づく企業の行動計画策定・実施

(平成37('25)年3月末までの時限立法 (※17('05)年4月から27('15)年3月までの10年間の時限立法を，10年間延長))

行動計画の策定	届出・実施	計画終了・目標達成	厚生労働大臣による認定
・101人以上企業 　→義務 ・100人以下企業 　→努力義務 平成23年4月から義務の対象を拡大（従前は301人以上企業）	・各都道府県労働局に届出 ・計画の公表・従業員への周知（平成21年4月から義務付け） ・目標達成に向けて計画実施	・次期行動計画の策定・実施 ・認定の申請	・一定の基準を満たす企業を認定 ・企業は商品等に<u>認定マーク</u>を使用可

行動計画（一般事業主行動計画）

【行動計画とは】
　企業が，次世代法に基づき，従業員の仕事と子育ての両立を図るために策定する計画

【計画に定める事項】
①計画期間（各企業の実情を踏まえおおむね2年間から5年間の範囲）
②達成しようとする目標
③目標達成のための対策およびその実施時期

【計画の内容に関する事項】
1　雇用環境の整備に関する事項
(1)主に育児をしている従業員を対象とする取り組み
(2)育児をしていない従業員も含めて対象とする取り組み
2　その他の次世代育成支援対策
　対象を自社の従業員に限定しない，雇用環境整備以外の取り組み

＝計画例＝
（例1） 計画期間内に育児休業の取得状況を次の水準にする。
　男性：年に○人以上取得，女性：取得率○％以上
〈対策〉平成○年○月　管理職を対象とした研修の実施
　　　　平成○年○月　育児休業中の社員で希望する者を対象とする職場復帰のための講習会を年に○回実施

（例2） ノー残業デーを月に1日設定する。
〈対策〉平成○年○月　部署ごとに検討グループを設置
　　　　平成○年○月　社内報などでキャンペーンを行う

○届出状況（平成26年12月末時点）
　101人以上企業の97.8％
　301人以上企業の97.6％
　101～300人以下企業の97.9％
　規模計届出企業数　66,252社
○認定状況（平成26年12月末時点）
　認定企業　　　　　2,031社

認定基準

・行動計画の期間が，2年以上5年以下であること
・策定した行動計画を実施し，それに定めた目標を達成したこと
・3歳から小学校に入学するまでの子を持つ労働者を対象とする「育児休業の制度または勤務時間短縮等の措置に準ずる措置」を講じていること
・計画期間内に，男性の育児休業等取得者がおり，かつ，女性の育児休業等取得率が70％以上だったこと　など

<u>※平成27年4月1日から，新たな認定（特例認定）制度を実施予定。</u>

認定企業に対する税制優遇制度

・一定の期間（※）に取得・新築・増改築した建物等について，認定を受けた日を含む事業年度において，普通償却限度額の32％の割増償却ができること

※認定を受ける対象となった行動計画の開始日から認定を受けた日を含む事業年度終了の日までの期間

・平成23年4月1日から平成27年3月31日までの期間内に始まるいずれかの事業年度において，次世代法の認定を受けた事業主が対象

※波線部は，次代の社会を担う子どもの健全な育成を図るための次世代育成支援対策推進法等の一部を改正する法律（平成26年法律第28号）による改正。

出所：厚生労働統計協会『国民の福祉と介護の動向　2015/2016』厚生労働統計協会，2015年，86ページ．

する各般の問題につき，保護者からの相談に応じ，必要な情報の提供及び助言を行う事業（地域子育て支援センター事業，つどいの広場事業など）」が法定化されました。また，この改正により，市町村は，「子育て支援事業」に関して必要な情報の提供を行うとともに，最も適切な子育て支援事業の利用ができるよう相談，助言，あっせん，調整を行うことが明記されました。

さらに，急速な少子化・高齢化の進行の現状から，次代の社会を担う子どもの健全育成の環境整備を図るために，地域や職場における総合的な次世代育成支援対策の推進が，緊急の課題とされ，「児童福祉法の一部を改正する法律」が2008年12月3日に公布されました。これにより前述した「次世代育成支援対策推進法」の一部改正も行われ，2009年4月1日から一部施行されました。具体的には，「乳児家庭全戸訪問事業（これまでの生後4か月までの全戸訪問事業）」「一時預かり事業」「地域子育て支援拠点事業」「養育支援訪問事業（これまでの育児支援家庭訪問事業）」「家庭的保育事業」などの法定化が図られました。

2　仕事と生活の調和（ワーク・ライフ・バランス）のための就労支援

(1)「仕事と生活の調和（ワーク・ライフ・バランス）憲章」等に基づく取り組み

　働き方の見直しによる仕事と生活の調和の実現について2007年「仕事と生活の調和（ワーク・ライフ・バランス）憲章」が決定され，その推進が図られています。年1回取りまとめられる「仕事と生活の調和（ワーク・ライフ・バランス）レポート」において，そのレポート2016年度版では「行動指針」に設定されている数値目標の目標年2020年に向けて，長時間労働の抑制，年次有給休暇の取得の促進，女性の継続就業の促進，男性の育児・家事参画の促進，仕事と介護の両立の促進等について，仕事と生活の調和に向けた取り組みを加速していくことが掲げられています。

　さらに，仕事と生活の両立支援制度を利用しやすい職場環境の整備として，育児を行う労働者が仕事を継続できる雇用環境の整備をしている事業主への助成金の支援が行われています。また，育児休業や短期間勤務等の両立支援制度の普及・定着に向けた取り組みも図られています。

（2）育児休業制度等

　1991年に，労働者の仕事と家庭の両立の負担を軽減するため，育児休業・介護休業制度，時間外労働短縮等に関する規定を定めた「育児休業・介護休業等育児又は家族介護を行う労働者の福祉に関する法律」（通称：育児・介護休業法）が制定されました。さらに，次世代育成支援を進めていくうえでも大きな課題となっている育児や介護を行う労働者の仕事と家庭との両立をより一層推進するために，「育児・介護休業法」が改正され，2005年4月1日から施行されました。

　これまで1歳未満の子どもを養育する男女労働者が，子どもが1歳に達する日までの希望する期間，育児休業をとることができましたが，保育所への入所を希望していても入所ができないなど一定の場合は，1歳6か月に達するまで育児休業ができるようになりました。

　さらに，「育児・介護休業法」では，勤務時間の短縮等の措置が定められており，育児休暇をとらない労働者に対して，短時間勤務制度，フレックスタイム（自由勤務時間制）のいずれかの措置を講ずる義務も課されています。

　2009年6月に「改正育児・介護休業法」が成立し，2010年6月に施行されました。男女ともに子育てをしながら働き続けることができる雇用環境を整える目的で，今回の改正が行われました。

　改正の主な内容は，以下のとおりです。
① 　3歳までの子を養育する労働者について，短時間勤務制度（1日6時間）を設けることを事業主に義務づけ，かつ，労働者からの請求があったときには事業主は残業免除しなければならない。
② 　子どもが病気のときの看護休暇制度について，子どもが2人以上いる場合の休暇日数を年10日まで取得できる。
③ 　育児休業の取得時期について，父母がともに育児休業を取得する場合に限り，子どもが1歳2か月までの間に，1年間（パパ・ママ育休プラス）育児休業を取得可能とする。

④　妻の出産後8週間以内に父親が育児休業を取得した場合，特例として父親が再度育児休業を取得できる。

⑤　配偶者が専業主婦（夫）であれば事業主側が育児休業の取得不可とすることができる制度を廃止する。

などといった内容です。

また，育児休業を取得した労働者の雇用の継続のために，育児休業給付が引き上げられ，育児休業開始から180日間までは，休業開始前賃金の67％，それ以降は，50％を支給しています（2014年4月1日より施行）。

国は，少子化社会対策大綱（2015年）において，2020年までに「男性の育児休業取得率」13％の数値目標を掲げています。しかし，男性の3割が育児休業取得を希望しているにもかかわらず，実際に取得しているのはわずか3.16％（2016年）にしかすぎません。また，女性が就労を希望していても，育児や介護によって離職を選択せざるを得ない状況もあります。そのため，仕事と介護・育児の両立支援制度の見直しが行われ，2016年「育児・介護休業法」等一部改正が行われました。2017年にも「育児・介護休業法」の改正が行われました。仕事と育児の両立支援に関するそれぞれの主な内容は，下記のとおりです。

【2016年改正・2017年1月1日施行】

①　子どもの看護休暇を1日単位での取得から，半日単位の取得が可能。

②　子どもの年齢が1歳6か月になるまで雇用契約があれば取得可能など，有期契約労働者の育児休業の取得要件が緩和。

③　育児休業等の対象となる子どもの範囲が拡大され，特別養子縁組の監護期間中の子ども，養子縁組に委託されている子どもなども含まれる。

④　妊娠・出産・育児休業・介護休業等を理由とする解雇その他不利益取扱の禁止・防止措置など。

【2017年改正・2017年10月1日施行】

①　子どもが1歳6か月に達した時点で保育所等に入れない場合は，申出により最長2か月まで育児休業期間が延長可能。またこれに合わせ，育児給付金の給付期間も2歳まで延長。

② 事業主は，労働者その配偶者が妊娠・出産した場合，個別に育児休業等の制度を知らせる努力義務が規定。
③ 未就学児を持つ労働者が子育てしやすいよう，育児に関する目的で利用できる休暇制度を設ける努力義務が創設。

　また，育児休業の延長に伴い，「育児・介護休業法」の指針が改正されました。最長2年間の休業が労働者の事情やキャリア形成の観点から労働者本人にとって望ましくない，と事業主が考慮し，育児休業等からの早期の職場復帰を促す場合は，「育児休業等に関するハラスメントに該当しない」と指針に記載されました。

（3）男性の子育て参加を促進する取り組み

　仕事と家庭の両立については，男女を問わず推進していくことが求められる課題です。しかし日本では，他の先進国と比較しても男性が家事・育児に関わる時間は短く，その環境が充分に整備されていないことがわかります。父親が育児に関わることは，父親も子育ての喜びを実感するとともに，子どもの成長にとっても重要な意味があります。

　このため，男性労働者が家事や育児を行うことが制約される職場の働き方を是正し，親子，特に父親が子どもと過ごす時間を増やすことができるように，これまでの働き方を見直し，仕事と生活の調和（ワーク・ライフ・バランス）が図られる必要があります。そのためには，企業における労働者に対する子育て支援を充実させ，仕事と育児の両立支援を進めることが必要です。

　働き方の改革として，「仕事と生活の調和（ワーク・ライフ・バランス）憲章」及び「行動計画」に基づき，長時間労働の抑制，年次有給休暇の取得促進など，労働時間等の改善に取り組む中小企業に対する支援や助成が行われています。

　先に述べた「育児・介護休業法」の改正では，男性の育児休業の取得を促進する内容が盛り込まれています。たとえば，父母がともに育児休業を取得する場合に，育児休業取得可能期間を延長する制度「パパ・ママ育休プラス」，また，出産後8週間以内の父親の育児休業取得を促進する制度などがあります。

第8章　少子化対策と子育て支援

　また,「育児・介護休業法」改正の施行と合わせて,2010年には,育児を積極的にする男性「イクメン」を広めるための「イクメンプロジェクト」が開始されました。男性が育児をより積極的に楽しみ,育児休業を取得しやすい社会の実現をめざして,公式サイトの運営やシンポジウムの開催,ハンドブックの配布などが行われています（http://ikumen-project.jp/）。

（4）再就職を支援する取り組み

　出産や子育てのためにいったん離職した女性の再就職・企業等を総合的に支援するための,「女性の再チャレンジ支援プラン」が2005年に決定されました。
　職業能力開発施設では土日・夜間等の時間帯を活用した訓練コースを設置したり,2006年度から,マザーズハローワークを全国に設置し,子育てをしながら早期の就職を希望している女性に対して就職支援を実施しています。2017年3月31日現在,全国で189か所設置されています。
　公的職業訓練では,母子家庭の母や父子家庭の父の特性に応じた訓練コースや託児サービス付きの訓練等が実施されています。さらに,インターネット上で再就職に向けた取組計画の作成や再就職のための基礎的な学習ができるeラーニングプログラムが提供されています。

（5）企業の取り組み

　少子化の流れを変えるには,仕事と家庭の両立支援の推進や働き方の見直しが重要な課題となっています。そこで,2003年に成立した「次世代育成支援対策推進法」によって,地方自治体や企業など社会全体で次世代育成に取り組む動きが展開されています。
　「次世代育成支援対策推進法」に基づき一般事業主行動計画を策定・届出,当該計画の目標を達成したことなど一定の基準を満たした企業は,厚生労働大臣の認定を受けることができることとなっており,認定マーク（通称：くるみん）を利用することができます。2014年の法改正によって,くるみん認定を受けた企業で,より高い水準の両立支援の取り組みを行い,一定の要件を満たし

た場合の特例認定を受けた企業は，認定マーク（プラチナくるみん）を使用することができます。さらにその企業に対して税制優遇上措置の拡充が図られています。

さらに，企業における仕事と家庭の両立にむけた取り組みを積極的に行っており，その成果があがっている企業に対して，公募で「均等・両立推進企業表彰」が実施されています。これまで，1,035企業がファミリーフレンドリー企業表彰や均等推進企業表彰などを受けています（1999年度から2016年度）。

男性が育児休業を取得できるよう，男性の仕事と育児の両立を積極的に促進し，業務改善を図る企業を表彰する「イクメン企業アワード」が実施されています。また，部下の仕事と育児の両立を支援しつつ，かつ業務効果を上げるなどの工夫をしている「イクボス」を表彰する「イクボスアワード」を実施するなど，子育てを尊重する企業意識の改革も進められています。

3　新たな少子化対策と子育てを応援する新しいシステム

（1）「子どもと家族を応援する日本」重点戦略

2005年の合計特殊出生率が1.26と過去最低を記録したことから，少子化対策の抜本的な拡充，強化，転換を図るため，2006年には，少子化社会対策会議において「新しい少子化対策について」が取りまとめられ，さらに進む少子化対策として抜本的な改革が図られることになりました。具体的には，①社会全体の意識改革，②子どもと家族を大切にする観点からの施策の拡充に重点を置き，40項目における具体的な施策が掲げられました。それにより，「生後4か月までの全戸訪問事業（2009年度より乳児家庭全戸訪問事業）」「育児休業給付金の給付率の引き上げ」，「放課後子どもプラン」などが実施されました。

2007年には，少子化社会対策会議において，「子どもと家族を応援する日本」の策定方針が決定され，同年12月に「子どもと家族を応援する日本重点戦略」

がまとめられました。

「子どもと家族を応援する日本重点戦略」においては，これまでの「就労」と「出産・子育て」という二者択一の状況を抜本的に変えるために，①働き方の見直しによる仕事と生活の調和（ワーク・ライフ・バランス）の実現，②「就労と子育ての両立」，「家庭における子育て」の包括的支援のために次世代育成支援策の再構築が必要不可欠とされました。①の課題については，2007年に「仕事と生活の調和（ワーク・ライフ・バランス）憲章」と「仕事と生活の調和促進のための行動指針」が決定され，その推進が図られています。②の課題については，2008年の「児童福祉法」の改正，「次世代育成支援対策推進法」の改正によって「家庭的保育事業」の制度化，一時預かり等の「子育て支援事業」への法的位置づけ，地方公共団体や事業主が策定する次世代育成支援の取り組みの推進，などが行われました。

（2）子ども・子育てビジョン

子どもと子育てを応援する社会の実現に向けて，2010年に「子ども・子育てビジョン」が策定されました。この「子ども・子育てビジョン」は，子どもが主人公（チルドレン・ファースト）であると位置づけ，少子化対策から子ども・子育て支援に考え方が転換されました。社会全体で子どもと子育てを応援する社会の実現をめざし，高校の実質無償化，父子家庭への児童扶養手当の支給などが具体的な施策として位置づけられるとともに，2010年度から2014年度までの5年間でめざすべき施策内容と具体的な数値目標が設定されました。これにより，保育サービスやワーク・ライフ・バランスの推進など，「生活と仕事と子育ての調和」をめざす取り組みが進められました。

（3）子ども・子育て支援新制度

「子ども・子育てビジョン」等に基づき，幼保一体化を含む新しい子ども・子育て支援のための包括的・一元的な制度を策定するために「子ども・子育て新システム」の検討が進められました。2012年8月に子ども・子育て関連3法

(「子ども・子育て支援法」・「就学前の子どもに関する教育,保育等の総合的な提供の推進に関する法律の一部を改正する法律」・「関係法律の整備等に関する法律」)が成立しました。この子ども・子育て関連3法によって,当初「子ども・子育て新システム」といわれていた制度は「子ども・子育て支援新制度」として2015年4月からスタートすることになりました。この新制度により,関連法(「子ども・子育て支援法」「就学前の子どもに関する教育,保育等の総合的な提供の推進に関する法律」に関連する「児童福祉法」など)が整備されました。

2015年4月1日から施行された「子ども・子育て支援新制度」は,子どもの育ちを保障し,社会全体で子どもや子育てを支援するため,子ども・子育て支援関連の制度,財源,給付を一元化し,制度の実施主体を市町村として,国や都道府県が新制度の給付・事業が円滑に運営されるよう支援・助言を行う一元的なシステムを構築するものです。また,これまでの認定こども園の機能を充実させることにより,待機児童問題の解消を図ろうとしています。この新制度の施行に合わせて,内閣府に子ども・子育て本部が設置されました。これは,少子化対策及び子ども・子育て支援の企画立案・総合調整,並びに少子化社会対策大綱の推進や子ども・子育て支援新制度を施行するための新たな組織です。

新制度の主なポイントは,①認定こども園,幼稚園,保育所を通じた共通の給付である「施設型給付」及び小規模保育,家庭的保育等への給付である「地域型保育給付」の創設,②認定こども園制度の改善,③地域の子ども・子育て支援の充実の3点です。

まず1つ目の「施設型給付」と「地域型保育給付」の創設について,これまでは,幼稚園や保育所はそれぞれの財政措置でしたが,「施設型給付」が創設され,幼稚園,保育所,認定こども園が共通の給付を受けるよう,給付の仕組みが一本化されました。小規模保育,家庭的保育(保育ママ),事業所内保育などは,市町村による「地域型保育事業」として,「地域型保育給付」の対象となります(図表8-3)。

2つ目の認定こども園制度の改善については,4種類の認定こども園のうち,「幼保連携型認定こども園」について,これまで学校教育法に基づく幼稚園と

第8章　少子化対策と子育て支援

図表8-3　子ども・子育て支援新制度の概要（2016年4月）

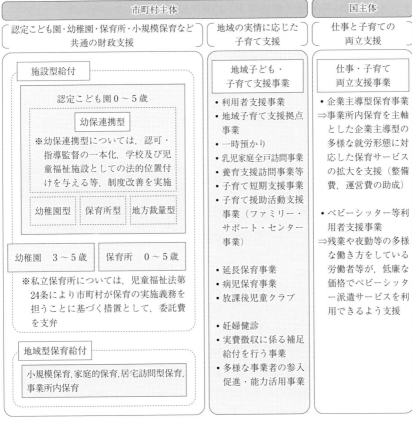

資料：内閣府資料。
出所：図表8-1に同じ，90ページ。

児童福祉法に基づく保育所という2つの制度によって，認可や指導監督等が二重行政となっていましたが，認可や指導監督を一本化することになりました。また，財政についても，残りの「幼稚園型」「保育所型」「地方裁量型」を含む4種類すべてが「施設型給付」の対象となります。

3つ目の「地域の実情に応じた子ども・子育て支援の充実」については，すべての子育て家庭を対象に地域のニーズに応じた多様な子育て支援を充実させ

るため,「地域子ども・子育て支援事業」が創設され13の事業が行われています。それには,保育所で実施する「延長保育事業」「病児保育事業」,就学時に利用する「放課後児童クラブ」,「妊婦健診」,さらに「利用者支援事業」,「地域子育て支援拠点事業」,「一時預かり事業」,「乳児家庭全戸訪問事業」等,市町村が地域の実情に応じ実施することになりました。「地域子ども・子育て支援事業」の詳細については,第7章を参照してください。

これに加え,「子ども・子育て支援法」の一部改正によって,2016年度から「仕事・子育て両立支援事業」が新設されました。これは,国の「待機児童解消加速化プラン」に基づき,最大5万人の保育の受皿整備など子ども・子育て支援の提供体制の充実を図るためのものです。その内容は,「企業主導型保育事業」と,「ベビーシッター等利用者支援事業」となっています。

現在は,図表8-3の3つの枠組みの子ども・子育て支援が実施され,多様な保育ニーズに対応できる子育て支援が図られています。

（4）待機児童解消加速化プラン

都市部を中心に深刻な問題となっている待機児童への対応を図るために,2010年「待機児童解消先取りプロジェクト」が取りまとめられ,待機児童解消に意欲的に取り組んでいる地方自治体に対して,その取り組みへの支援が行われてきました。具体的には,多様で柔軟な保育サービスを確保するために,最低基準を満たす認可外保育施設への公的助成,家庭的保育の拡充,認定こども園の普及促進などが図られてきました。また,保育所整備など「場所」の確保や,保育を行う人材の掘り起しや再教育など「人材」の確保についても行われてきました。

さらに待機児童解消への取り組みを加速化するため,2013年4月「待機児童解消加速化プラン」が策定され,待機児童解消に取り組む地方自治体に対して支援が行われてきました。2015年度から2017年度までを「取組加速期間」とし,潜在的な保育ニーズも含め,年度末までに約40万人分の保育の受皿を確保することを目標として掲げられました。しかし,その後待機児童数は増加し続ける

状況から、「待機児童解消加速化プラン」に基づく2017年度末までの保育の受け皿整備の目標を上積みし、40万人から50万人分に拡大されました（図表8-4）。

　また、2015年から施行された子ども・子育て支援新制度によって、認定こども園、幼稚園、保育所を通じた共通の施設型給付が創設され、さらに、地域型保育給付の創設によって小規模保育事業、家庭的保育事業、事業所内保育事業など多様な事業が実施されました。2016年度からは、仕事・子育て両立支援事業が創設され、企業主導型保育事業、ベビーシッター等利用者支援事業が実施され、利用者が選択できる施設を拡充することによって、待機児童解消の取り組みを支援しています。

　さらに2015年1月に策定された「保育士確保プラン」に基づき保育士の人材確保についての取り組みも進められます。

（5）新たな少子化社会対策大綱

　少子化社会対策大綱は、少子化社会対策基本法に基づき、2004年、2010年に策定されてきました（2010年は「子ども・子育てビジョン」として策定）。2010年に策定された大綱は5年後に見直しされ、「新たな少子化社会対策大綱策定のための検討会」が発足されました。少子化対策に関する審議の結果、2015年3月に「提言」を取りまとめ、政府は同年3月20日新たな少子化社会対策大綱を策定しました。

　新たな少子化社会対策大綱では、「基本的な考え方」として、5つの項目があげられています。①結婚や子育てしやすい環境となるよう、社会全体を見直し、これまで以上に対策の充実を図る。②個々人が結婚や子供についての希望を実現できる社会をつくることを基本的な目標とする。③「結婚・妊娠・出産、子育ての各段階に応じた切れ目のない取組」と「地域・企業など社会全体の取り組み」を両軸として、きめ細かく対応する。④集中取組期間を設定し、政策を効果的かつ集中投入する。⑤長期展望に立って、子供への資源配分を大胆に拡充し、継続的かつ総合的な少子化対策を推進する。

図表8-4　待機児童解消加速化プラン

待機児童解消に向けた保育の受け皿拡大

◆平成25年4月に「待機児童解消加速化プラン」を策定し、平成25年度から平成29年度末までの5年間で新たに50万人分の保育の受け皿を確保し、待機児童解消を図ることとしている。
　※今後、25～44歳の女性の就業が更に進むことを念頭に、平成27年11月の「一億総活躍社会実現に向けて緊急に実施すべき対策」に基づき整備目標を前倒し・上積み（40万人分⇒50万人分）。
◆各自治体の取組により、平成25～27年度の3か年で合計約31.4万人分の保育の受け皿拡大を達成し、平成29年度までの5年間で合計約48.3万人分の保育の受け皿拡大を見込んでいる。
◆さらに、平成28年度から実施している企業主導型保育事業により、約5万人分の保育の受け皿拡大を進めていく。

「待機児童解消加速化プラン」集計結果（平成28年度）

◇「待機児童解消加速化プラン」集計結果（平成28年度）

平成25年度	平成26年度	平成27年度	平成28年度	平成29年度	5か年合計
72,430人	147,233人	94,585人	109,584人	59,963人	483,795人
（計 314,248人）			（計 169,547人）		

受け皿確保に向けた取組

○平成28年度補正予算（平成29年度に予定していた分のうちその一部の整備を前倒し）
○平成29年度当初予算(前倒し分を除いた必要となる保育の受け皿に対応した予算を計上(4.6万人分))
▶0歳児期の育児休業終了後の「入園予約制」の導入支援
▶3歳以上に特化した拠点保育園に3歳未満対象の「サテライト型小規模保育事業所」の設置支援
▶保護者のニーズをかなえる保育コンシェルジュの展開
▶保育園等の設置の際に地域住民との合意形成等を進める「地域連携コーディネーター」の機能強化

1・2歳児の保育園等利用率の推移

　　　　　　　　（平成26年4月）　　　　（平成28年4月）　　　　（平成29年度末）50万人分確保時の利用率
1，2歳児：　　　35.1%　　　→　　　　41.1%　　　→　　　　　　48.0%
　　　　〈参考〉女性の就業率：70.8%（2014年）　→　77%（2020年））
（注）利用率：利用児童数÷就学前児童数　平成26年4月の利用率は小規模保育事業等を含んでいない。

〈待機児童解消加速化プランの全体像〉

```
                    新制度スタート        待機児童解消を目指す
2013（H25）年度   2015（H27）年度    2017（H29）年度    2019（H31）年度
          ←――――――― 40万人 ⇨ 50万人 ―――→
          ←―― 22万人 ――→
          │ 緊急集中取組期間 │   取組加速期間
          │ 緊急プロジェクト  │ 新制度等による取組  │ ← 2年間前倒し
          │ ※「保育緊急確保事業」の活用など │
                     市町村子ども・子育て支援事業計画の期間（2015～2019年度）
```

資料：厚生労働省資料。
出所：図表8-1に同じ，98ページ。

さらに，2020年に向けて，第1子出産前後の女性の就業継続率55％，男性の育児休業取得率13％などの数値目標が盛り込まれました（図表8-5）。

（6）放課後子ども総合プラン

共稼ぎ家庭やひとり親家庭等においては，児童の小学校就学後の安全・安心な放課後等の場所の確保と整備は重要な課題となっています。保育所と比べると放課後児童クラブの開所時間が短いため，小学校に入学すると仕事と子育ての両立が困難になり，仕事を辞めざるを得ない状況になります。「小1の壁」といわれる放課後の安全・安心な居場所の確保の問題を解決するために，保育サービスを拡充する必要がありますが，同時に子どもの安全・安心な居場所の整備を進めていく必要があります。これは，共稼ぎ世帯のみならず，全ての児童が放課後等において，様々な体験・活動を行うことは，次世代育成の観点からも重要と考えられます。そのため，全ての児童を対象とした総合的な放課後対策を図るために，文部科学省及び厚生労働省が連携して検討を進め，2014年7月に「放課後子ども総合プラン」が策定されました（図表8-6）。

このプランは，2019年度末までに放課後児童クラブにおいて新たに約30万人分の整備を目指しています。さらに，全ての小学校区で，放課後児童クラブ及び放課後子供教室を一体的または連携して実施し，そのうち一体型については，1万か所以上で実施することを目指しています。

（7）ニッポン一億総活躍プラン

2015年10月から開催された一億総活躍国民会議で，一億総活躍社会の実現に向けて「希望を生み出す強い経済」「夢をつむぐ子育て支援」「安心につながる社会保障」の「3本の矢」が公表され，2016年6月に「ニッポン一億総活躍プラン」が取りまとめられ閣議決定されました。「夢をつむぐ子育て支援」では「希望出生率1.8」を目標とし，子育て・介護の環境整備など7つの事項について施策が打ち出されました。

①子育て・介護の環境整備

図表8-5　少子化社会対策大綱（概要）

基本目標

個々人が希望する時期に結婚でき，かつ，希望する子供の数と生まれる子供の数との乖離をなくしていくための環境を整備し，国民が希望を実現できる社会をつくる

主な施策の数値目標（2020年）

子育て支援

- □認可保育所等の定員： 267万人（2017年度） （234万人（2014年4月））
- ⇒待機児童 解消をめざす（2017年度末） （21,371人（2014年4月））
- □放課後児童クラブ： 122万人 （94万人（2014年5月））
- ⇒待機児童 解消をめざす（2019年度末） （9,945人（2014年5月））
- □地域子育て支援拠点事業： 8,000か所 （6,233か所（2013年度））
- □利用者支援事業： 1,800か所 （291か所（2014年度））
- □一時預かり事業： 延べ1,134万人 （延べ406万人（2013年度））
- □病児・病後児保育： 延べ150万人 （延べ52万人（2013年度））
- □養育支援訪問事業： 全市町村 （1,225市町村（2013年4月））
- □子育て世代包括支援センター： 全国展開 支援ニーズの高い妊産婦への支援実施の割合100％

男女の働き方改革（ワークライフバランス）

- ■男性の配偶者の出産直後の休暇取得率：80％（－）
- □第1子出産前後の女性の継続就業率：55％（38.0％（2010年））
- □男性の育児休業取得率：13％（2.03％（2013年度））

教　育

- ■妊娠・出産に関する医学的・科学的に正しい知識についての理解の割合：70％（34％（2009年））（注）先進諸国の平均は約64％

結婚・地域

- ■結婚・妊娠・出産・子育ての各段階に対応した総合的な少子化対策を実施している地方自治体数：70％以上の市区町村（243市区町村（約14％）（2014年末））

企業の取組

- ■子育て支援パスポート事業への協賛店舗数：44万店舗（22万店舗（2011年））

結婚，妊娠，子供・子育てに温かい社会

- ■結婚，妊娠，子供・子育てに温かい社会の実現に向かっていると考える人の割合：50％（19.4％（2013年度））

■は新規の目標

資料：内閣府資料。
出所：図表8-1に同じ，41ページ。

第 8 章　少子化対策と子育て支援

図表 8-6　「放課後子ども総合プラン」の全体像

「放課後子ども総合プラン」の全体像　　　（平成26年7月31日策定・公表）

【趣旨・目的】
○共働き家庭等の「小1の壁」を打破するとともに、次代を担う人材を育成するため、全ての就学児童が放課後等を安全・安心に過ごし、多様な体験・活動を行うことができるよう、一体型を中心とした放課後児童クラブ及び放課後子供教室の計画的な整備等を進める

【国全体の目標】
○平成31年度末までに
■放課後児童クラブについて、約30万人分を新たに整備
　（約90万人⇒約120万人）
　・新規開設分の約80%を小学校内で実施
■全小学校区（約2万か所）で一体的に又は連携して実施し、うち1万か所以上を一体型で実施
　（約600か所⇒1万か所以上）を目指す
　※小学校外の既存の放課後児童クラブについても、ニーズに応じ、余裕教室等を活用
　※放課後子供教室の充実（約1万か所⇒約2万か所）

↓ 国全体の目標を達成するための具体的な推進方策 ↓

【市町村及び都道府県の取組】
○国は「放課後子ども総合プラン」に基づく取組等について次世代育成支援対策推進法に定める行動計画策定指針に記載
○市町村及び都道府県は、行動計画策定指針に即し、市町村行動計画及び都道府県行動計画に、
　・平成31年度に達成されるべき一体型の目標事業量
　・小学校の余裕教室の活用に関する具体的な方策
　などを記載し、計画的に整備
　※行動計画は、子ども・子育て支援事業計画と一体のものとして策定も可

【学校施設を徹底活用した実施促進】
○学校施設の活用に当たっての責任体制の明確化
　・実施主体である市町村教育委員会又は福祉部局等に管理運営の責任の所在を明確化
　・事故が起きた場合の対応等の取決め等について協定を締結するなどの工夫が必要
○余裕教室の徹底活用等に向けた検討
　・既に活用されている余裕教室を含め、運営委員会等において活用の可否を十分協議
○放課後等における学校施設の一時的な利用の促進
　・学校の特別教室などを学校教育の目的には使用していない放課後等の時間帯に活用するなど、一時的な利用を積極的に促進

【一体型の放課後児童クラブ及び放課後子供教室の実施】
○一体型の放課後児童クラブ及び放課後子供教室の考え方
　・全ての児童の安全・安心な居場所を確保するため、同一の小学校内等で両事業を実施し、共働き家庭等の児童を含めた全ての児童が放課後子供教室の活動プログラムに参加できるもの
▶全ての児童が一緒に学習や体験活動を行うことができる共通のプログラムの充実
▶活動プログラムの企画段階から両事業の従事者・参画者が連携して取り組むことが重要
▶実施に当たっては、特別な支援を必要とする児童や特に配慮を必要とする児童にも十分留意
▶放課後児童クラブについては、生活の場としての機能を十分に担保することが重要であるため、市町村が条例で定める基準を満たすことが必要

【放課後児童クラブ及び放課後子供教室の連携による実施】
○放課後児童クラブ及び放課後子供教室が小学校外で実施する場合も両事業を連携
　・学校施設を活用してもなお地域に利用ニーズがある場合には、希望する幼稚園などの社会資源の活用も検討
　・現に公民館、児童館等で実施している場合は、引き続き当該施設での実施は可能

※国は「放課後子ども総合プラン」に基づく市町村等の取組に対し、必要な財政的支援策を毎年度予算編成過程において検討

【市町村及び都道府県の体制等】
○市町村には「運営委員会」、都道府県には「推進委員会」を設置し、教育委員会と福祉部局の連携を強化
○「総合教育会議」を活用し、首長と教育委員会が、学校施設の積極的な活用など、総合的な放課後対策の在り方について十分協議

資料：厚生労働省資料。
出所：図表 8-1 に同じ、104ページ。

図表8-7　ニッポン一億総活躍プラン（希望出生率1.8の実現）

希望出生率1.8の実現		国民生活における課題	検討すべき方向性	対応策
夢をつむぐ子育て支援	結婚	希望どおりに結婚したい ※現状の35～39歳未婚率 　男性35.6%，女性23.1% ※結婚意思率（18～34歳） 　男性86.3%，女性89.4% 希望どおりの年齢での結婚をかなえたい ※現状の平均初婚年齢 　男性31.1歳，女性29.4歳 ※希望結婚年齢（18～34歳） 　男性30.4歳，女性28.4歳	若年の雇用安定化・所得向上 ・失業率（全体3.3%） ・若年（15～34歳）非正規割合27.7% ・若年（15～34歳）無業者56万人 出会いの場の提供 ・今まで結婚していない理由（20代・30代）「適当な相手に巡り合わない」男性53.5%，女性55.1%	①若者の雇用安定・待遇改善 ②サービス産業の生産性向上（※「名目GDP600兆円の実現」⑮と共通） ③結婚支援の充実
	妊娠・出産・子育て	希望どおりの人数を出産・子育てしたい ※現状 ・夫婦の平均予定子供数2.07人 ・独身者の希望子供数2.12人 ・理想の子供数を持てない理由として「子育てや教育にお金がかかるから」と回答した割合60.4%	保育・育児不安の改善 ・安心して結婚・妊娠・出産・子育てできる社会が実現していると考える人の割合：19.4% 待機児童の解消 ・保育所待機児童数23,167人 ・放課後児童クラブ待機児童数16,941人 仕事と育児が両立できる環境整備 ・フルタイムに対するパートタイムの賃金水準56.6% ・週労働時間49時間以上21.3% ・非労働力人口の女性のうち就労を希望する者301万人 ・セクハラ防止に取り組む企業59.2%	④妊娠・出産・育児に関する不安の解消 ⑤子育てを家族で支える三世代同居・近居しやすい環境づくり ⑥多様な保育サービスの充実 ⑦保育サービスを支える多様な人材の確保，生産性の向上 ⑧働き方改革の推進（※「介護離職ゼロの実現」⑤と共通） ⑨女性活躍の推進
	ひとり親家庭	ひとり親家庭の生活環境を改善し，子供の学習意欲を向上させたい ※現状 ・ひとり親家庭の子供の高校卒業後の進学率41.6% （全世帯平均73.2%）	教育費負担感の軽減，相談体制の充実 ・子育てにかかる経済的な負担として大きいと思われるもの ①学校教育費55.6% ②塾等学校以外教育費47.0% ③保育所等費用39.1% ひとり親家庭の所得の向上 ・母子世帯の平均年間収入 　就労収入181万円 　収入合計223万円	⑩地域の実情に即した支援 ⑪希望する教育を受けることを阻む制約の克服 ⑫子育てが困難な状況にある家族・子供等への配慮・対策等の強化

資料：内閣府「ニッポン一億総活躍プラン」。

②すべての子どもが希望する教育を受けられる環境の整備

③女性活躍

④結婚支援の充実

⑤若者・子育て世帯への支援

⑥子育てを家族で支える三世代同居・近居しやすい環境づくり

⑦社会生活を円滑に営む上での困難を有する子ども・若者等の活躍支援

「希望出生率1.8」の実現に向けて,国民生活における課題,検討すべき方向性,対応策からなる樹系図（ツリー）が示されています（図表8-7）。この対応策について,項目ごとに各年度の施策展開の指標を掲げ2016年度から2025年度の10年間のロードマップが示されています。

また,一億総活躍社会に向けた最大のチャレンジとして「働き方改革」が位置づけられました。働き方改革の実現のために「働き方実現会議」が開催され,長時間労働の是正,同一労働同一賃金の実現などによる非正規雇用処遇改善等をテーマに「働き方改革実行計画」が2017年3月に取りまとめられました。

参考文献

厚生労働省『厚生労働白書（平成26年版）』日経印刷, 2014年。
社会福祉の動向編集委員会編『社会福祉の動向2017』中央法規出版, 2017年。
内閣府『少子化社会対策白書（平成29年版）』日経印刷, 2017年。
厚生労働統計協会『国民の福祉と介護の動向 2016/2017』厚生労働統計協会, 2016年。
内閣府『子ども・子育て白書（平成24年版）』勝美印刷, 2012年。
国立社会保障・人口問題研究所ホームページ「少子化情報」(http://www.ipss.go.jp/syoushika/)

資料　子ども家庭福祉に関するホームページ

子ども家庭福祉に関する統計や報告書，施策に関する情報等が検索できます。

e-Gov 法令検索

http://elaw.e-gov.go.jp/search/elawsSearch/elaws_search/lsg0100/

　各府省が官報を基に，施行期日を迎えた一部改正法令等を更新して整理をしています。様々な法令の最新情報が確認できるので，法令の確認などには最適です。

社会福祉法人日本保育協会ホームページ

http://www.nippo.or.jp/

　日本保育協会のホームページ内の「ニュース」や「調査研究」のなかに，官庁の通知や各種調査の結果がまとめられています。

厚生労働省ホームページ

http://www.mhlw.go.jp/

　福祉全般に関する情報が検索できます。報告書や子ども家庭福祉に関する諸施策に関する情報が検索できます。

内閣府政策統括官（共生社会政策担当）のホームページ

http://www8.cao.go.jp/souki/

　子ども・若者育成支援，子供の貧困対策，食育推進，障害者施策に関する情報や資料があります。

内閣府男女共同参画局ホームページ

http://www.gender.go.jp/

　仕事と家庭の両立支援，仕事と生活の調和（ワーク・ライフ・バランス）や

女性に対する暴力の根絶に関する情報などが掲載されています。

文部科学省ホームページ

http://www.mext.go.jp/

　教育に関する政策や法律，白書・統計などの情報が検索できます。

〈著者紹介〉

大津　泰子（おおつ　やすこ）
　現　在　近畿大学九州短期大学保育科教授
　主　著　『現代社会福祉学』（共著）学文社，2003年
　　　　　『児童福祉概論』（共著）同文書院，2007年
　　　　　『児童福祉──子どもと家庭を支援する』（単著）ミネルヴァ書房，2010年
　　　　　『保育と社会福祉』（共著）みらい，2011年

　　　　　　　　　　　　児童家庭福祉［第3版］
　　　　　　　　　　　　──子どもと家庭を支援する──

　　　2013年3月10日　初　版第1刷発行　　　　〈検印省略〉
　　　2015年2月20日　初　版第3刷発行
　　　2016年3月10日　第2版第1刷発行
　　　2017年1月30日　第2版第2刷発行
　　　2018年3月30日　第3版第1刷発行
　　　2022年2月10日　第3版第5刷発行
　　　　　　　　　　　　　　　　　　　　　定価はカバーに
　　　　　　　　　　　　　　　　　　　　　表示しています

　　　　　　　　　著　　者　　大　津　泰　子
　　　　　　　　　発行者　　　杉　田　啓　三
　　　　　　　　　印刷者　　　江　戸　孝　典

　　　　　　　発行所　株式会社　ミネルヴァ書房
　　　　　　　　　607-8494 京都市山科区日ノ岡堤谷町1
　　　　　　　　　電話代表（075）581-5191
　　　　　　　　　振替口座 01020-0-8076

　　　　© 大津泰子, 2018　　　　共同印刷工業・藤沢製本
　　　　　　ISBN978-4-623-08233-9
　　　　　　　　Printed in Japan

山縣文治・柏女霊峰　編集委員代表
社会福祉用語辞典［第9版］　　四六判　本体 2200円

「シリーズ・21世紀の社会福祉」編集委員会　編
社会福祉基本用語集［七訂版］　　四六判　本体 1600円

森上史朗・柏女霊峰　編
保育用語辞典［第8版］　　四六判　本体 2300円

大豆生田啓友・三谷大紀　編
最新保育資料集［各年版］　　Ａ5判　本体 2000円

野﨑和義　監修／ミネルヴァ書房編集部　編
ミネルヴァ社会福祉六法［各年版］　　四六判　本体 2500円

ミネルヴァ書房編集部　編
社会福祉小六法［各年版］　　四六判　本体 1600円

――――――ミネルヴァ書房――――――
https://www.minervashobo.co.jp/